高职高专"十二五"规划教材

汽车电器设备与维修

主　编　程　鹏

副主编　池俊成　冯礼萍

吉林大学出版社

内容提要

本书全面、系统地讲述了汽车电器设备的结构、原理与维修技术。全书共分十一章,各章分别讲述:第一章电气电路基础;第二章电路系统,包括蓄电池、交流发电机、充电系统等;第三章启动系统;第四章照明与信号系统;第五章仪表及报警系统;第六章空调系统;第七章安全气囊;第八章中控门锁和防盗系统;第九章常用辅助电器设备;第十章整车电路分析;第十一章结合一汽大众捷达、丰田凌志、上海通用别克、神龙富康等轿车,系统讲解了汽车电器和电子控制系统的结构、原理和故障检测诊断。

本书可作为大专院校汽车运用工程、汽车服务工程、交通运输(载运工具运用工程)、车辆工程、汽车电子技术等专业的教材或参考书,也可供从事汽车检测维修、汽车设计制造、汽车运输管理等行业的工程技术人员阅读参考。

图书在版编目(CIP)数据

汽车电器设备与维修 / 程鹏主编. —长春:吉林大学出版社,2010. 4

(高职高专"十二五"规划教材)

ISBN 978 - 7 - 5601 - 5520 - 3

Ⅰ. ①汽… Ⅱ. ①程… Ⅲ. ①汽车—电气设备—车辆修理—高等学校:技术学校—教材 Ⅳ. ①U472.41

中国版本图书馆 CIP 数据核字(2010)第 041089 号

书 名:高职高专"十二五"规划教材

　　　　汽车电器设备与维修

作 者:程 鹏 主编

责任编辑、责任校对:邵宇彤　　　　　　　　　　封面设计:启禾文化

吉林大学出版社出版、发行　　　　　　北京市彩虹印刷有限责任公司 印刷

开本:787×1092 毫米 1/16　　　　　　2010 年 11 月 第 1 版

印张:15.5 字数:309 千　　　　　　　2017 年 6 月 第 3 次印刷

ISBN 978 - 7 - 5601 - 5520 - 3　　　　　　定价:35.00 元

社址:长春市明德路 421 号 邮编:130021

发行部电话:0431-88499826

网址:http://www.jlup.com.cn

E-mail:jlup@ mail. jlu. edu. cn

出版说明

作为职业教育的重要组成部分，高等职业教育是以培养具有一定理论知识和较强实践能力，面向生产、面向服务和管理第一线职业岗位的实用型、技能型专门人才为目的的职业技术教育，是职业技术教育的高等阶段。目前，高等职业教育教学改革已经从专业建设、课程建设延伸到了教材建设层面。根据国家教育部关于要求发展高等职业技术教育，培养职业技术人才的大纲要求，我们组织编写了这套《高职高专"十二五"规划教材》。本系列教材坚持以就业为导向，以能力为本位，以服务学生职业生涯发展为目标的指导思想，以与专业建设、课程建设、人才培养模式同步配套作为编写原则。

从专业建设角度，相对于普通高等教育的"学科性专业"，高等职业教育属于"技术性专业"。技术性专业的知识往往由与高新技术工作相关联的那些学科中的有关知识所构成，这种知识必须具有职业技术岗位的有效性、综合性和发展性。本套教材不但追求学科上的完整性、系统性和逻辑性，而且突出知识的实用性、综合性，把职业岗位所需要的知识和实践能力的培养融会于教材之中。

从课程建设角度，现有的高等职业教育教材从教育内容上需要改变"重理论轻实践"、"重原理轻案例"，教学方法上则需要改变"重传授轻参与"、"重课堂轻现场"，考核评价上则需改变"重知识的记忆轻能力的掌握"、"重终结性的考试轻形成性考核"的倾向。针对这些情况，本套教材力求在整体教材内容体系以及具体教学方法指导、练习与思考等栏目中融入足够的实训内容，加强实践性教学环节，注重案例教学，注重能力的培养，使职业能力的培养贯穿于教学的全过程。同时，使公共基础类教材突出职业化，强调通用能力、关键能力的培养，以推动学生综合素质的提高。

从人才培养模式角度，高等职业教育人才的培养模式的主要形式是产学结合、工学交替。因此，本教材为了满足有学就有练、学完就能练、边学边练的实际要求，纳入新技术引用、生产案例介绍等来满足师生教学需要。同时，为了适应学生将来因为岗位或职业的变动而需要不断学习的情况，教材的编写注重采用新知识、新工艺、新方法、新标准，同时注重对学生创造能力和自我学习能力的培养，力争实现学生毕业与就业上岗的零距离。

为了更好地落实指导思想和编写原则，本套教材的编写者既有一定的教学经验、懂得教学规律，又有较强的实践技能。同时，我们还聘请生产一线的技术专家来审稿，保证教材的实用性、先进性、技术性。总之，该套教材是所有参与编写者辛勤劳作和不懈努力的成果，希望本套教材能为职业教育的提高和发展作出贡献。

这就是我们编写这套教材的初衷。

前　言

汽车作为现代化的重要交通工具,在国民经济发展过程中发挥着越来越重要的作用。随着我国汽车工业的发展,汽车也正进入千家万户,与国民的日常生活更加紧密相联,成为人们生产、工作、生活、休闲、娱乐的工具和伙伴。

汽车电器与电子设备是汽车的重要组成部分,其工作性能的优劣直接影响到汽车的动力性、经济性、安全性、可靠性、排气净化和舒适性等。随着科学技术和汽车工业的发展,汽车电器日趋复杂,不仅用电设备的数量及其功率增加,产品质量、性能提高,而且正在向电子化方向迅速地发展,集成电路和微型计算机将广泛用于汽车上。

实践证明,由于汽车行驶的需要、发动机工作的振动以及气温、湿度、灰尘等的影响,加之使用不当等原因,很容易使汽车电器、电子设备损坏。特别是汽车上大量采用电子控制装置后,其技术日益复杂,结构也有较大改变,目前,有关人员在这方面的知识还比较缺乏,这样给汽车的使用、维修工作带来一定的困难,因此,使广大汽车使用、维护人员掌握和提高这方面的专业知识,也就显得十分必要了。

全书较系统地介绍了汽车电器与电子设备的用途、原理、结构和维修,既有理论又有实践,深受广大读者欢迎。为了适应汽车工业发展的需要,根据汽车电器与电子设备的发展,增补了一些新的电子控制技术及使用与维修方面的内容。本书不仅可供大、中专院校汽车专业的师生阅读,也适合广大汽车电工、修理工和汽车驾驶员学习参考。

本教材由程鹏主编,池俊成和冯礼萍任副主编,赵晖、刘乐、解方喜、韩立伟参加了各章的编写工作,在此深表感谢。本书在编写过程中得到许多单位、同事和专家的关心和帮助,在此一并致谢。

本书可作为高职和中职汽车类专业教材,也可供汽车运输和修理部门的工程技术人员、汽车电工、汽车修理工和职业技能鉴定培训人员参考。

由于编者水平有限,时间仓促,书中难免有错误和疏漏之处,恳请读者提出批评和建议,以便今后修正。

编　者

2009 年 12 月

目　　录

第一章　汽车电器电路基础 ·· (1)

　　第一节　汽车电器基础元件 ·· (1)

　　第二节　汽车电路图常用符号 ·· (8)

　　第三节　汽车电路图的类型与绘制原则 ·································· (25)

　　思考与练习 ·· (34)

第二章　电源系统 ·· (35)

　　第一节　蓄电池概述 ··· (35)

　　第二节　铅蓄电池的构造和原理 ·· (36)

　　第三节　铅蓄电池的型号 ·· (39)

　　第四节　铅蓄电池的使用与保养 ·· (40)

　　第五节　铅蓄电池的常见故障与检修 ·································· (45)

　　第六节　交流发电机的结构和原理 ······································ (47)

　　第七节　交流发电机的电压调节器 ······································ (51)

　　第八节　交流发电机与调节器的检测与实验 ······················ (54)

　　第九节　充电系统的故障判断 ·· (59)

　　思考与练习 ·· (62)

第三章　启动系统 ·· (63)

　　第一节　启动系统的组成 ·· (63)

　　第二节　起动机的工作原理和特性 ······································ (67)

　　第三节　启动系统电路实例分析 ·· (69)

　　第四节　起动机的使用与试验 ·· (71)

　　第五节　启动系的常见故障与排除 ······································ (74)

　　思考与练习 ·· (76)

第四章　照明与信号系统 ·· (77)

　　第一节　概　述 ··· (77)

　　第二节　照明和信号系统的结构 ·· (79)

　　第三节　照明与信号系统的检查与调整 ································ (86)

　　思考与练习 ·· (89)

第五章　仪表与报警系统 ·· (90)

　　第一节　仪表及其维修 ··· (90)

　　第二节　报警系统原理及检修 ·· (98)

　　思考与练习 ·· (101)

第六章　空调系统 ·· (102)

　　第一节　汽车空调的组成 ·· (102)

第二节　汽车制冷系统 ………………………………………………………… (103)

第三节　空调系统控制电路 ……………………………………………………… (106)

第四节　空调系统检修与维护 …………………………………………………… (109)

思考与练习 ………………………………………………………………………… (110)

第七章　安全气囊 …………………………………………………………………… (111)

第一节　安全气囊系统的作用和基本类型 ……………………………………… (111)

第二节　安全气囊系统的基本组成 ……………………………………………… (112)

第三节　安全气囊系统的工作过程 ……………………………………………… (117)

第四节　安全气囊系统故障码读取和消除 ……………………………………… (118)

第五节　安全气囊的维护与故障处理 …………………………………………… (121)

思考与练习 ………………………………………………………………………… (122)

第八章　中控门锁和防盗系统 …………………………………………………… (123)

第一节　汽车中控门锁与防盗系统的普及和发展 ……………………………… (123)

第二节　汽车防盗系统 …………………………………………………………… (126)

第三节　中控门锁 ………………………………………………………………… (137)

第四节　中控门锁和汽车防盗系统故障检测 …………………………………… (145)

思考与练习 ………………………………………………………………………… (152)

第九章　常用辅助电气系统 ……………………………………………………… (153)

第一节　电动刮水器及洗涤器 …………………………………………………… (153)

第二节　电动汽油泵 ……………………………………………………………… (162)

第三节　后窗玻璃除雾（霜）器 ………………………………………………… (168)

第四节　电动车窗、后视镜及电动座椅 ………………………………………… (170)

第五节　自动天线 ………………………………………………………………… (176)

第六节　柴油机启动预热装置 …………………………………………………… (176)

第七节　音响装置 ………………………………………………………………… (180)

第八节　汽车电器对无线电的干扰及其抑制措施 ……………………………… (182)

思考与练习 ………………………………………………………………………… (184)

第十章　整车电气线路分析 ……………………………………………………… (185)

第一节　汽车电路的特点和种类 ………………………………………………… (185)

第二节　汽车电路的检修 ………………………………………………………… (191)

第三节　汽车电气线路分析 ……………………………………………………… (194)

第四节　电器线路的检修 ………………………………………………………… (200)

思考与练习 ………………………………………………………………………… (203)

第十一章　典型车系电路分析 …………………………………………………… (204)

第一节　大众车系电路分析 ……………………………………………………… (204)

第二节　丰田车系电路分析 ……………………………………………………… (213)

第三节　通用车系电路分析 ……………………………………………………… (226)

第四节　雪铁龙车系电路分析 …………………………………………………… (231)

参考文献 ……………………………………………………………………………… (240)

第一章 汽车电器电路基础

第一节 汽车电器基础元件

汽车电器的基础元件主要是指导线、熔断器、连接器、各种开关和继电器等，它们是汽车电路的基本组成部分。

一、导线

汽车电气线路中的导线分低压线和高压线两种。低压线中又有普通导线、启动电缆和搭铁电缆之分，高压线则有铜芯线和阻尼线之分。

（一）低压导线

1. 普通低压导线

普通低压线为带绝缘包层的铜质多股软线，根据外绝缘包层的材料不同又分为 QVR 型（聚氯乙烯绝缘包层）和 QFR 型（聚氯乙烯－丁烯复合绝缘包层）两种。

导线的截面积主要根据用电设备的工作电流进行选择。但是对功率很小的电器，仅从工作电流的大小来选择导线，其截面积将太小，机械强度差，易折断，因此汽车电器中所用的导线截面积至少不得小于 0.5 mm²。汽车用低压导线的结构与规格见表 1-1，其允许载流量见表 1-2，汽车 12 V 电器主要电路导线截面积的推荐值见表 1-3。

表 1-1　　　　　　　　　　低压导线的结构与规格

标称截面/mm²	线 芯 结 构		绝缘层标称厚度 /mm	电线最大外径 /mm
	根　　数	单根直径/mm		
0.5			0.6	2.2
0.6			0.6	2.3
0.8	7	0.39	0.6	2.5
1.0	7	0.43	0.6	2.6
1.5	17	0.52	0.6	2.9
2.5	19	0.41	0.8	3.8
4	19	0.52	0.8	4.4
6	19	0.64	0.9	5.2
8	19	0.74	0.9	5.7
10	49	0.52	1.0	6.9

标称截面/mm²	线 芯 结 构		绝缘层标称厚度 /mm	电线最大外径 /mm
	根 数	单根直径/mm		
16	49	0.64	1.0	8.0
25	98	0.58	1.2	10.3
35	133	0.58	1.2	11.3
50	133	0.58	1.4	11.3

表1-2　　　　　　　　　　　　　低压导线允许载流量

导线标称截面/mm²	0.5	0.8	1.0	1.5	2.5	3.0	4.0	6.0	10	13
允许载流量/A			11	14	20	22	25	35	50	60

表1-3　　　　　　　　　　12 V电系主要电路导线截面积推荐值

电 路 名 称	标称截面积/mm²
尾灯、顶灯、指示灯、仪表灯、牌照灯、刮水器电机、电钟	0.5
转向灯、驻车灯、分电器	0.8
前照明灯的近光、电喇叭（3 A以下）	1.0
前照明灯的远光、电喇叭（3 A以上）	1.5
其他5 V以上的电路	1.5～4
电热塞	4～6
电源线	4～25
启动电路	16～49

　　随着汽车电器的增多，导线数量也不断增加，为了便于维修，低压导线常以不同的颜色加以区分。其中截面积在4 mm²以上的采用单色线，而4 mm²以下的均采用双色线。

　　汽车用低压导线的颜色与代号见表1-4。汽车电器各系统的主色见表1-5。

表1-4　　　　　　　　　　　　汽车用低压导线颜色与代号

导线色	黑	白	红	绿	黄	棕	蓝	灰	紫	橙	粉
代 号	B	W	R	G	Y	Br	Bl,L	Gr	V	O	P

表1-5　　　　　　　　　　汽车用低压导线的颜色与代号（中国）

序 号	系 统 名 称	主 色	色 代 号
1	电源系统	红	R
2	点火、启动系统	白	W
3	雾灯	蓝	Bl
4	灯光、信号系统	绿	G
5	车身内部照明系统	黄	Y
6	仪表、报警系统、喇叭系统	棕	Br

序　号	系统名称	主色	色代号
7	收音机、电钟、点烟器等辅助系统	紫	Bv
8	各种辅助电动机及电器操纵系统	灰	Gr
9	搭铁线	黑	B

在汽车电气设备的电路图中，导线上一般都标注有符号，该符号用来表示电线的截面积和颜色，如图1-1所示；低压导线色标注法如图1-2所示。

如

L5　　R　　W

———— 第二个字母表示电线上的辅助色（即呈轴向条纹状或螺旋状的色）

———— 第一个字母表示电线的主色

———— 表示电线的标称截面积(mm²)

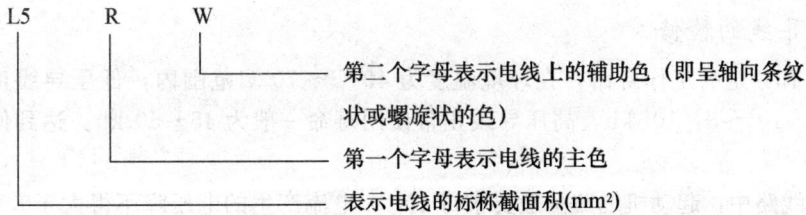

图1-1　导线的标号的含义

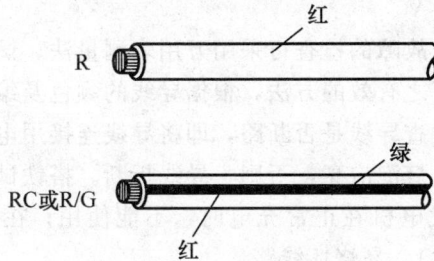

R　　　红

RC或R/G　　　绿　　红

图1-2　低压导线色标注法

2. 起动机电缆

起动机电缆为带绝缘包层的大截面铜质或铝质多丝软线，如图1-3所示。用来连接蓄电池与起动机开关的接线柱，截面有25、35、50、70 mm²等多种规格，允许电流达500～1 000 A。为了保证起动机正常工作，输出足够的功率，在线路上要求每100 A的电流电压降不得超过0.1～0.15 V。

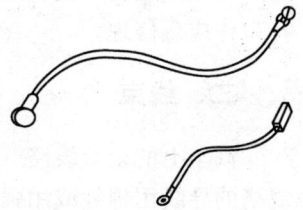

图1-3　起动机电缆

3. 蓄电池搭铁电线

蓄电池搭铁电线有两种，一种外形同起动机电缆覆有绝缘层，另一种则是由铜丝编织而成的扁形软铜线。扁形软铜线长度有300、450、600、760 mm四种。搭铁电缆常用于电池与车架、车架与车身、发动机与车架等之间的连接。

（二）高压导线

高压导线用来传送点火系高压电。由于工作电压很高（一般在15 kV以上），电流强度较小，因此高压导线的绝缘包层很厚，耐压性能好，但线芯截面积很小。

国产汽车用高压导线有铜芯线和阻尼线两种，其型号和结构见表1-6。为了减少火花塞产生的电磁波干扰，目前已普遍使用了高压阻尼点火线。

表 1-6　　　　　　　　　　　高压点火线的型号和规格

型　号	名　称	线芯结构		标称外径/mm
		根数	单线直径/mm	
QCA	铜芯聚氯乙烯绝缘高压点火线			
QGXV	铜芯橡皮绝缘聚氯乙烯护套高压电火线	7	0.39	7.0±0.3
QGX	铜芯橡皮绝缘聚氯丁烯护套高压电火线			
QG	全塑料高压阻尼点火线	1	2.3	

注：QG 全塑料高压阻尼点火线芯系聚氯乙烯塑料加炭黑及其他辅助混炼塑料经注塑成形。

（三）导线的检修

导线具有一定的工作寿命，在环境温度为 40 ℃~70 ℃范围内，低压导线正常使用寿命一般为 $6×10^4$~$8×10^4$ kh，高压导线正常使用寿命一般为 45~50 kh。达到使用寿命应更换。

在低压线路中，起动机线路一般要求每 100 A 电流产生的电压降不得大于0.1~0.15 V；发电机处于额定负载时，线路电压降不得大于 0.3 V；在不计接触电阻的情况下，整车线路的总电压降不得超过 0.8 V。

导线断路、短路、接铁故障的检查可采用万用表测量法、试灯法及搭铁试火法。万用表测量法是一种常用的且行之有效的方法，根据导线的颜色及编号，可以准确地查找出导线的故障。试灯法常用来检查导线是否断路，即将导线连接用电器的一端拆下，在该端与搭铁之间接一只汽车灯泡，灯泡应亮，否则，导线折断。搭铁试火法也是维修人员常用的一种简单方法，但当交流发电机在正常充电时，不能使用；在 24 V 电器中不宜用该法，因火花太大（瞬间电流太大），易烧坏线路。

若导线短路，接铁故障是由于机械摩擦损坏了导线胶皮所致，则可用绝缘胶布重新包扎，作应急修理。

二、线束

汽车上的全车线路（除高压导线外），为了整齐、安装方便和保护导线，一般将不同规格的导线用棉纱或用强聚氯乙烯带缠绕包扎成束，根据装车需要，汽车电气系统制成不同数量的线束。

随着汽车电气与电子设备的增多，线束总成的结构与电路也越来越复杂，因此对线束的结构、功能、适用性、可靠性都提出了更高的要求。现代汽车的线束总成由导线、端子、插接器、护套等组成。端子一般由黄铜、紫铜、铝材料制成，它与导线的连接均采用冷铆压合的方法。

线路间的连接采用插接器，现代汽车线束总成中有很多个插接器。为了保证插接器的可靠连接，其上都有一次锁紧、二次锁紧装置，极孔内都有对端子的限位和止退装置。为了避免装配中出现差错，插接器还可制成不同的规格型号、不同的型体和颜色，这样不仅装拆方便，而且能避免安装中出现差错。

安装汽车线束，一般都事先将仪表板和车灯总开关、点火开关等连接好，然后再往汽车上安装。

线束安装与维修的注意事项有以下几点：

（1）线束应用扎带、卡箍、带箍或保持架固定，以免松动磨坏。

（2）线束不可拉得过紧，尤其在拐弯处，在绕道锐角或穿过金属孔时，应用橡皮或波纹管保护。否则，容易磨坏线束而发生短路、搭铁，并有可能烧毁全车线束。

（3）连接电器时，应根据插接器的规格及导线或插接头的颜色，分别接于电器上并插接到位，不宜辨别时，一般可用试灯区分，而不要用刮火法。

三、熔断器

熔断器俗称保险管，在电路中起保护作用。当电路中流过超过规定的过大电流时，熔断器的熔丝自身发热而熔断，切断电路，以防止烧坏电路连接导线和用电设备，并把故障限制在最小范围内。通常情况下，将很多熔断器组合在一起安装在熔断器盒内，并在熔断器盒盖上注明各熔断器的名称、额定容量和位置。

一般情况下，环境温度在 $18\,℃\sim32\,℃$ 时，当流过熔断器的电流为额定电流的 1.1 倍时，熔断器不熔断；达到 1.35 倍时，熔丝在 60 s 内熔断；达到 1.5 倍时，20 A 以内的熔丝在 15 s 以内熔断，30 A 以内的熔丝，在 30 s 以内熔断。

熔断器在使用中应注意以下几点：

（1）熔断器熔断后，必须找到故障的真正原因，彻底排除故障。

（2）更换熔断器时，一定要与原规格相同。

（3）熔断器支架与熔断器接触不良会产生电压降和发热现象，安装时要保证良好接触。

四、连接器

连接器就是通常所说的连接插头和插座，用于线束与线束或导线与导线间的相互连接。为了防止连接器在汽车行驶中脱开，所有的连接器均采用了闭锁装置。下面以日本汽车使用的连接器为例介绍其相关知识。

1. 连接器的识别方法

连接器的符号和实物对照如图 1-4 所示。符号涂黑的表示插头，白色的表示插座，带有倒角的表示针式插头。

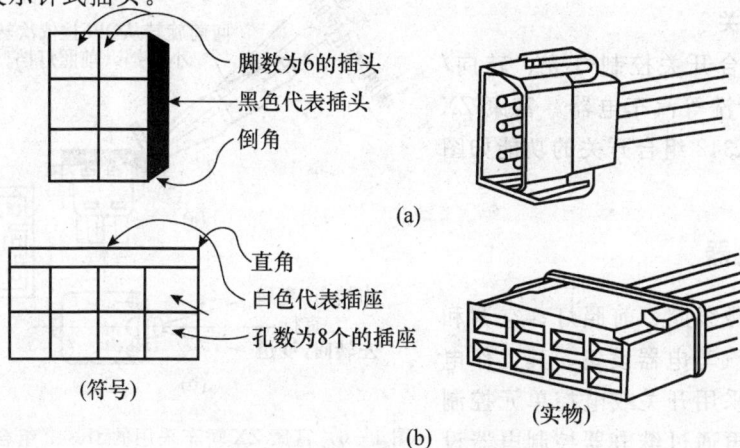

脚数为6的插头
黑色代表插头
倒角

(a)

直角
白色代表插座
孔数为8个的插座

（符号）

（实物）

(b)

图 1-4　连接器的符号和实物

2. 连接器的连接方法

连接器接合时，应把连接器的导向槽重叠在一起，使插头和插孔对准，然后平行插入即可十分牢固地连接在一起。连接器连接后，其导线的连接如图1-5所示。如A线的插孔①与a线的插头①′是相配合的，其余依此类推。

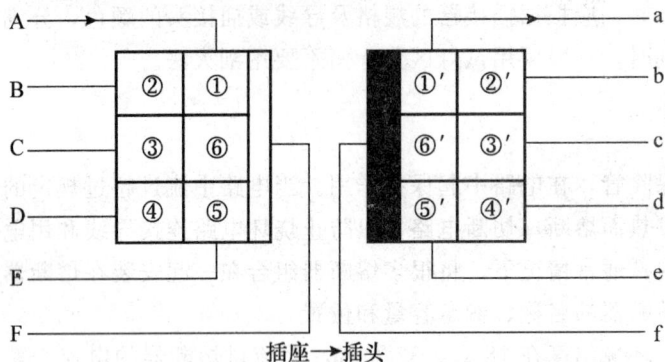

图1-5　连接器的连接方法

3. 连接器的拆卸方法

要拆开连接器时，首先要解除闭锁，然后把连接器拉开，不允许在未解除闭锁的情况下用力拉导线，这样会损坏闭锁或连接导线。正确的拆卸方法是先压下闭锁，再把连接器拉开。

五、开关

1. 点火开关

点火开关控制点火、启动、辅助电器等电路，一般有关断或锁止（OFF 或 LOCK 或 0）、辅助电器（ACC 或 Ⅲ）、点火（ON 或 IG）和启动（ST 或 Ⅱ）四个挡位。将点火开关置于（OFF 或 LOCK 或 0）位置时，电路关断并将方向盘锁止；将点火开关置于辅助电器（ACC 或 Ⅲ）位置时，只接通音响、点烟器等辅助电器电源；将点火开关置于点火（ON 或 IG）时，接通点火、仪表等电路；将点火开关置于启动（ST 或 Ⅱ）位置时，启动电路和点火电路接通。

2. 组合开关

常采用组合开关控制灯光、转向/报警、刮水/清洗等汽车电器。富康ZX轿车采用的JK342组合开关的功能如图1-6所示。

六、继电器

起动机电磁线圈、前照灯、空调和电动燃油泵等汽车电器设备，其工作电流较大，通常采用开关或电控单元控制继电器动作，再通过继电器控制电器设备工作。

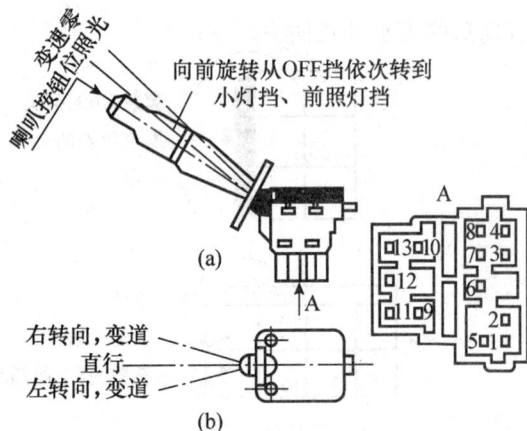

图1-6　富康ZX轿车采用的JK342组合开关的功能

图 1-7 所示为常用继电器外形和型号。继电器也属于大电流保护装置，在大电流用电线路中，若用开关直接控制线路通断，大电流会使开关烧坏，因此在线路中设置继电器，由继电器直接控制大电流设备的工作电流。图 1-8 所示的电喇叭电路为常见继电器控制电路。

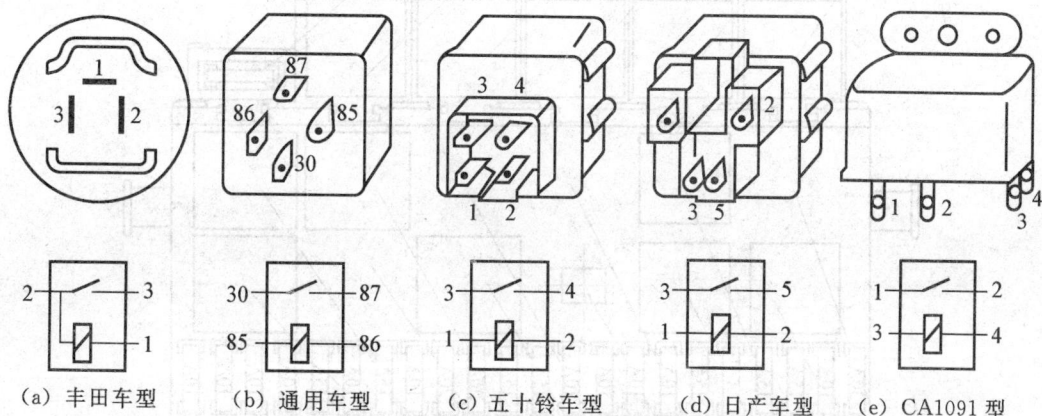

| (a) 丰田车型 | (b) 通用车型 | (c) 五十铃车型 | (d) 日产车型 | (e) CA1091 型 |

图 1-7 常用继电器外形及型号

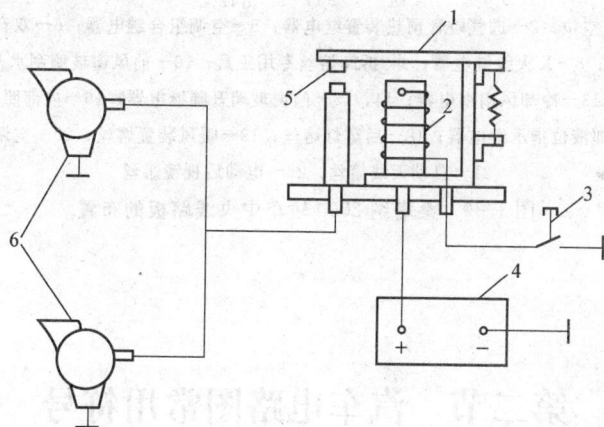

1—触点臂；2—线圈；3—按钮；4—蓄电池；5—触点；6—喇叭

图 1-8 电喇叭控制电路

七、中央线路板

桑塔纳、奥迪、红旗等轿车整车电路采用中央线路板，将大部分继电器和熔断丝安装在中央线路板正面，桑塔纳 2000 轿车中央线路板的布置如图 1-9 所示。主线束从中央线路板反面通往各个电器设备，中央线路板上标有线束和导线接插位置代号和接点数字号。主要线束的插接件代号有 A，B，C，D，E，G，H，L，K，M，N，P，R。其中 P 插座接常火线，R，K，M 为空位插孔。检修电路时，可根据电路图中的导线号码确定导线的插接位置。

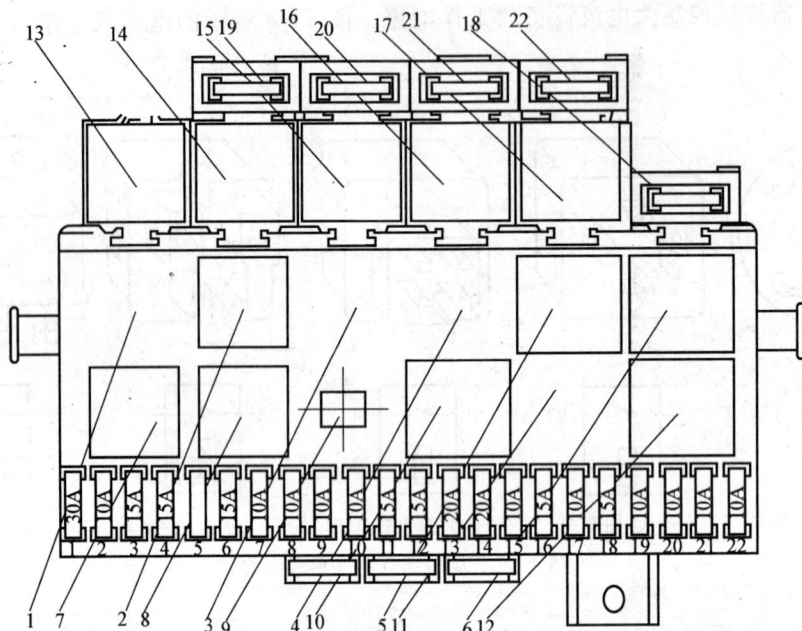

1，3，4，11—空位；2—进气歧管预热装置继电器；5—空调组合继电器；6—双音喇叭继电器；
7—雾灯继电器；8—X火线继电器；9—拆卸熔丝专用工具；10—前风窗玻璃刮水及清洗继电器；
12—转向；13—冷却风扇继电器；14，15—门窗玻璃升降继电器；16—内部照明继电器；
17—冷却液位指示继电器；18—后雾灯熔丝；19—暖风装置熔丝；20—空调熔丝；
21—自动天线熔丝；22—电动后视镜熔丝

图1-9 桑塔纳2000轿车中央线路板的布置

第二节 汽车电路图常用符号

汽车电路图是利用图形符号和文字符号，表示汽车电路构成、连接关系和工作原理，而不考虑其实际安装位置的一种简图。为了使电路图具有通用性，便于进行技术交流，构成电路图的图形符号和文字符号不是随意的，它有统一的国家标准和国际标准。要看懂电路图，必须了解图形符号和文字符号的含义、标注原则和使用方法。

一、图形符号

图形符号是用于电气图或其他文件中的表示项目或概念的一种图形、标记或字符，是电气技术领域中最基本的工程语言。因此，为了看懂汽车电路图，我们要掌握和熟练地运用它。常用的图形符号如表1-7所示。

表 1-7   常用图形符号

一、常用基本符号

序号	名称	图形符号	序号	名称	图形符号
1	直流	——	6	中性点	N
2	交流	∼	7	磁场	F
3	交直流	∼ (上下)	8	搭铁	⊥
4	正极	+	9	交流发电机输出接线柱	B
5	负极	—	10	磁场二极管输出端	D

二、导线端子和导线连接

序号	名称	图形符号	序号	名称	图形符号
11	接点	●	18	插头和插座	
12	端子	○	19	多极插头和插座（示出的为三极）	
13	导线的连接	○——○			
14	导线的分支连接		20	接通的连接片	
15	导线的交叉连接		21	断开的连接片	
16	插座的一个极		22	屏蔽导线	
17	插头的一个极	▬			

三、触点开关

序号	名称	图形符号	序号	名称	图形符号
23	动合（常开）触点		42	凸轮控制	
24	动断（常闭）触点		43	联动开关	
25	先断后合的触点		44	手动开关的一般符号	
26	中间断开的双向触点		45	定位开关（非自动复位）	

序号	名称	图形符号	序号	名称	图形符号
27	双动合触点		46	按钮开关	
28	双动断触点		47	能定位的按钮开关	
29	单动断双动合触点		48	拉拨开关	
30	双动断单动合触点		49	旋转、旋钮开关	
31	一般情况下手动控制		50	液位控制开关	
32	拉拨操作		51	机油滤清器报警开关	OP
33	旋转操作		52	热敏开关动合触点	t°
34	推动操作		53	热敏开关动断触点	t°
35	一般机械操作		54	热敏自动开关的动断触点	
36	钥匙操作		55	热继电器触点	
37	热执行器操作		56	旋转多挡开关位置	1 2 3
38	温度控制	t	57	推拉多挡开关位置	1 2 3

序号	名称	图形符号	序号	名称	图形符号
39	压力控制	P	58	钥匙开关（全部定位）	1 2 3
40	制动压力控制	BP	59	多挡开关、点火、启动开关，瞬时位置为2能自动返回到1（即2挡不能定位）	1 2 3 0.1
41	液位控制		60	节流阀开关	

四、电器元件

序号	名称	图形符号	序号	名称	图形符号
61	电阻器		80	光电二极管	
62	可变电阻器		81	PNP 型三极管	
63	压敏电阻器	U	82	集电极接管壳三极管（NPN）	
64	热敏电阻器	t°	83	具有两个电极的压电晶体	
65	滑线式变阻器		84	电感器、线圈、绕组、扼流圈	
66	分路器		85	带铁芯的电感器	
67	滑动触点电位器		86	熔断器	
68	仪表照明调光电阻器		87	易熔线	
69	光敏电阻		88	电路断电器	

序号	名称	图形符号	序号	名称	图形符号
70	加热元件、电热塞		89	永久磁铁	
71	电容器		90	操作器件一般符号	
72	可变电容器		91	一个绕组电磁铁	
73	极性电容器				
74	穿心电容器		92	两个绕组电磁铁	
75	半导体二极管一般符号				
76	稳压二极管		93	不同方向绕组电磁铁	
77	发光二极管				
78	双向二极管（变阻二极管）		94	触点常开的继电器	
79	三极晶体闸流管		95	触点常闭的继电器	

五、仪表

序号	名称	图形符号	序号	名称	图形符号
96	指示仪表		103	转速表	n
97	电压表	V	104	温度表	t°
98	电流表	A	105	燃油表	Q
99	电压、电流表	A/V	106	车速里程表	V

序号	名称	图形符号	序号	名称	图形符号
100	欧姆表	Ω	107	电钟	
101	瓦特表	W	108	数字式电钟	
102	油压表	OP			
六、传感器					
109	传感器的一般符号	*	116	空气流量传感器	AF
110	温度表传感器	ρ	117	氧传感器	λ
111	空气温度传感器	ρ_n	118	爆震传感器	K
112	水温传感器	ρ_w	119	转速传感器	n
113	燃油表传感器	Q	120	速度传感器	V
114	油压表传感器	OP	121	空气压力传感器	AP
115	空气质量传感器	m	122	制动压力传感器	BP
七、电气设备					
123	照明灯、信号灯、仪表灯、指示灯		159	内部通信联络及音乐系统	
124	双丝灯		160	收放机	

序号	名称	图形符号	序号	名称	图形符号
125	荧光灯		161	天线电话	
126	组合灯		162	收放机	
127	预热指示器		163	点火线圈	
128	电喇叭		164	分电器	
129	扬声器		165	火花塞	
130	蜂鸣器		166	电压调节器	
131	报警器、电警笛		167	转速调节器	
132	信号发生器		168	温度调节器	
133	脉冲发生器		169	串激绕组	
134	闪光器		170	并激或他激绕组	
135	霍尔信号发生器		171	集电环或换向器上的电刷	
136	磁感应信号发生器		172	直流电动机	
137	温度补偿器		173	串激直流电动机	

序号	名称	图形符号	序号	名称	图形符号
138	电磁阀一般符号		174	并激直流电动机	
139	常开电磁阀		175	永磁直流电动机	
140	常闭电磁阀		176	起动机（带电磁开头）	
141	电磁离合器		177	燃油泵电动机、洗涤电动机	
142	用电动机操纵的怠速调整装置		178	晶体管电动汽油泵	
143	过电压保护装置	U>	179	加热定时器	H|T
144	过电流保护装置	I>	180	点火电子组件	I|C
145	加热器（除霜器）		181	风扇电动机	
146	振荡器		182	刮水电动机	
147	变换器、转换器		183	电动天线	
148	光电发生器	G	184	直流伺服电动机	SN

序号	名称	图形符号	序号	名称	图形符号
149	空气调节器		185	直流发电机	
150	滤波器		186	星形连接的三相绕组	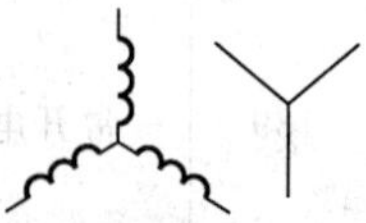
151	稳压器	 U const	187	三角形连接的三相绕组	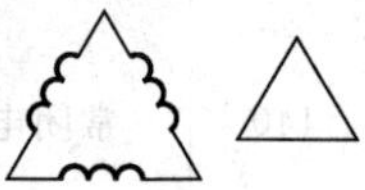
152	点烟器	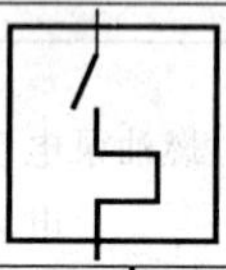	188	定子绕组为星形连接的交流发电机	
153	热继电器	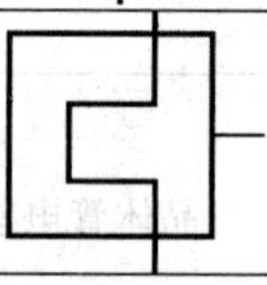	189	定子绕组为三角形连接的交流发电机	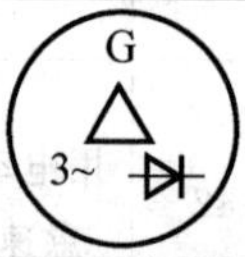
154	间歇刮水继电器		190	外接电压调节器与交流发电机	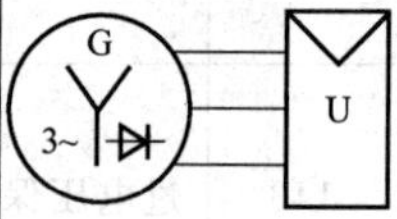
155	防盗报警系统		191	整体式交流发电机	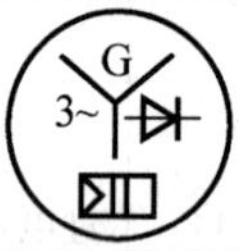
156	天线一般符号		192	蓄电池	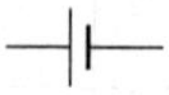
157	发射机	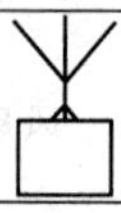	193	蓄电池组	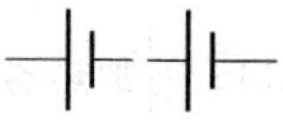
158	收放机				

1. 图形符号的类别

图形符号分为基本符号、一般符号和明细符号3种。

（1）基本符号

基本符号不能单独使用，不表示独立的电器元件，只说明电路的某些特征。如："一"表示直流，"～"表示交流，"＋"表示电源的正极，"一"表示电源的负极，"N"表示中性线。

（2）一般符号

一般符号用以表示一类产品和此类产品特征的一种简单符号。如：⊛表示指示仪表的一般符号，⊛表示传感器的一般符号。一般符号广义上代表各类元器件，另外，也可以表示没有附加信息或功能的具体元件，如一般电阻、电容等。

（3）明细符号

明细符号表示某一种具体的电器元件。它是由基本符号、一般符号、物理量符号、文字符号等组合派生出来的。如：⊛是指示仪表的一般符号，当要表示电流、电压的种类和特点时，将"∗"处换成"A"，"V"，就成为明细符号。Ⓐ表示电流表，Ⓥ表示电压表。

另外，对标准中没有规定的符号，可以选取标准中给定的基本符号、一般符号和明细符号，按规定的组合原则进行派生，以构成完整的元件或设备的图形符号，但在图样的空白处必须加以说明，如表1-8所示。将天线的一般符号和直流电动机的一般符号进行组合，就构成了电动天线的图形符号。

表1-8　　　　　　　　　　　　　　　　　　电动天线的组合示例

图形符号	说　明
 Ψ	天线的一般符号
 Ⓜ	直流电动机的一般符号
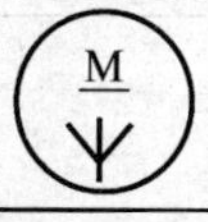 Ⓜ Ψ	电动机天线的派生符号

2. 图形符号的使用原则

（1）首先选用优选形。

（2）在满足条件的情况下，首先采用最简单的形式，但图形符号必须完整。

（3）在同一份电路图中同一图形符号采用同一种形式。

（4）符号方位不是固定的，在不改变符号意义的前提下，符号可根据图面布置的需要旋转或成镜像放置，但文字和指示方向不得倒置。

（5）图形符号中一般没有端子代号，如果端子代号是符号的一部分，则端子代号必须画出。

（6）导线符号可以用不同宽度的线条表示，如电源线路（主电路）可用粗实线表示，控制、保护线路（辅助电路）则可用细实线表示。

（7）一般连接线不是图形符号的组成部分，方位可根据实际需要布置。

（8）符号的意义由其形式决定，可根据需要进行缩小或放大。

（9）图形符号表示的是在无电压、无外力下的常规状态。

（10）图形符号中的文字符号、物理量符号，应视为图形符号的组成部分。当用这些符号不能满足标注时，可按有关标准加以补充。

（11）电路图中若未采用规定的图形符号，必须加以说明。

二、文字符号

文字符号是由电气设备、装置和元器件的种类（名称）字母代码和功能、状态、特征字母代码组成。用于电气技术领域中技术文件的编制，也可标注在电气设备、装置和元器件上或其近旁，以表明电气设备、装置和元器件的名称、功能、状态和特征。此外，还可与基本图形符号和一般图形符号组合使用，以派生新的图形符号。

文字符号分为基本文字符号和辅助文字符号两大类，基本文字符号又分为单字母符号和双字母符号。

1. 基本文字符号

（1）单字母符号

单字母符号是按拉丁字母将各种电气设备、装置和元器件划分为 23 大类，每大类用一个专用单字母符号表示，如"C"表示电容器类，"R"表示电阻类等。

（2）双字母符号

双字母符号是由一个表示种类的单字母符号与另一字母组成，其组合形式应以单字母符号在前而另一字母在后的次序列出，如："R"表示电阻，"RP"就表示电位器，"RT"表示热敏电阻；"G"表示电源、发电机、发生器，"GB"就表示蓄电池，"GS"表示同步发电机、发生器，"GA"表示异步发电机。

常用的基本文字符号见表 1-9。

表 1-9　　　　　　　　　　　　常用基本文字符号

设备、装置元器件种类	举　例	基本文字符号	
		单字母	双字母
组件部件	分离元件放大器调节器	A	
	电桥		AB
	晶体管放大器		AD
	集成电路放大器		AJ
	印刷电路板		AP
	抽屉柜		AT
	支架盘		AR
非电量到电量变换器或电量到非电量变换器	送话器	B	
	扬声器		
	晶体换能器		
	压力变换器		BP
	温度变换器		BT
电容器	电容器	C	
二进制元件、延迟器件、存储器件	数字集成电路和器件	D	
其他元器件	其他元器件	E	
	发热器件		EH
	照明灯		EL
保护器件	过电压放电器件避雷器	F	
	熔断器		FU
	限压保护器件		FV

设备、装置元器件种类	举例	基本文字符号	
		单字母	双字母
发生器 发电机 电源	振荡器	G	
	发生器		GS
	同步发电机		GA
	异步发电机		
	蓄电池		GB
信号器件	声响指示	H	HA
	光指示器		HL
	指示灯		HL
继电器 接触器	交流继电器	K	KA
	双稳态继电器		KL
	接触器		KM
	簧片继电器		KR
电感器 电抗器	感应线圈	L	
	电抗器		
电动机	电动机	M	
	同步电动机		MS
	力矩电动机		MT
模拟元件	运算放大器	N	
	混合模拟/数字器件		
测量设备 试验设备	指示器件信号发生器	P	
	电流表		PA
	(脉冲)计数器		PC
	电度表		PJ
	电压表		PV
电力电路的开关器件	断路器	Q	QF
	电动机保护开关		QM
	隔离开关		QS
电阻器	电阻器	R	
	变阻器		
	电位器		RP
	热敏电阻器		RT
	压敏电阻器		RV
控制、记忆、信号电路的 开关器件选择器	控制开关 选择开关	S	SA
	按钮开关		SB
	压力传感器		SP
	位置传感器		SQ
	温度传感器		ST

设备、装置元器件种类	举 例	基本文字符号	
		单字母	双字母
变压器	电流互感器	T	TA
	控制电路电源用变压器		TC
			TM
	电力变压器		TV
	电压互感器		
电子管晶体管	二极管	V	
	晶体管		
	晶闸管		
	电子管		VE
传输通道波导天线	导线	W	
	母线		
	波导		
	天线		
端子插头插座	连接插头和插座 接线柱焊 接端子板	X	
	连接片		XB
	测试插孔		XJ
	插头		XP
	插座		XS
	端子板		XT
电气操作的机械器件	气阀	Y	
	电磁铁		YA
	电动阀		YM
	电磁阀		YV
终端设备 混合变压器 滤波器 均衡器 限幅器	晶体滤波器	Z	

2. 辅助文字符号

辅助文字符号表示电气设备、装置和元器件以及线路的功能、状态和特征。如"SYN"表示同步，"L"表示限制左或低，"RD"表示红色，"ON"表示闭合，"OFF"表示断开等。

常用辅助文字符号如表1-10所示。

表1-10　　　　　　　　　常用辅助文字符号

序号	文字符号	名称	序号	文字符号	名称
1	A	电流	38	ASY	异步
2	A	模拟	39	B BRK	制动
3	AC	交流	40	BK	黑
4	A AUT	自动	41	BL	蓝
5	ACC	加速	42	BW	向后
6	ADD	附加	43	C	控制
7	ADJ	可调	44	CW	顺时针
8	AUX	辅助	45	CCW	逆时针
9	D	延时（延迟）	46	P	保护
10	D	差动	47	PE	保护搭铁
11	D	数字	48	PEN	保护搭铁与中性线共用
12	D	降低			
13	DC	直流	49	PU	不搭铁保护
14	DEC	减	50	R	记录
15	E	接地	51	R	右
16	EM	紧急	52	R	反
17	F	快速	53	RD	红
18	FB	反馈	54	R RST	复位
19	FW	正，向前			
20	GN	绿	55	RES	备用
21	H	高	56	RUN	运转
22	IN	输入	57	S	信号
23	INC	增	58	ST	启动
24	IND	感应	59	S SET	应集中
25	L	左			
26	L	限制	60	SAT	饱和
27	L	低	61	STE	步进
28	LA	闭锁	62	STP	停止
29	M	主	63	SYN	同步
30	M	中	64	T	温度

序号	文字符号	名称	序号	文字符号	名称
31	M	中间线	65	T	时间
32	M MAN	手动	66	TE	无噪声（防干扰）搭铁
33	N	中性线	67	V	真空
34	OFF	断开	68	V	速度
35	ON	闭合	69	V	电压
36	OUT	输出	70	WH	白
37	P	压力	71	YE	黄

3. 文字符号的使用规则

（1）单字母符号应优先选用。

（2）只有当用单字母符号不能满足要求，需要将大类进一步划分时，才采用双字母符号，以便较详细和更具体地表述电气设备、装置和元器件等。如"F"表示保护器类，"FU"表示熔断器，"FV"表示限压保护器件。

（3）辅助文字符号也可放在表示种类的单字母符号后边组成双字母符号，如"ST"表示启动，"DC"表示直流，"AC"表示交流。为简化文字符号，若辅助文字符号由两个字母组成，允许只采用其第一位字母进行组合，如"MS"表示同步电动机，"MS"中的"S"为辅助文字符号"SYN"（同步）的第一位字母。辅助文字符号还可以单独使用，如"ON"表示接通，"N"表示中性线，"E"表示搭铁，"PE"表示保护搭铁等。

三、图形符号、文字符号的识读

对于基本的元器件，其图形符号、文字符号都是相同的，如电阻、电容、照明灯、蓄电池等。

由于目前国际上还没有汽车电气设备图形符号、文字符号的统一标准，各个汽车生产厂家对某些汽车电器所采用的图形符号、文字符号有所不同，与标准规定有一些差异，这给识读电路图造成一定困难，但图形符号基本结构的组成是相似的，只要了解它们的区别，就能避免识读错误。下面通过具体示例来说明不同车型在表示同一元器件的图形符号时，在汽车电路图中的差异。

如图1-10所示，表示导线连接的两种形式。上海桑塔纳、南京依维柯采用图1-10（a）所示导线连接，神龙富康则采用图1-10（b）所示导线连接。

（a）　　　　　　　　　　（b）

图1-10 导线连接两种表示形式

汽车都装有硅整流发电机和电压调节器，不同的是有的采用内装式，有的采用外装式，即使同一结构形式，不同的车型所采用的电路图形符号也有所不同。

图 1-11 为富康轿车内装调节器硅整流发电机的图形符号，图 1-12 为夏利轿车内装调节器硅整流发电机的图形符号（国家标准规定的符号）。

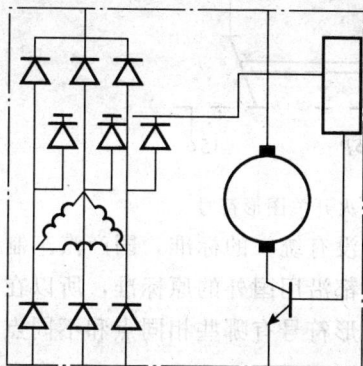

图 1-11　富康轿车硅整流发电机图形符号

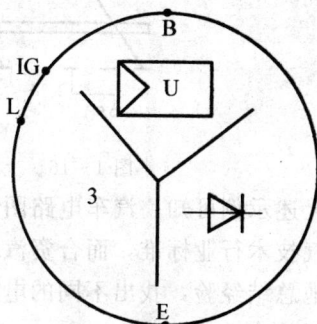

图 1-12　夏利轿车硅整流发电机图形符号

现代汽车上都装有用于启动发动机的起动机，且中、小型汽车起动机的结构基本相同，但在不同车型的电路图中，所采用的符号差别很大。图 1-13 所示为天津夏利轿车起动机的图形符号，图 1-14 所示为富康轿车起动机的图形符号，两者与表 1-7 国家标准中规定的图形符号差异较大。

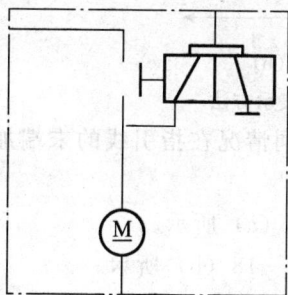

图 1-13　夏利轿车起动机图形符号

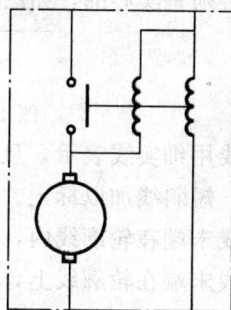

图 1-14　富康轿车起动机图形符号

很多车上都装有三挡四接柱的点火开关，其表示方法采用方框符号，表示接线柱和挡位的符号有两种，如图 1-15（a）、图 1-15（b）所示；上海桑塔纳则采用与前两者截然不同的另一种符号，如图 1-16 所示。

	1	2	3	4
Ⅲ	●—	—●—		
0				
Ⅰ	●—|—●—|—●		
Ⅱ	●—|—●—|—●—|—●		

（a）

	AM	ACC	IG	ST
LOCK	●—	—●		
ACC				
ON		●—	—●	
START	●—|—●—|—●—|—●		

（b）

图 1-15　点火开关图形符号

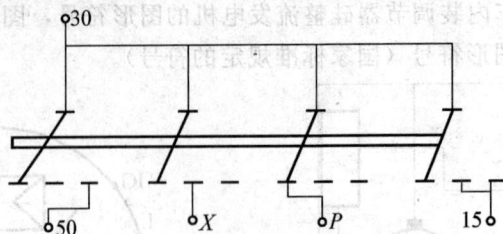

图 1-16　上海桑塔纳轿车点火开关图形符号

通过上述示例可知，汽车电路图形符号目前还没有统一的标准，国产汽车制造企业大都采用电气技术行业标准，而合资汽车制造企业大都沿用国外的原标准，所以在识图过程中应不断地总结经验，找出不同的电路中采用的图形符号有哪些相同点和不同点，这样可以提高读图速度。

四、电路制图的一般规则

为了便于识读电路图，需要了解电器制图的一般规则。

1. 箭头和指引线

在电路制图中，信号线和连接线上的箭头必须开口，如图 1-17 (a) 所示；而指引线上的箭头必须是实心的，如图 1-17 (b) 所示，以区别不同的含义。

(a)　　　　　　　　　(b)

图 1-17　信号线和连接线的箭头表示方法

指引线用细实线表示，且指向被注释处，并根据不同情况在指引线的末端加注黑点、实心箭头、短斜线加以标记。

指引线末端在轮廓线内，用一黑点标记，如图 1-18 (a) 所示。

指引线末端在轮廓线上，用一实心箭头标记，如图 1-18 (b) 所示。

指引线末端在回路线上，用一斜短线标记，如图 1-18 (c) 所示。

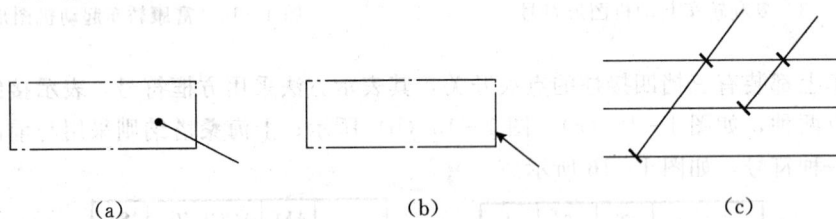

(a)　　　　　　　　(b)　　　　　　　　(c)

图 1-18　指引线的表示方法

2. 连接线

（1）一般要求

连接线应采用实线，而计划扩展的内容用虚线（如第三章第五节富康轿车中的选装件）。有时为了突出或区分某些电路功能，可采用不同粗细的连接线。连接线应避免在与另一条连接线的交叉处改变方向，避免穿过其他连接线的连接点。

（2）中断线

当连接线穿越画面或穿越较为稠密的图面时，允许将连接线中断，并在中断处加相应的标记。图 1-19 所示为中断线的表示方法。另外，去向相同的线组也可中断，但必须在线组的末端加注适当的标记，如图1-20所示。

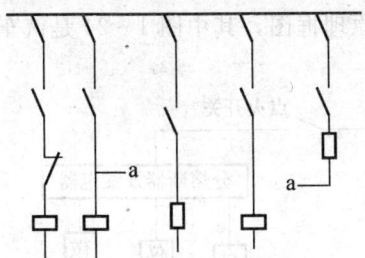

图1-19 中断线的表示方法

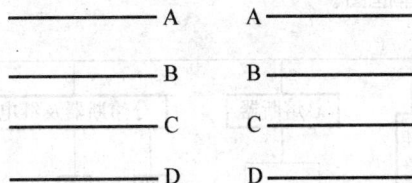

图1-20 中断线组的表示方法

（3）单线表示法

为了避免平行线过多，造成图面复杂，可采用单线表示法。图1-21表示两端处于相同位置的平行线。在一组导线中，当连接线两端处于不同位置时，为避免交叉太多，也可用单线表示，但每根连接线两端应标以相同的编号，如图1-22所示。

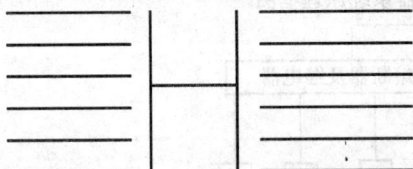

图1-21 两端处于相同位置的平行线的单线表示法

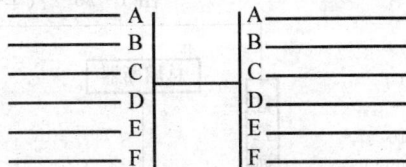

图1-22 两端处于不相同位置的平行线的单线表示法

第三节 汽车电路图的类型与绘制原则

汽车电路图是用国家标准规定的线路符号，对汽车电器的构造组成、工作原理、工作过程及安装要求所作的图解说明，也包括图例及简单的结构示意图。电路图中表示的是不同电路相互之间的关系及彼此之间的连接，通过对电路图的识读，可以认识并确定电路图上所画电器元件的名称、型号和规格，清楚地掌握汽车电器系统的组成、相互关系、工作原理和安装位置，便于对汽车电路进行维修、检查、安装、配线等工作。

因为汽车电器元件的外形和结构比较复杂，所以采用国家统一规定的图形符号和文字符号来表示电器元件的不同种类、规格及安装方式。另外，根据汽车电路图的不同用途，可绘制成不同形式的电路图，主要有原理框图、电路原理图、敷线图和线束安装图。

一、原理框图

汽车电路比较复杂，为概略表示汽车电器系统或分系统的基本组成及其相互关系和主要特征，常采用原理框图。所谓原理框图是指用符号或带注释的框，概略地表示汽车电器的基本组成、相互关系及其主要特征的一种简图。原理框图所描述的对象是系统或分系统的主要特征，它对内容的描述是概略的，用来表示系统或分系统基本组成的是图形符号和带注释的框。

原理框图是从总体上来描述系统或分系统的，它是系统或分系统设计初期的产物，是依据系统或分系统按功能依次分解的层次绘制的。

图 1-23 和图 1-24 是汽车全车电器系统的原理框图，其中图 1-24 是汽车信号系统展开的原理框图。

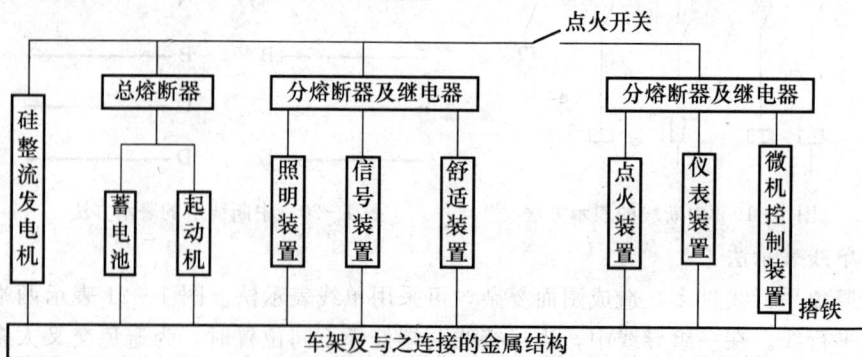

图 1-23　汽车全车电器系统原理框图

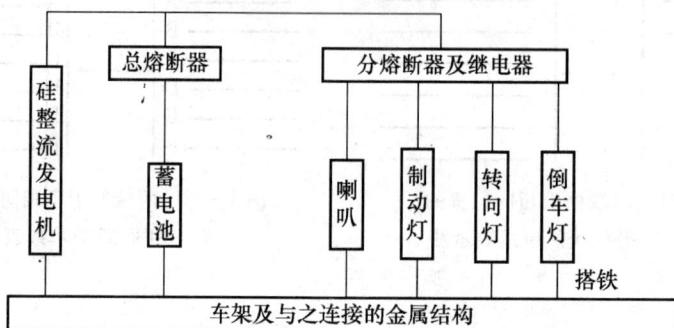

图 1-24　汽车信号系统原理框图

二、电路原理图

1. 概述

为了详细地表示实际设备或成套装置电路的全部基本组成和连接关系，便于详细理解作用原理，需要绘制电路原理图（也称电路图或电气线路图）。

所谓电路图是根据国家颁布的有关技术标准，用图形符号、文字符号，以统一规定的方法，把电路画在图纸上。它是电气技术中使用最广泛的一种重要的电路简图，具有电路清晰、简单明了、便于理解电路原理的特点。

汽车电路图是用电器图形符号，按工作顺序或功能布局绘制的，详细表示汽车电路的全部组成和连接关系，不考虑实际位置的简图。

电路图具有以下特点：

（1）对全车电路有完整的概念。它既是一幅完整的全车电路图，又是一幅互相联系的局部电路图，重点、难点突出，繁简适当。

（2）图上建立起电位高低的概念。负极搭铁电位最低，用图中最下面一条导线表示；正极火线电位最高，用最上面的一条导线表示。电流方向基本上是从上到下，电流流向为从电源正极→开关→用电器→搭铁→电源负极，节省了迂回曲折走迷路的时间。

（3）尽可能减少导线的曲折与交叉。调整位置，合理布局，图面简洁清晰，图形符号照顾元件外形和内部结构,便于联想分析,易读、易画。

(4)电路系统的相互关联关系清楚。发电机与蓄电池间,各电路系统之间连接点尽量保持原位,熔断器、开关、仪表的接法与原图吻合。

其缺点是图形符号不规范,易各行其道,不利于交流。

2. 电路图的用途

电路图具有以下用途:

(1)便于详细理解表达对象的线路布置。

(2)为检测、寻找故障、排除故障提供信息(有时需借助其他文件,如维修手册和接线图等)。

(3)为绘制接线图提供依据(有时需借助结构图样的补充信息)。

由于电路图描述的连接关系仅仅是功能关系,而不是实际的连接导线,因此电路图不能代替敷线图。

三、电路图的绘制方法

1. 元器件的表示方法

电路图的一个重要特征是元器件采用国家标准所规定的图形符号来表示。

绘图时国家标准中规定的图形符号均可选用。有些元器件没有国家标准对应的图形符号,可根据标准中给出的规则,使用一般符号、基本符号来派生所需要的新符号。图1-25所示的手动控制非自动复位的三极多位开关就是使用一般符号和基本符号派生出来的。对于不常用的符号,应增加文字注释,以便于理解,如图1-26所示。对于新研制的元器件,在尚无标准的图形符号之前,可采用其简化的外形图来表示,以便于反映该元器件的工作原理。

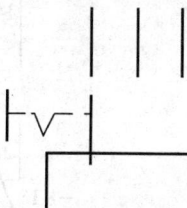

图1-25　派生图形符号示例　　　　　图1-26　图形符号加文字说明示例

为了便于对电路进行分析和检查,在电路图中除了用图形符号表示元器件外,还应在图形符号旁标注项目代号,必要时还应在图形符号旁标注元器件的主要技术参数。

2. 图形符号的布置

在电气系统中,有大量的元器件的驱动部分和被驱动部分采用机械连接,如继电器、按钮开关、光电耦合器等都属于这一类,其表示方法有3种:集中表示法、半集中表示法和分开表示法。不管采用何种表示方法,所给出的信息量都是相等的,在同一张图纸上可以根据需要使用一种或同时使用几种表示方法。

(1)集中表示法

集中表示法是把元器件各组成部分的图形符号绘制在一起的方法,如图1-27所示。其特点是易于寻找项目的各个部分,元器件整体印象完整,但仅适用于较为简单的电路。

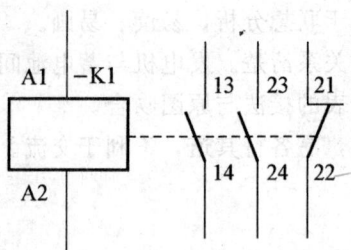

图 1-27　集中表示法示例

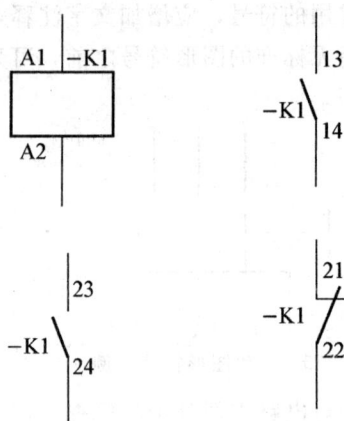

（2）半集中表示法

半集中表示法是把一个元器件某些组成部分（不是全部）的图形符号在图上分开布置，它们之间的关系用机械连接线表示的方法，如图1-28所示。机械连接线用虚线表示，可以是直线，也可以折弯、分支和交叉。其特点是可减少电路连接线的往返和交叉，使图面清晰，便于识读。但是，会出现穿越图面的机械连接线，所以适用于一般电路，对于复杂电路，由于穿越图面的机械连接线过多，不采用这种方法。

（3）分开表示法

分开表示法把一个元器件的各组成部分的图形符号在图上分开布置，它们之间各部分的关系用项目代号表示的方法，如图1-29所示。显然，分开表示法既减少了电路连接线的往返和交叉，又不会出现穿越图面的机械连接线，所以在实际中得到广泛应用。但是，为了寻找被分开的各部分，需要采用插图或表格等检索手段。

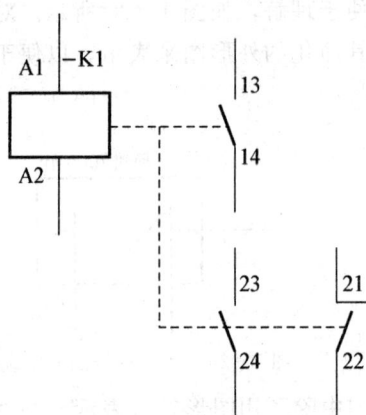

图 1-28　半集中表示法示例　　　　图 1-29　分开表示法示例

在图上，把分解绘制在图中不同位置的同一项目不同部分的图形符号，集中绘制在一起并给出位置信息就成为插图，如图1-30所示。插图可以与该项目的驱动部分的图形符号对齐，也可以集中布置在图的空白处，甚至还可以绘制在另一张图纸上，当然，把插图直接绘制在紧靠驱动部分的图形符号旁，看图是最方便的。

在图上，把分散绘制在图中不同位置的同一项目不同部分的图形符号，集中在一张表格中，绘制方法如图1-31所示。表格中的名称可以用图形符号来代替，表格应与驱动部分的图形符号对齐。在采用电路编号法表示图中元器件位置的图上，表格中的位置信息就是电路编号。

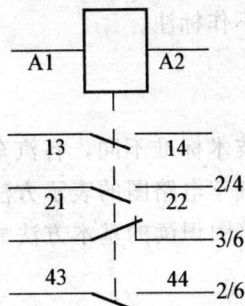

图 1-30 插图示例

动合触点(／—)	动断触点(—／)	位　　置
13—14		
21—22		2/4
	21—22	3/6
43—44		2/6

图 1-31 表格示例

3. 电路与导线的排列

电路的安排要求有清楚、一目了然的图示效果，各个电路的排列必须优先采用从左到右、从上到下的原则，尽可能用直线、无交叉点、不改变方向的标记方式。另外，作用方向应与电路图边沿平行，如果出现许多平行线重叠成堆的情况，那么可将其编组，通常是把三条线集中为一组，留出距离，再表示下一组线，如图 1-32 表示多条平行线的分组画法。

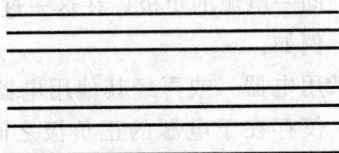

图 1-32　多条平行线分组画法

4. 分界线与边框

电路的各部分用点划线或边框线限制，以此表明仪器、部件功能或结构上的属性。在汽车电气设备中，用点划线表示仪器和电器中不导电的边框，这种图示不总是与开关外壳相一致，也不用来表示仪器的地线。

5. 区段识别

区段识别符号标注在电路图的下沿，有助于更方便地寻找电路部件，以往区段识别标记也称为电路，可能的标记方式有 3 种：

(1) 用连续数字以相同的距离从左到右标注

如：1　2　3　4　5　6　7……

(2) 标明电路区段的内容

如：

电　　源	启动装置	点火装置……

(3) 以上两种方法的结合

如：1　2　3　4　5　6　7　8　9　10……

电　　源	启动装置	点火装置……

汽车电路大多数都在电路图中指明电路区段的内容。

6. 标注

利用字母和数码可对设备、部件或电路图中线路符号作标注，标注位于线路符号的左边或下边，如果设备的定义明确，标准内所规定的几种设备可不作标注。

四、电路图的识读方法

由于各国汽车电路图的绘制方法、符号标注、文字标注、技术标准不同，各汽车生产厂家的汽车电路图的画法有很大差异，甚至同一国家不同公司汽车电路图的表示方法也存在较大的差异，这就给读图带来许多麻烦，因此，掌握汽车电路图识读的基本方法显得十分重要。

1. 认真阅读图注

认真阅读图注，了解电路图的名称、技术规范，明确图形符号的含义，建立元器件和图形符号间一一对应的关系，这样才能快速准确地识图。

2. 掌握回路的原则

在电学中，回路是一个最基本、最重要，同时也是最简单的概念，任何一个完整的电路都由电源、用电器、开关、导线等组成。一个用电器要想正常工作，总要得到电能。对于直流电路而言，电流总是要从电源的正极出发，通过导线，经熔断器、开关到达用电器，再经过导线（或搭铁）回到同一电源的负极，在这一过程中，只要有一个环节出现错误，此电路就不会正确、有效。例如：

（1）从电源正极出发，经某用电器（或再经其他用电器），最后又回到同一电源的正极，由于电源的电位差（电压）仅存在于电源的正负极之间，电源的同一电极是等电位的，没有电压。这种"从正到正"的途径是不会产生电流的。

（2）在汽车电路中，发电机和蓄电池都是电源，在寻找回路时，不能混为一谈，不能从一个电源的正极出发，经过若干用电设备后，回到另一个电源的负极，这种做法不会构成一个真正的通路，也不会产生电流。所以必须强调，回路是指从一个电源的正极出发，经过用电器，回到同一电源的负极。

3. 熟悉开关作用

开关是控制电路通断的关键，电路中主要的开关往往汇集许多导线，如点火开关、车灯总开关，读图时应注意与开关有关的 5 个问题：

（1）在开关的许多接线柱中，注意哪些是接直通电源的？哪些是接用电器的？接线柱旁是否有接线符号？这些符号是否常见？

（2）开关共有几个挡位？在每个挡位中，哪些接线柱通电？哪些断电？

（3）蓄电池或发电机的电流是通过什么路径到达这个开关的？中间是否经过别的开关和熔断器？这个开关是手动的还是电控的？

（4）各个开关分别控制哪个用电器？被控用电器的作用和功能是什么？

（5）在被控的用电器中，哪些电器处于常通？哪些电路处于短暂接通？哪些应先接通，哪些应后接通？哪些应单独工作？哪些应同时工作？哪些电器允许同时接通？

图 1-33 所示为汽车的点火开关，该开关为手动开关，用阿拉伯数字 1，2，3，4 表示接线柱，用 0，Ⅰ，Ⅱ，Ⅲ 表示开关的挡位。从图中可看出：开关拨至 Ⅰ 挡，接线柱 1，2，3 连接；开关拨至 Ⅱ 挡，接线柱 1，2，4 连接；开关拨至 Ⅲ 挡，接线柱 1，3 连接。

图 1-34 为手动车灯总开关，该开关有三个工作位置 0，1，2，三个接线柱 A，B，C。从图中可看出：A 接线柱接电源，B，C 接线柱接用电设备。开关在"0"位，用电设

备都不工作；开关在"1"位，接在"B"上的用电设备工作；开关在"2"位，接在"B"，"C"上的用电设备同时工作。

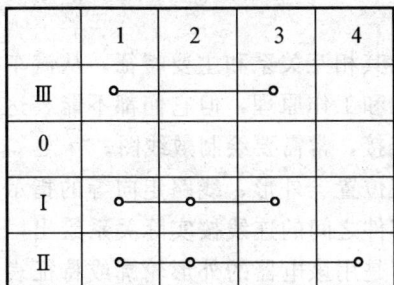

图 1-33 汽车点火开关

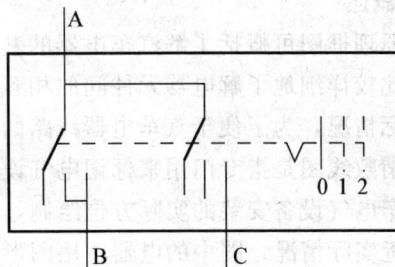

图 1-34 手动车灯总开关

4. 了解汽车电路图的一般规律

(1) 电源部分到各电器熔断器或开关的导线是电器设备的公共火线，在电路原理图中一般画在电路图的上部。

(2) 标准画法的电路图，开关的触点位于零位或静态，即开关处于断开状态或继电器线圈处于不通电状态，晶体管、晶闸管等具有开关特性的元件的导通与截止视具体情况而定。

(3) 汽车电路是单线制，各电器相互并联，继电器和开关串联在电路中。

(4) 大部分用电设备都经过熔断器，受熔断器的保护。

(5) 把整车电路按功能及工作原理划分成若干独立的电路系统，这样可解决整车电路庞大复杂、分析起来困难的问题。现在汽车整车电路一般都按各个电路系统来绘制，如电源系、启动系、点火系、照明系、信号系等，这些单元电路都有它们自身的特点，抓住特点把各个单元电路的结构、原理吃透了，理解整车电路也就容易了。

5. 识图的一般方法

(1) 先看全图，把一个个单独的系统框出来

一般来讲，各电器系统的电源和电源总开关是公共的，任何一个系统都应该是一个完整的电路，都应遵循回路原则。

(2) 分析各系统的工作过程、相互间的联系

在分析某个电器系统之前，要清楚该电器系统所包含的各部件的功能、作用和技术参数等。在分析过程中应特别注意开关、继电器触点的工作状态，大多数电器系统都是通过开关、继电器不同的工作状态来改变回路，实现不同功能的。

(3) 通过对典型电路的分析，达到触类旁通

许多车型的汽车电路原理图，很多部分都是类似或相近的。这样，通过一个具体的例子，举一反三，对照比较，触类旁通，可以掌握汽车的一些共同的规律，再以这些共性为指导，了解其他型号汽车的电路原理，又可以发现更多的共性以及各种车型之间的差异。

汽车电器的通用性和专业化生产使同一国家汽车的整车电路形式大致相同，如掌握了某种车型电路的特点，就可以大致了解相应车型或合资企业的汽车电路的特点。

因此，抓住几个典型电路，掌握各系统的接线特点和原则，对于了解其他车型的电路大有好处。

五、敷线图

1. 概述

从原理框图可概括了解汽车电器的基本组成及其相互关系和主要特征，从汽车电路图上可以比较详细地了解电器元件间的相互控制关系和工作原理，但它们都不能表达汽车电器的实际情况，为了便于汽车电器线路的布置、连接，常需要绘制敷线图。

所谓敷线图是指专门用来标记电气设备的安装位置、外形、线路走向等的指示图。它按照全车电气设备安装的实际方位绘制，部件与部件之间的连线按实际关系绘出，为了尽可能接近实际情况，图中的电器不用图形符号，而是用该电器的外形轮廓或特征表示，在图上还注意将线束中同路的导线尽量画在一起。这样，汽车敷线图就较明确地反映了汽车实际的线路情况，查线时导线中间的分支、接点很容易找到，为安装和检测汽车电路提供方便。但因其线条密集，纵横交错，给读图、查找、分析故障带来了不便。

在绘制敷线图时，一般都应在图中标出以下内容：

（1）电气设备项目的相对位置、项目代号。

（2）端子间的连接关系、端子代号。

（3）导线类型、截面积、导线号。

（4）需补充说明的其他内容。

2. 敷线图的表示方法

敷线图中的元器件、部件、组件和设备等项目，应尽量采用其简化外形（如圆形、方形、矩形）来表示，为了便于识图，必要时也允许用图形符号表示。

为了进一步说明各个图形或符号所表示的项目，在每个图形或符号的近旁，应同时标出与电路图相应项目一致的项目代号。在敷线图中，项目只用种类代号表示。

在敷线图中，端子用端子代号表示，端子一般用图形符号"o"表示，同时在端子近旁标注端子代号，对于用图形符号表示的项目，端子可不画符号，只标出端子代号就可以了。

如果需要区分不可拆卸和可拆卸的端子，应分别用国标中的符号"o"和"φ"绘制或加注说明，端子代号必须与项目上端子标记一致。

导线可用连续线或中断线表示。

连续线是用连续的实线来表示端子之间实际存在的导线。

中断线是用中断的实线来表示端子之间实际存在的导线，并在中断处标明去向。

六、线束安装图

（一）概述

敷线图虽然反映了电气设备在汽车上的实际安装位置，但是图上导线纵横交错，增加了读图的难度，为了使电路图更接近于实际，常需要绘制线束安装图，线束安装图把敷线图中同路的导线相对集中，形成线束。

在汽车上，为了安装方便和保护导线，将同路的许多导线用棉纱编制物或聚氯乙烯塑料带包扎成束，称为线束。

线束图是根据电气设备在汽车上的实际安装部位绘制的全车电路图。在图上，部件与部件间的导线以线束形式出现，线束图与敷线图相似，但图面双敷线图简单明了，接近实际，对使用、维修人员适用性较强。

线束安装图不详细描述线束内部的导线走向，只将露在线束外面的线头与接插器详细编号，并用字母标定。配线记号的表示方法突出，便于配线，各接线端都用序号和颜色准确无误地标注出来。线束图与电路图、敷线图结合起来使用，具有很大的参考价值。所以，现代汽车维修手册中一般都给出电路图和线束安装图。

（二）线束安装图的绘制

由于线束安装图主要是以线束的形成出现的，图面的线条较少，各部件之间连接的表达就成为其主要的内容，为了表达清楚导线的颜色，接头的端子代号，常需辅以线束分组和端子编号表及线束端子接线表。

1. 线束的内容

（1）线束的组成。汽车线束图由多个线束组成，有主线束、分线束。在图上应表现出各线束的组成，每个线束上有几个分支，每个分支上有多少根线，导线的颜色及条纹是什么。

（2）接线代号和接线标志。汽车上的电器数量多而复杂，为使连线正确，各个连接点都应标注接线代号和接线标志，以便于连接。

（3）线束的长度。线束的长度包括线束的总长、每个分支的长度和两个线端间隔的长度。

（4）插接器。由于线束有多条，线束与线束、分支与线束或分支与电器之间都是通过插接器进行连接的，应表示出每个插接器上有几条导线，每条导线位于插接器接线孔的什么位置，插接器的形状是什么样的，相邻的几个插接器是否容易混淆。

2. 导线颜色

（1）名词术语

单色导线：绝缘表面为一种颜色的导线。

双色导线：绝缘表面为两种颜色的导线。

主色：双色导线中面积比例大的颜色。

辅助色：双色导线中面积比例小的颜色。

（2）导线的颜色和代号

导线的颜色和代号应符合表 1-11 的规定。

表 1-11　　　　　　　　　　　　　　导线的颜色

线色	常用缩写	中文	线色	常用缩写	中文
Black	BLK/B	黑色	Light Green	LT GRN	浅绿
Blue	BLU/BL	蓝色	Orange	ORG/ O	橙色
Brown	BRN/BR	棕色	Pink	PNK/P	粉红
Clear	CLR/CL	透明	Purple	PPL/PP	紫色
Dark Blue	DK BLU	深蓝	Red	RED/R	红色
Dark Green	DK GRN	深绿	Tan	TAN/T	褐色
Green	GRN/G	绿色	Violet	VIO/ V	粉紫
Gray	GRY/ GR	灰色	White	WHT//W	白色
Light Blue	LT BLU	浅蓝	Yellow	YEL/Y	黄色

（3）导线颜色的组成

单色导线的颜色由表1-11规定的一种颜色组成。双色导线的颜色由表1-11规定的两种颜色配合组成。导线颜色的选用应优先选用单色，再选用双色。

（4）搭铁线

各种汽车电器的搭铁线应选用黑色导线，黑色导线除作搭铁外，没有其他用途。

（5）导线颜色的标注

导线颜色的标注采用颜色代号表示，如单色导线，颜色为红色，标注为"R"；双色导线，第一色为主色，第二色为辅助色，主色为红色，辅助色为白色，标注为"RW"。

3. 导线截面积

导线的截面积根据工作电流的大小来选取，对于一些电流特别小的电器，如指示灯电路，为了保证应有的力学强度，导线的截面积不得小于 0.5 mm²。

导线的截面积标注在颜色代码前面，单位为毫米时不标注，如：1.25R 表示导线截面积为 1.25 mm² 的红色导线；1.0G/Y 表示导线截面积为 1.0 mm² 的双色导线，主色为绿色，辅助色为黄色。

思考与练习

1-1 简述汽车电路的基本组成部分。

1-2 汽车电路中的导线如何检修？

1-3 汽车线束安装时应注意哪些问题？

1-4 简述汽车电路途中的图形符号和文字符号使用原则。

1-5 简述汽车电路图的识图方法。

第二章 电源系统

汽车电源系统主要由蓄电池、发电机和电压调节器等组成。蓄电池和发电机并联于汽车电路之中。在发动机停转或启动时，汽车所需电能由蓄电池供给；发动机启动后，带动发电机运转，如果发电机供电能力能满足用电需要，则由发电机向所有用电设备供电；否则，由发电机和蓄电池共同供电。发电机供电过剩时，向蓄电池充电。红旗 CA7220AE 轿车电源系统的组成和电路如图 2-1 所示。

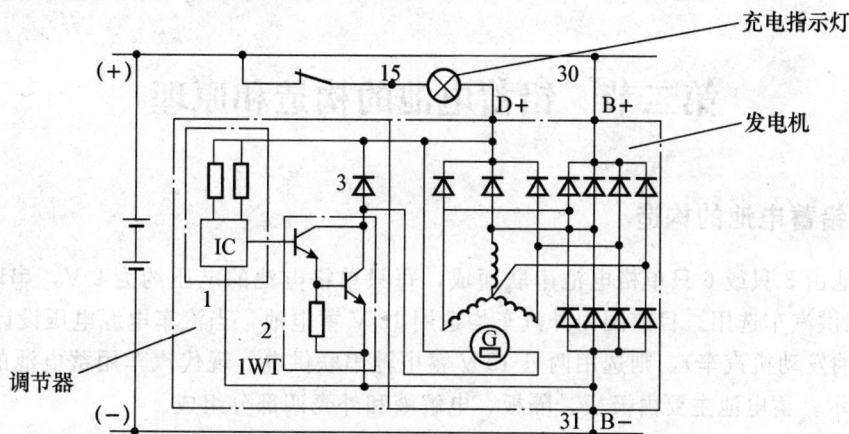

图 2-1 红旗 CA7220AE 轿车电源系统的组成和电路

第一节 蓄电池概述

蓄电池是由内部的化学反应来储存电能和向用电设备提供电能的电源装置，是一种可逆的直流电源，具有充电和放电的能力。充电时，蓄电池内部发生化学反应，把电能转化为化学能贮存起来；放电时，蓄电池内部发生与充电过程相逆的化学反应，把贮存的化学能转为电能释放出去。

汽车上装有两个直流低压电源，蓄电池是其中之一，另一个是发电机。汽车电器电子设备所需要的电能由这两个电源配合供给。蓄电池在汽车上的具体作用如下：

（1）发动机启动时，向起动机和点火系统供电。

（2）发电机不发电或输出电压低于蓄电池电压时，向点火系统及其他用电设备供电，并向交流发电机提供激励电流。

（3）发电机过载时，协同发电机向用电设备供电。

（4）发电机负载较小而蓄电池存电不足时，将发电机多余的电能转换为化学能储存（即充电）。

（5）具有吸收高压脉冲、稳定电网电压、保护用电设备的功能。

汽车蓄电池主要用来启动发动机，故而也叫启动蓄电池。启动蓄电池依其极板的材料和电解液成分不同，一般分为酸性蓄电池和碱性蓄电池两类，即铅蓄电池和镍镉蓄电池。

镍镉蓄电池具有容量大、使用寿命长、保养简单、能承受大电流放电而不易损坏等特点；但由于它的极板是用镍制成，其价格昂贵，在汽车上很少应用。

铅蓄电池价格便宜，目前仍广泛应用在汽车上。铅蓄电池可分为普通铅蓄电池、干荷电铅蓄电池、少保养铅蓄电池、免保养铅蓄电池。后三种铅蓄电池都是普通铅蓄电池的改进，其基本构造大同小异；而普通铅蓄电池是应用得最普遍的一种，目前在我国大部分汽车上获得普遍应用。

第二节　铅蓄电池的构造和原理

一、铅蓄电池的构造

蓄电池由 3 只或 6 只单格电池串联而成，每只单格电池的电压约为 2 V，串联成 6 V 或 12 V 以供汽车选用。目前国内外汽车均选用 12 V 蓄电池，当汽车电源电压设计为 24 V 时（如柴油发动机汽车），则选用两只 12 V 蓄电池串联供电。现代汽车用蓄电池的结构如图 2 - 2 所示。蓄电池主要由极板、隔板、电解液和外壳四部分组成。

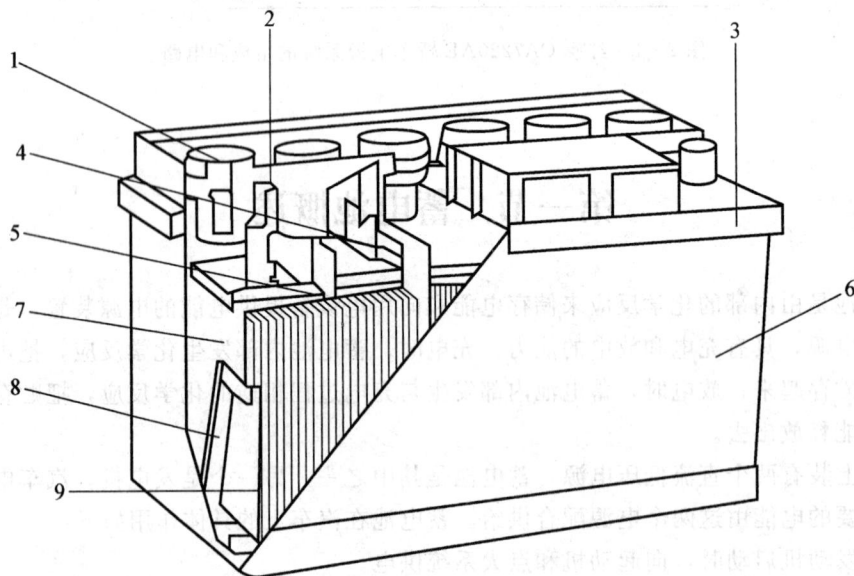

1—排气栓；2—负极柱；3—电池盖；4—穿壁连接；
5—汇流条；6—整体槽；7—负极板；8—隔板；9—正极板
图 2 - 2　蓄电池的结构

1. 极板

极板是蓄电池的核心，分为正极板和负极板，由栅架和活性物质组成，其形状如图 2-3 所示。

栅架多由铅锑合金制成，锑的含量一般为 5%～7%，加锑的主要目的是提高栅架的机械强度和改善浇铸性能。正极板上的活性物质是呈深棕色的二氧化铅（PbO_2），负极板上的活性物质是呈青灰色的海绵状铅（Pb）。

国产负极板的厚度一般为 1.8 mm，正极板厚度为 2.2 mm，国外多采用薄型极板，厚度为 1.1～1.5 mm。薄型极板对提高蓄电池的比容量（极板单位尺寸所提供的容量），以及改善启动性能都是非常有利的。

为了增大电池的容量，常将多片正、负极板并联，用横板焊接，组成正、负极板组。横板上联有电柱，各片间留有间隙，安装时正负极板相互嵌合，中间插入隔板。在每单格电池中，负极板的数量总比正极板多一片，这样可使正极板两面都处于负极板之间，其两侧放电均匀，避免机械强度差的正极板由于单面工作而使两侧活性物质体积变化不一致造成极板拱曲和活性物质脱落。

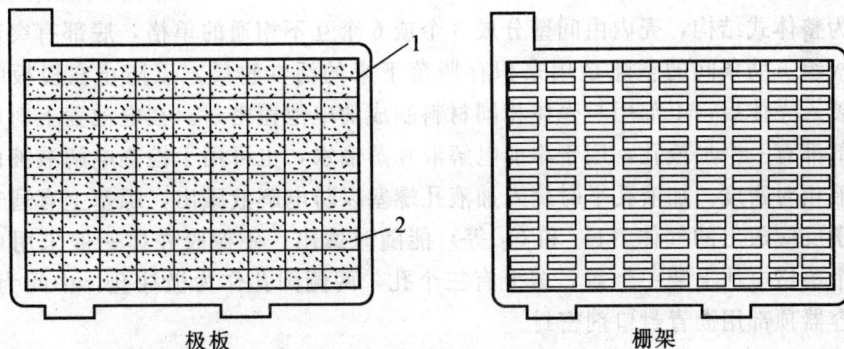

极板　　　　　　　　　　　栅架

1—栅架；2—铅膏涂料活性物质

图 2-3　极板、栅架

2. 隔板

隔板安装在正、负极板之间，其作用是使正负极板尽量靠近而又不至于接触短路，以缩小蓄电池的体积。隔板多采用微孔塑料、橡胶、纸质及玻璃纤维等材料制成。隔板材料应具有多孔性，以便于电解液渗透，还要具有耐酸、绝缘、抗氧化等性能，以适应其工作条件。隔板通常一面带有沟槽（或玻璃纤维），安装时，应将带沟槽面朝向正极板，并使沟槽竖直放置，以满足正极板化学反应剧烈、便于电解液在电池内上下流通及气泡逸出的需求。

3. 电解液

电解液是用专用硫酸和蒸馏水按一定比例配制而成的，一般密度为 $(1.24～1.30)\text{g/cm}^3$。

电解液的纯度是影响蓄电池的性能和使用寿命的重要因素，因此，一般工业用硫酸和水不能用做电解液，否则会增加自放电和损坏极板。

配制电解液时，会释放出大量的热能，由于硫酸的比热容比水小得多，受热时温升很快，易产生气泡，造成飞溅，故配制电解液时，只能将硫酸徐徐倒入蒸馏水中，并不断搅拌。

电解液的密度对蓄电池的工作有重要影响。密度大，可以减少结冰的危险并提高蓄电池的容量。但密度过大，由于黏度增加，反而会降低蓄电池的容量，缩短极板使用寿命。电解液密度应随地区和气候条件而定，表 2-1 列出了不同地区和气温条件下电解液的密度。

表 2-1 不同地区和气温条件下电解液密度

气候条件	全充电蓄电池 15 ℃时的密度	
	冬季	夏季
冬季温度低于−40 ℃地区	1.310	1.250
冬季温度高于−40 ℃地区	1.290	1.250
冬季温度高于−30 ℃地区	1.280	1.250
冬季温度高于−20 ℃地区	1.270	1.240
冬季温度高于−0 ℃地区	1.240	1.240

4. 壳体

蓄电池的壳体是用来盛放电解液和极板组的，应由耐酸、耐热、耐震、绝缘性好并且有一定机械强度的材料制成。早期生产的启动型蓄电池壳体大都采用硬橡胶制成，近年来随着工程塑料的迅速发展，出现了聚丙烯塑料壳体。它与硬橡胶壳体相比，具有较好的韧性，壳壁薄而轻（壁厚仅 3.5 mm，而胶壳壁厚达 10 mm 左右），且制作工艺简单，生产效率高，容易热封合，不会带进任何有害杂质，外形美观、透明，成本低，已有取代硬橡胶壳的趋势。

壳体为整体式结构，壳内由间壁分成 3 个或 6 个互不相通的单格，底部有突起的肋条以搁置极板组。肋条间的空隙是用来积存脱落下来的活性物质，以防止在极板间造成短路；极板装入壳体后，上部用与壳体相同材料制成的电池盖密封。在电池盖上对应于每个单格的顶部都有一个加液孔，用于添加电解液和蒸馏水，也可用于检查电解液液面高度和测量电解液相对密度。加液孔平时旋入加液孔螺塞以防电解液溅出，螺塞上有通气孔可使蓄电池化学反应放出的气体（H_2 和 O_2 等）能随时逸出。硬橡胶壳体一般采用单体盖密封，即每个单格电池上装一个盖，盖上有三个孔，两侧圆孔作为极柱孔，中间为加液孔，电池盖和容器顶部用沥青封口剂密封。

聚丙烯塑料壳体电池盖都采用整体式结构，盖上有 3 个（6 V 电池）或 6 个（12 V 电池）加液孔，2 个正负极柱穿出孔，盖和容器的密封采用黏结剂黏合或热熔连接。

二、铅蓄电池的工作原理

蓄电池的工作过程是由放电与充电两个过程组成的，其过程理论如下所述。

图 2-4 所示为蓄电池充放电过程示意图。

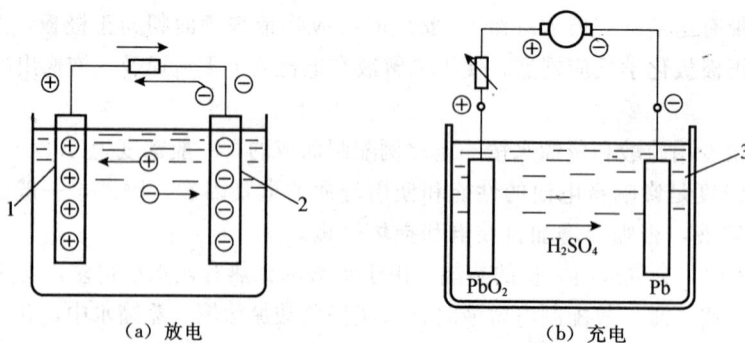

(a) 放电　　　　　　　　(b) 充电

1—二氧化铅；2—铅；3—电解液

图 2-4　充放电过程

1. 放电

放电过程中负极板上的反应比较简单，海绵状铅在溶解压力作用下，以铅离子的状态进入电解液中。然后，铅离子与电解液中的硫酸根离子发生反应生成硫酸铅又附着在极板上。

正极板上的反应比较复杂。在通过电流的条件下有少量的二氧化铅进入电解液中，与电解液中的水作用，可以生成氢氧化铅，又游离成 4 价的铅离子和 1 价的氢氧根离子，4 价铅离子获得电子后又生成 2 价铅离子，最后 2 价的铅离子与硫酸根离子化合生成硫酸铅。

这样，在放电过程中正负极板上生成的都是硫酸铅。此时，随着放电的不断进行，硫酸逐渐消耗，并且生成水，使电解液浓度逐渐减小，密度逐渐降低。

2. 充电

在外部电流的作用下，负极板上的 2 价铅离子可获得两个电子生成铅，并以固体状态析出。同时，电解液中的氢离子与负极板上脱离下来的硫酸根离子结合生成硫酸。

正极板上的 2 价铅离子在外部电流作用下，失去两个电子变为 4 价铅离子。每个铅离子又与电解液中氢氧根离子结合，生成二氧化铅并在极板上析出，同时生成水。而电解液中的硫酸根离子将与氢离子结合生成硫酸。

蓄电池的充放电过程，即是其内部活性物质处于化合与分解的过程，正负极板上发生的化学变化可用下式表示：

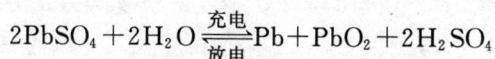

$$2PbSO_4 + 2H_2O \underset{\text{放电}}{\overset{\text{充电}}{\rightleftharpoons}} Pb + PbO_2 + 2H_2SO_4$$

蓄电池在放电时，电解液中的硫酸逐渐减少而水逐渐增多，从而电解液密度下降；充电时，电解液的密度上升。所以，可通过测量电解液密度的方法来判断蓄电池的充电或放电程度。

第三节 铅蓄电池的型号

按照标准 JB/T 2599—1993 的规定，蓄电池产品型号共分为三段，其排列及含义如下：

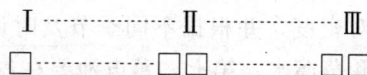

Ⅰ ---------------- Ⅱ -------------- Ⅲ
□ --------------- □□ ------------- □□

第一段表示串联的单格蓄电池数，用阿拉伯数字表示，其额定电压为这个数字的两倍。

3——表示 3 个单格，额定电压 6 V。

6——表示 6 个单格，额定电压 12 V。

第二段表示蓄电池的类型和特征，用两个汉语拼音字母表示。如第一个字母是 Q 表示启动用铅蓄电池，M 表示摩托车用。第二个字母为蓄电池的特征代号，无字母则表示为普通式铅蓄电池。如：

A——干荷电式。

W——免维护式。

H——湿荷电式。

M——密封式。

第三段表示蓄电池额定容量和特殊性能，我国目前规定采用 20 h 放电率的额定容量，单位为 A·h，用数字表示，特殊性能用字母表示：

G——高启动率。

S——塑料槽。

D——低温启动性能好。

例：东风牌 EQ1090E 汽车蓄电池型号为 6－Q－105D，表示该蓄电池由 6 个单格组成，额定电压 6×2＝12（V），20 h 放电率的额定容量为 105 A·h，是低温启动性能好的普通启动型蓄电池。

解放牌 CA1091 汽车蓄电池型号为 6－QA－100S，表示该蓄电池由 6 个单格组成，额定电压 12 V，额定容量为 100 A·h，采用了塑料整体式外壳的启动型干荷电式蓄电池。

捷达轿车蓄电池型号为 12 V，63 A·h，300 A，表示蓄电池由 6 个单格电池串联而成，额定电压为 12 V，20 h 放电率额定容量为 63 A·h。低温放电电流为 300 A，是指在电解液温度为－18 ℃下，以 300 A 电流放电 30 s 时，蓄电池电压不低于 9 V，当放电 150 s 时，蓄电池电压不应低于 6 V。

第四节 铅蓄电池的使用与保养

一、蓄电池的正常使用

蓄电池的使用寿命取决于它的质量和使用方法。为了延长其使用寿命，必须做到正确使用。第一，要定期检查和调整电解液的液面高度，不足时，应加蒸馏水，使液面高出极板 10～15 mm。第二，正确调整电压调节器，使发电机电压保持在规定的范围内，12 V 系统为 13.8～14.8 V，24 V 系统为 27.6～29.6 V。第三，每次使用起动机不得超过 5～10 s，连续启动时，中间应隔 10～15 s。第四，使蓄电池经常保持充电状态，每月应补充充电一次。第五，合理选择电解液相对密度，并根据不同季节及时调整电解液相对密度。第六，配制电解液一定要用专用硫酸和蒸馏水。第七，蓄电池要在汽车上安装得牢固可靠，不得松动，如有空隙应用橡皮等物填紧，以防震动而加速活性物质的脱落。第八，经常消除盖上的电解液与污物，并确保加液孔盖的通气孔畅通。第九，对蓄电池初充电和补充充电时，必须按充电规则进行。第十，蓄电池接线柱、接线卡在接线前应打磨干净，接线后应涂以凡士林油以防腐蚀。

二、蓄电池的充电

为了在汽车运行过程中维持蓄电池处于充足电的状态，汽车上配装了硅整流发电机。

当汽车发动机运转时，由发电机向蓄电池充电。

（一）充电方法

蓄电池的充电方法有定流充电、定压充电和快速脉冲充电。

1. 定流充电

在充电过程中，保持充电电流恒定的充电叫定流充电。硅整流充电机及晶闸管充电机可方便实现充电电流恒定的控制。采用定流充电可以将不同电压等级的蓄电池串在一起充电，连接方法如图 2-5（a）所示。串联充电时，充电电流应按照容量最小的电池来选择，当小容量蓄电池充足后，应及时取掉，然后再继续给大容量蓄电池充电。定流充电具有适应性广的优点，因此广泛用于初充电、补充充电。

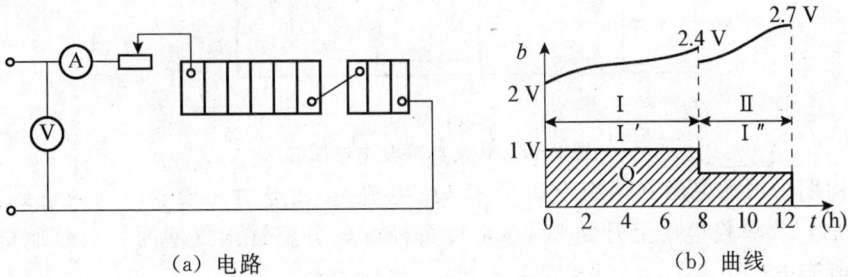

（a）电路　　　　　　　　　　（b）曲线

图 2-5　定流充电

2. 定压充电

在充电过程中，保持充电电压恒定的充电称定压充电。汽车上的充电系采用电压调节器实现对充电电压恒定的控制。定压充电连接方法如图 2-6 所示。定压充电电压选择：一般每单格电池约需 2.5 V，即 6 V 电池需要充电电压约为 7.5 V，12 V 电池需要充电电压约为 15 V。定压充电的特点是充电效率高，开始 4～5 h 内，就可获得 90%～95% 的充电量，可大大缩短充电时间；定压充电电压选择合适时，电池充足后，充电电流会自动趋向于零。定压充电不能确保蓄电池完全充足电。

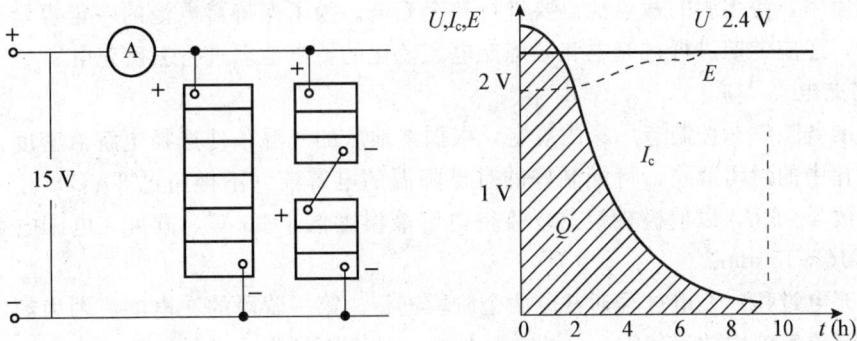

图 2-6　定压充电

3. 脉冲充电

常规充电（定压、定流充电）完成一次初充电需 60～70 h，补充充电需 20 h 左右，由于充电时间太长，给使用带来不便，只单纯加大电流充电时温升过快，会产生大量气泡，造成活性物质脱落，缩短使用寿命。快速脉冲充电采用自动控制电路对电池进行正反向脉冲充电，可以提高充电效率，新电池初充电一般不超过 5 h，使用中的电池补充充电只需

0.5～1.5 h，具体过程如图2-7所示。

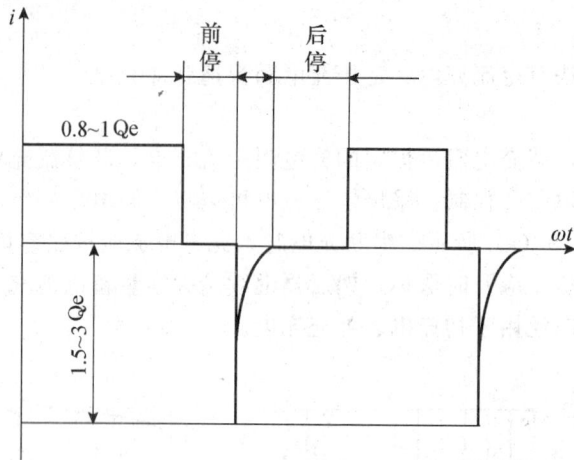

图2-7 快速脉冲充电电压波形

充电初期采用大电流（相当于0.8～1 Qe电流），使电池在较短时间内达到额定容量的60%左右，当单格电压上升到2.4 V，电解液开始分解冒出气泡时，由控制电路作用，停止大电流充电。

脉冲期先停充24～40 ms，接着再放电或反充，使蓄电池反向通过一个较大的脉冲电流（脉冲宽度为1.50～1 000 μs，脉冲深度为1.5～3 Qe），以消除活性物质孔隙内外浓差的影响和极板形成的气泡，然后停止放电25 ms。

按脉冲期循环充电直到充足。

（二）充电程序

1. 充电的种类

在蓄电池使用中，充电是一项很重要的工作。新蓄电池和修复的蓄电池都必须进行初充电才能使用，使用中的蓄电池也要进行补充充电。为了保持蓄电池的一定容量和延长其使用寿命，还应定期进行过充电和锻炼充电。硫化的蓄电池须进行去硫充电。

2. 初充电

（1）准备工作：按制造厂家的规定，根据本地区的气温条件选择电解液密度。打开蓄电池加液孔中的封闭薄膜，将配制好的且已降温的电解液（不得超过30 ℃）注入各单格电池。静放4～6 h，以使极板浸透，且待电解液温度低于30 ℃，方可充电。电解液面应高于极板10～15 mm。

（2）充电过程：充电过程通常分两个阶段进行。第一阶段的充电电流约为额定容量的1/15，充至电解液中放出气泡，单格电池端电压达2.4 V为止（时间约为25～35 h）。

然后将电流降低一半，转入第二阶段充电，直至充足为止（时间为20～30 h）。全部充电时间为45～65 h。

各型蓄电池的充电电流和时间如表2-2所示。

表 2-2   蓄电池的充电电流和时间

蓄电池型号	额定容量 (A·h)	额定电压 (V)	初次充电				补充充电			
			第一阶段		第二阶段		第一阶段		第二阶段	
			电流 (A)	时间 (h)	电流 (A)	时间 (h)	电流 (A)	时间 (h)	电流 (A)	时间 (h)
3-Q-75	75	6	5	25～35	3	20～30	7.5	10～11	4	3～5
3-Q-90	90		6		3		9.0		5	
3-Q-105	105		7		4		10.5		5	
3-Q-120	120		8		4		12.0		6	
3-Q-135	135		9		5		13.5		7	
3-Q-150	150		10		5		15.0		7	
3-Q-195	195		12		7		19.5		10	
6-Q-60	60	12	4	25～35	2	20～30	6	10～11	3	3～5
6-Q-75	75		5		3		7.5		4	
6-Q-90	90		6		3		9.0		4	
6-Q-105	105		7		4		10.5		5	
6-Q-120	120		8		4		12.0		6	

(3) 充电的注意事项：充电过程应经常测量电解液的温度。如温度上升到 40 ℃时，应减小充电电流或采取降温措施（如用冷水、风扇降温）。若超过 45 ℃时，则应暂停充电。初充电完毕时，如电解液密度不合规定，应用蒸馏水或密度为 1.400 g/cm^3 的电解液进行调整，再充电 2 h，直至密度符合规定为止。

(4) 充放电循环：新蓄电池第一次充电后，往往达不到规定的容量，应进行充放电循环。先用 20 h 放电率进行放电（即用额定容量的1/20的电流放至单格电池电压降到1.75 V 为止），然后再用补充充电电流充足，经过一次充放电循环。如容量仍低于额定容量的 90%，应再进行一次充放电循环，使极板在贮存中生成的硫酸铅全部变成活性物质。

3. 补充充电

蓄电池在使用中，若电量不足，则应根据需要进行补充充电。一般每月至少一次，如发现下列现象必须随时进行充电：

(1) 电解液密度降到 1.200 g/cm^3 以下。

(2) 冬季放电超过 25%，夏季超过 50%。

(3) 灯光比平时暗淡。

(4) 启动无力。

补充充电也分两个阶段进行。第一阶段一般以额定容量的 1/10 的电流值充电，充到单格电池的端电压为 2.4 V，电解液开始放出气泡时为止。然后进行第二阶段，将电流减半，直至充足为止。

补充充电，一般需 13～16 h（如表 2-2 所示）。如果电解液密度不合规定，应予调整。

4. 去硫化充电

(1) 小电流充电法。极板轻微硫化时，可用小电流长期充电的办法进行处理，如表 2-2所示。选用初次充电的第二阶段充电电流，进行长时间充电，直到电压和电解液密度达到规定标准。然后调整电解液密度和液面高度。

（2）水疗法。硫化较严重时，可采用"水疗法"修复。其方法是，先将蓄电池用 20 h 放电率放电到单格电池电压为 1.75 V，然后倒出电解液，加入蒸馏水，用补充充电的第二阶段充电电流进行充电。待电解液密度升至 1.15 g/cm^3 左右，再按上述放电率放电至终止电压。接着再以原来的充电电流进行充电，直至电解液密度不再上升，调整电解液密度至 1.28 g/cm^3。最后按 20 h 放电率放电，当放电容量达到额定容量的 80% 时，表示处理工作基本完成。若放电容量仍很小，则可重复上述充放电方法，直到电池恢复正常为止。

三、蓄电池的放电

为了对新蓄电池进行充放电循环以提高其容量，以及检查蓄电池的工作能力，需要按一定的规则进行放电。

放电方法分为 20 h 放电率放电和启动放电率放电。前者是指用蓄电池额定容量的 1/20 的电流连续放电，直到 6 V 蓄电池端电压降至 5.25 V；12 V 蓄电池电压降至 10.5 V 为止，记下放电时间。启动放电率放电是指在电解液温度为（-18 ± 21）℃时，用 3 倍于蓄电池额定容量的大电流进行放电，到 6 V 蓄电池端电压降至 3 V，12 V 蓄电池端电压降到 6 V 为止，记下放电时间。

注意：放电过程中应经常测量电压，当电压降到规定值时，应立即停止放电。否则电压会迅速降到零，以致损坏极板，造成下次充电困难。

四、蓄电池的保养

使用条件对蓄电池寿命有很大影响，因此应该做好蓄电池使用中的保养工作。

1. 调整液面高度

蓄电池电解液液面高度在任何情况下均应超出极板组上缘 10～15 mm，不允许极板露出液面。

每行驶 1 000 千米，或冬季行驶 10～15 天，夏季 5～6 天，应进行放电程度或电解液液面高度的检验，可通过测量蓄电池在强电流放电时的端电压来判断其放电程度，并且，根据需要调整液面高度。

如液面过低，应加注蒸馏水，使液面恢复到正常高度。在无蒸馏水的情况下，可考虑以过滤后的雨水代替。

2. 选择电解液密度

如表 2-3 所示，根据季节、气候条件选择适当的电解液密度。

表 2-3　　　　　　　　　　不同季节、气候下的电解液密度

气候条件	全充电蓄电池 15 ℃时的密度		气候条件	全充电蓄电池 15 ℃时的密度	
	冬季	夏季		冬季	夏季
冬季温度低于－40 ℃地区	1.310	1.250	冬季温度高于－20 ℃地区	1.270	1.240
冬季温度高于－40 ℃地区	1.290	1.250	冬季温度高于－0 ℃地区	1.240	1.240
冬季温度高于－30 ℃地区	1.280	1.250			

3. 控制端电压

将发电机的端电压控制在适当范围内。12 V 系统应为 13.5～14.5 V，24 V 系统为 27～29 V。

蓄电池端电压与放电程度的关系，如表 2-4 所示。

表 2-4   端电压放电情况

蓄电池放电程度/%	放电电压/V
0	1.7～1.8
25	1.6～1.7
50	1.5～1.6
75	1.4～1.5
100	1.3～1.4

4. 合理使用起动机

每次接通起动机的时间不允许超过 5 s，两次间隙时间应为 15 s 以上。

第五节 铅蓄电池的常见故障与检修

在使用过程中，蓄电池内部常出现的故障有自放电、极板硫化、活性物质脱落、极板短路等。

一、自放电

完全充电的蓄电池，即使未经使用，其电量也会随存放时间的延长而逐渐下降，这种现象叫做自放电。这是因为极板（主要是负极板）上的活性物质会慢慢地与电解液发生化学反应生成硫酸铅，活性物质的减少就意味着电量的降低。这种现象只能靠在负极板铅膏配方中或在电解液中加入缓蚀剂（如腐殖酸、木素磺酸等），降低其放电速度，但不能完全避免。

电解液不纯，存放温度过高等都会加速自放电。因此，当检知电解液中含铁、铜、锰、砷、镍以及硝酸、盐酸、醋酸或其他有机物时，或悬浮物已超过规定时，应立即换用符合标准的新电解液。

诊断与检修的方法：首先应检查蓄电池外部是否清洁，特别是电池盖上是否有污物堆积，然后检查导线有无搭铁、短路之处。检查时可断开各用电设备，拆下蓄电池一个接线柱上的导线，将线端与接线柱划碰试火。若有火花，应逐段检查有关导线，找出搭铁之处；若无火花，说明故障在蓄电池内部，应拆开修复。

二、极板硫化

在蓄电池放电过程中，正负极板上的活性物质都在逐渐转变为硫酸铅。硫酸铅能溶解于电解液中，温度越高，溶解度越大。但是，在温度下降时，硫酸铅就会重新析出，在极板上重新结晶。这种结晶是一种颗粒粗大、难于重新溶解于电解液的白色结晶。它的导电性差，结构致密，充塞于活性物质的孔隙中，阻碍电解液渗入。因而大大地降低了蓄电池的电性能。这种结晶，在充电时也很难转变为活性物质，这种现象称为极板硫化，它主要发生在负极板上。

由于极板上的有效物质减少，蓄电池的容量明显降低。加上这种结晶电导率低，使蓄电池的内阻大为增加，这会导致充电时温度上升快、温升高（常超过 45 ℃）、过早冒气，这些都是硫化的现象。极板硫化的原因如下：

（1）制造蓄电池时，极板不完善、活性物质生成得不充分。

（2）启用新蓄电池时，初充电不彻底，活性物质未得到充分还原。

（3）使用过程中，蓄电池经常过放电或以小电流深度放电。

（4）电解液浓度偏高，使用温度变化大或长期在高温气候下使用，以及长期在亏电状态下工作。

（5）维护不及时，长期不检查液面高度，使极板上部露出液面。

（6）不做定期充电或每次充电均未充足。

（7）自放电或内部短路现象长期得不到消除，使蓄电池经常处于亏电状态。

（8）蓄电池长期搁置不用而又不加维护，电解液内混入杂质或有机活性物质。

蓄电池极板硫化的修复是一件困难而又复杂的工作，可根据硫化程度的不同，采取小电流充电法和"水疗法"消除硫化。

三、活性物质脱落

极板上活性物质的脱落是蓄电池的主要故障之一。其影响因素主要有以下几点：

1. 过充电

过充电时，能电解水，产生氢气和氧气。氧气聚集在正极板的表面孔隙内，如果氧气浸透到活性物质的内层，就会使铅质栅架氧化，活性物质的附着性能变差而易于脱落。氢气的数量大得多，会在负极板的孔隙内产生一定的压力，使活性物质脱落，这就是氢脆现象。正极板和负极板比较起来，正极板活性物质的脱落是主要的，因为正极板的活性物质为二氧化铅，附着性能比负极板差得多。

2. 电解液的密度过高

电解液密度越高，对极板栅架的腐蚀性越强，尤其在温度高的情况下。

3. 极板安装松旷

在汽车剧烈震动时，容易使活性物质脱落。

另外，频繁的大电流放电所造成的极板拱曲，也会加速活性物质的脱落。

诊断和检修的方法：如果出现容量下降或电解液混浊就有可能是活性物质脱落。其处理的方法是：不要过充电，充电电流不宜过大；要严格按规定的终止电压放电；更换电解液，加水时要加蒸馏水。

四、极板短路

1. 极板短路的原因

极板短路的原因可能有如下几点：

（1）隔板质量不好或隔板缺角。

（2）极板拱曲。

（3）活性物质脱落过多。

2. 极板短路时的故障现象

极板短路时的故障现象有以下几点：

（1）容量下降或没有容量。

（2）电解液密度下降到 $1.150\ g/cm^3$ 及以下。

（3）单格电池电压降至零。

检修的方法：先找出短路的部分在哪个单格的极板内，然后拆散蓄电池，取出极板群，更换新隔板，更换不合要求的极板。

第六节　交流发电机的结构和原理

一、交流发电机的结构

1. 结构组成

发电机的基本结构是由一个小型三相同步发电机和一组由六只硅二极管构成的三相桥式整流器，其总体构造如图 2-8 所示。

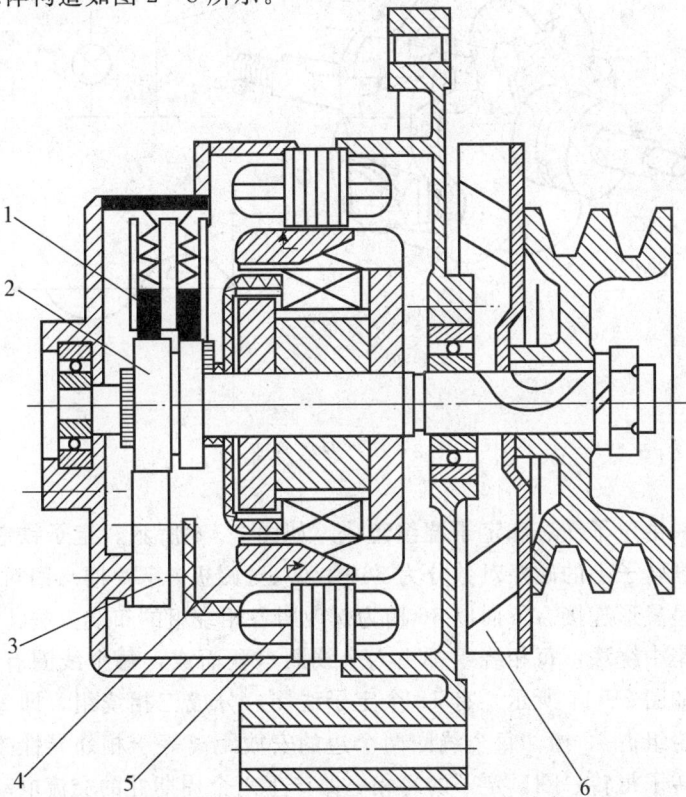

1—电刷；2—花环；3—元件板；4—转子；5—定子；6—风扇

图 2-8　交流发动机的结构

2. 结构原理

（1）转子

如图 2-9 所示，励磁绕组 1 绕在软铁芯（磁轭）上，铁芯两端盖着两块爪极，每块爪极有六个鸟嘴形磁极。铁芯、爪极一并装到转子轴 2 上，励磁绕组的两引出线从爪极通出去并分别焊在两个彼此绝缘的滑环 4 上，滑环与装在后端盖上的两个电刷相接触。当两电刷通入直流电时，磁场绕组通入的电流便在铁芯上产生较强的磁场，并使得一块爪极被磁化为 N 极，另一块爪极磁化为 S 极，从而形成相互交错的六对 N-S 极。

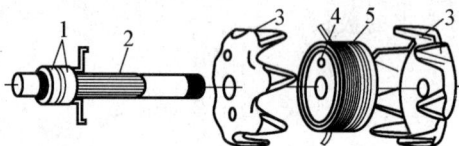

1—集电环；2—轴；3—爪极；4—滑环；5—励磁绕组

图 2-9　交流发电机的转子

交流发电机发电的原理如图 2-10 所示，若在转子外周放着固定的线圈，线圈一端搭铁，另一端接用电设备。外力带动转子旋转时，穿过线圈的磁力线数及方向随变换磁极周期性变化，因此在线圈上感应出大小与方向均呈规律变化的交流电。

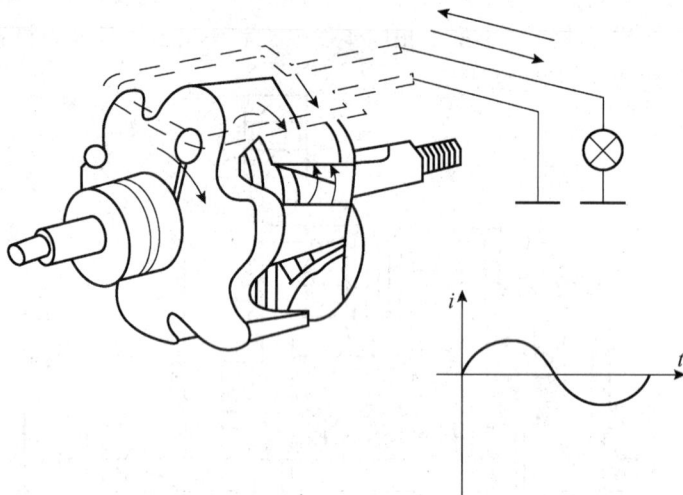

图 2-10　发电原理

（2）定子

定子（电枢）由定子铁芯和定子绕组组成，如图 2-8 所示。定子铁芯由内圆带槽的硅钢片叠成，根据转子上的磁极对数分为 36 槽（六对磁极）、24 槽（四对磁极），槽内嵌有三相绕组，并呈星形连接。下面以 36 槽为例说明各相绕组的布线方法。

常采用单层集中绕法，每相绕组都由六个线圈串联而成，每个线圈有 13 匝。定子铁芯的布线展开图如图 2-11 所示，有 18 个定子线圈，分成三相绕组，即每相由六个线圈串联而成。每相绕组占 12 槽，每个线圈两个边的安放距离等于相邻异性磁极中心线之间的距离，这样，转子每转一圈，定子的每相电路产生六个周期性的交流电动势。

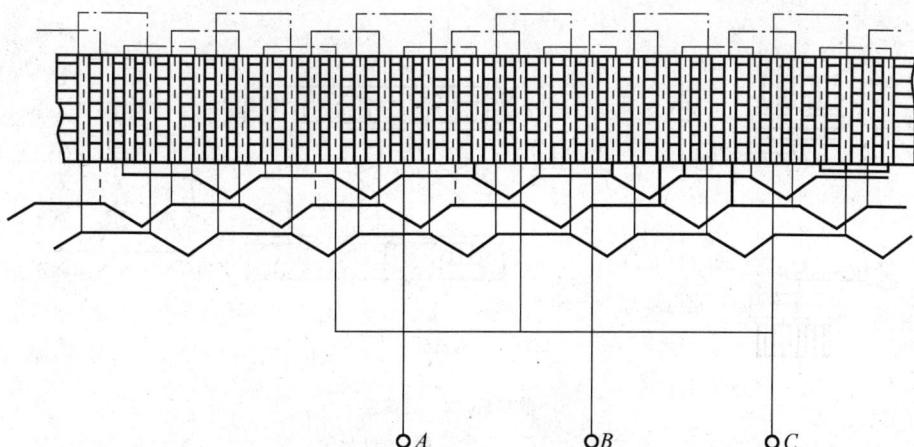

图 2-11 定子铁芯的布线图

三相绕组之间的位置又如何确定呢？应使三相电动势变化情形分别相隔电角120°，如图 2-12 所示。因一个磁极所占的电角为180°，一个磁极占 4 个槽，所以要使三相电动势变化分别相隔电角120°，三相绕组的三个起端的距离应为两个槽，即分别占 1，3，5 槽。

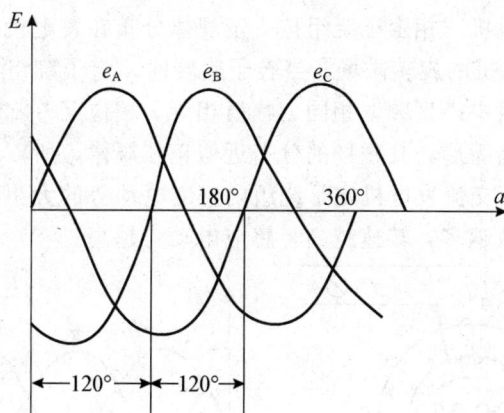

图 2-12 三相交流电波形

（3）前后端盖

前后端盖采用非导磁性材料铝合金压铸而成。轴承采用 203 和 202 球轴承，并填充高温润滑脂。为了提高轴承使用寿命和减少维修，新型交流发电机还采用了全密封轴承，并把轴承承载等级也提高了一级，采用了 303 和 305 系列的密封轴承。后端盖内除装整流元件外，还装有电刷和电刷架，后端盖上有三个接线柱，标有"B"或"＋"者为"电枢"接线柱，标有"F"为"磁场"接线柱，标有"－"为"搭铁"接线柱以及某些发电机的"中性点"接线柱。

（4）整流器

交流发电机的整流器一般由六只硅二极管组成。如图 2-13 所示，中心引线和铜外壳分别为二极管的两个极。所用二极管分为两种：中心引线接电源正极，铜壳接负极才能导通的叫正极管子（正烧管）；反之叫负极管子（反烧管）。六个二极管的装法如图 2-13 所示，利用六个二极管进行全波整流，所以也称汽车用发电机为硅整流发电机。

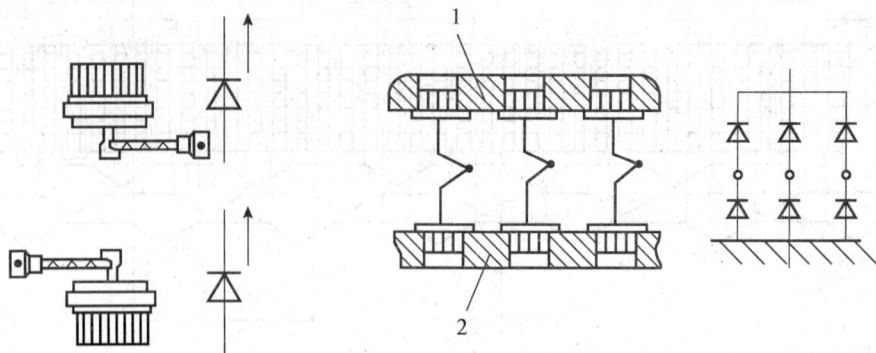

1—散热板；2—后端盖

图 2-13 六个二极管的安装

二、交流发电机的工作原理

1. 交流发电机的发电原理

交流发电机产生交流电的基本原理，仍然是电磁感应原理。交流发电机由定子、转子、整流器等组成。发电机三相定子绕组按一定规律分布在发电机的定子槽内，彼此相差 120°电角度。转子是发电机的旋转磁场，当转子旋转时，定子绕组与磁力线产生相对的切割运动，于是在三相绕组中产生频率相同、幅值相等、相位互差 120°电角度的三相交流电动势。由于转子磁极是鸟嘴形，其磁场的分布近似正弦规律，所以交流电动势也近似正弦波形，如图 2-14 所示。交流发电机定子绕组内感应电动势的大小与每相绕组串联的匝数以及转子转速有关：匝数越多，转速越高，感应电动势越高。

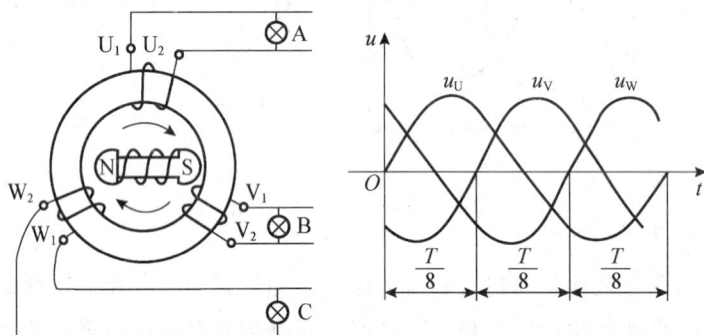

图 2-14 交流发电机的发电原理

2. 交流发电机的整流原理

定子绕组中感应出的交流电，要靠由硅二极管组成的整流器改变成直流电。硅二极管具有单向导电性，当外加电压为正向电压（二极管的正极电位高于负极电位）时，二极管呈低电阻，处于导通状态；当外加电压为反向电压（二极管的正极电位低于负极电位）时，二极管呈高电阻，处于截止状态。交流发电机中六只硅二极管组成三相桥式全波整流电路，如图 2-15 所示。在三相桥式整流电路中，三个正极管子 VD_1，VD_3，VD_5 的负极连在一起，其正极分别接在发电机三相绕组的首端 U_1，V_1，W_1，VD_1，VD_3，VD_5 分别在三相交流电正半周期内导通。且哪相电压最高，则接该相绕组的正极管子导通。三个负极管子的正极连在一起，其负极分别接发电机三相绕组 U_1，V_1，W_1，VD_2，VD_4，VD_6

分别在三相交流电负半周期内导通。且哪相电压最低，则接该相绕组的负极管子导通。这样，同时导通的管子有两个，即正、负管子各一个。同时导通的两个管子总是将发电机的线电压加在负载 RL 两端。根据上述原则，其整流过程如下：

在 $t=0$ 时，U_w 最高，U_v 最低，VD_5，VD_4 导通，V_1，W_1 电压加在负载上。

在 $t_1 \sim t_2$ 时，U_u 最高，U_v 最低，VD_1，VD_4 导通，V_1，U_1 电压加在负载上。

在 $t_2 \sim t_3$ 时，U_u 最高，U_w 最低，VD_1，VD_6 导通，U_1，W_1 电压加在负载上。

在 $t_3 \sim t_4$ 时，U_v 最高，U_w 最低，VD_3，VD_6 导通，V_1，W_1 电压加在负载上。

依此类推，在负载上就得到一个比较平稳的直流脉动电压，其电压波形如图 2-15（c）所示。

汽车交流发电机中二极管反向工作电压很高，这样可保证汽车电路中由其他电气设备产生的自感电动势不会击穿二极管，如国产交流发电机配用的 ZQ 型二极管反向工作电压为 200 V。

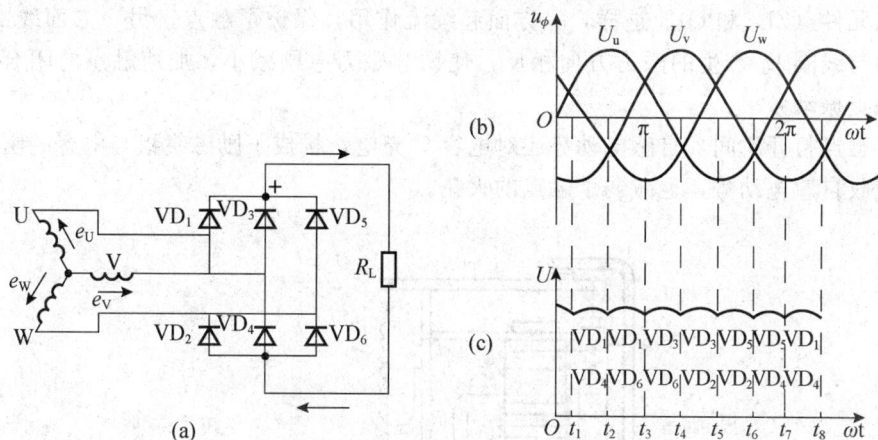

图 2-15　三相桥式整流

（a）电路；（b）三相交流电动势；（c）整流后的直流输出电压

3. 交流发电机的励磁方式

当加在硅二极管的正向电压小于其截止电压（约 0.6 V）时，由于二极管呈现较大电阻不能导通，加之剩磁又软弱，所以发电机在低速运转时不能建立电压，发电机电压低于蓄电池电压，由蓄电池通过点火开关供给磁场线圈电流，进行他励，使电压很快上升。当发电机转速在 1 000 r/min 左右时，发电机电压已达到蓄电池充电电压要求，除向蓄电池充电外还向励磁线圈供电，对发电机转子磁场进行自激，进入自激发电。

第七节　交流发电机的电压调节器

电压调节器的作用是自动调节发电机的输出电压，将其控制在规定的范围内。在发电机的工作原理中讲到，发电机产生的电动势与发电机的转速成正比。发电机是由发动机带动的，汽车发动机转速变化很大，因此发电机的输出电压很不稳定。为了满足汽车用电设备的要求，使输出电压保持恒定，硅整流发电机必须配用电压调节器。

硅整流发电机调节器按其结构不同可分为触点式调节器和无触点式调节器（又称半导体式调节器）两大类。触点式调节器可分为单级触点式调节器（一对触点）和双级触点式调节器（两对触点）；无触点式调节器可分为晶体管式调节器和集成电路式调节器（即 IC 式）。随着半导体技术的应用，半导体式电压调节器会逐步取代触点式调节器。目前国内汽车所使用的调节器两种并存。无论哪一种调节器，其工作原理是相同的，都是通过调整发电机的励磁电流来达到稳定输出电压的目的。

一、单级触点式电压调节器

如图 2-16 所示，与传统的电压调节器相比，增加了灭弧元件退磁回路 ZL_2 和 C。其作用是：

（1）当触点打开瞬间，由于励磁电流的减小在励磁绕组中产生较高的自感电动势，并加给灭弧元件（ZL_2 和 C）。这样，一方面起续流作用，保护了触点；另一方面线圈 L_2 产生的磁力与线圈 L_1 产生的磁力方向相反，使铁芯磁力急剧减小，加速触点的闭合，从而提高了触点振动频率。

（2）触点打开瞬间，自感电动势还对电容 C 充电，构成了励磁绕组与电容的阻尼振荡回路，吸收自感电动势，也减弱了触点的火花。

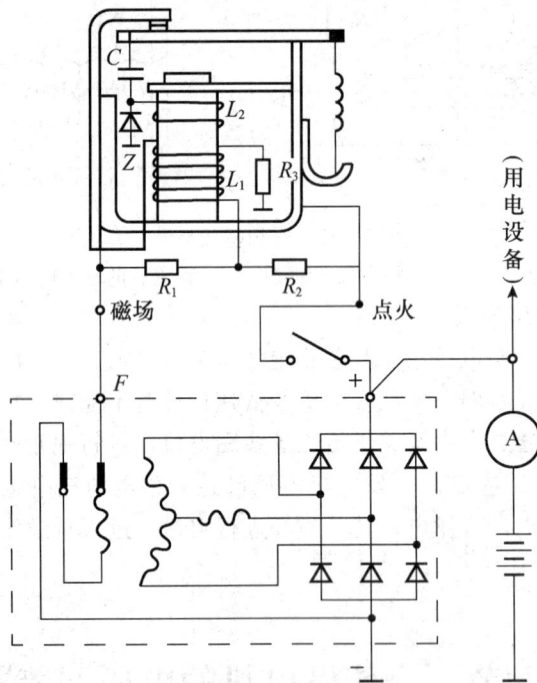

图 2-16　FT111 单级触点式电压调节器

二、双级触点式电压调节器

1. 电压调节器的作用

在发动机较宽的转速范围和输出电流变化很大的情况下，也能保证交流发电机的输出电压基本恒定。如图 2-17 所示为适用于 KQ1401 等汽车的 FT61 型电压调节器，有低速触点 K_1、高速触点 K_2、附加电阻 R_1、加速电阻 R_2、温度补偿电阻 R_3，其余结构与直流发电机用的电压调节器相似。双级式电压调节器的工作原理也是利用触点的开闭，改变磁场电流，以维持发电机电压不变。

2. 电压调节器的工作过程

（1）他励过程

接通点火开关，启动发动机，发电机发电先靠他励。这时的励磁电路为：蓄电池正极→电流表→点火开关→调节器"点火"接线柱→低速触点 K_1→衔铁 1→磁轭 3→调节器"磁场"接线柱→磁场绕组→搭铁。因电流由蓄电池供给，使转子磁场增强，电压很快升高。

（2）自励过程

①低速或大负载，通过 K_1 保持电压稳定。随着转速升高，使发电机电压高于蓄电池电动势，励磁电流转入发电机自给。转速再增加则发电机电压达工作电压时，磁化线圈 2 的电磁吸力增强，先使 K_1 投入工作，K_1 不断开闭。K_1 闭合时的励磁电路同前述，而 K_1 打开时的励磁电路为：发电机正极→点火开关→调节器"点火"接线柱→加速电阻 R_1→附加电阻 R_2→"磁场"接线柱→励磁绕组→发电机负极。随转速不断升高到某一值，K_1 被一直吸开，使附加电阻、加速电阻一直串入励磁绕组，K_1 的控制励磁电流的作用到此结束。

②高速或小负载，通过 K_2 保持电压稳定。若转速再度升高，电压稍继续升高，衔铁再往下吸使 K_2 闭合，K_2 一端搭铁，另一端通过衔铁接"磁场"接线柱，从而短路了励磁绕组，使磁场电流急剧减小，发电机电压也随之急剧下降。与此同时，调压器磁化线圈吸力减小，衔铁在弹簧压力下，K_2 又分开，磁场电路中串入 R_1、R_2，电压又再升高，周而复始，触点 K_2 振动，使发电机在高速时保持电压稳定。低速电压稳定值与高速稳定值相差不过 $0.5\sim1.0\,\text{V}$，对使用影响不大。

三、晶体管式电压调节器

机械触点式电压调节器的缺点是：因触点开闭过程存在机械惯性和电磁惯性，使触点振动频率慢；触点间的电火花不仅会烧坏触点，缩短使用寿命，还会产生一定的无线电干扰电波；调节可靠性差。电子调节器以开关管代替触点，不但开关频率高，且不会产生火花，调节效果好，具有质量轻、体积小、寿命长、可靠性高等优点。图 2-17 为 JFT106 型晶体管式调节器。该调节器为 14 V 负极搭铁，可以配 14V、750W 的 9 管交流发电机，也可用于 14 V、功率小于 1 000 W 的 6 管交流发电机。调节电压为 13.8～14.6 V。其工作过程如下：

（1）接通点火开关 S，蓄电池经充电指示灯、R_5、VD_2 和 R_7 向 VT_2 管提供偏流使其导通，VT_3 也接着导通，蓄电池正极经点火开关 S→充电指示灯→励磁绕组→VT_3 的 c，e 极→蓄电池负极，进行他励。

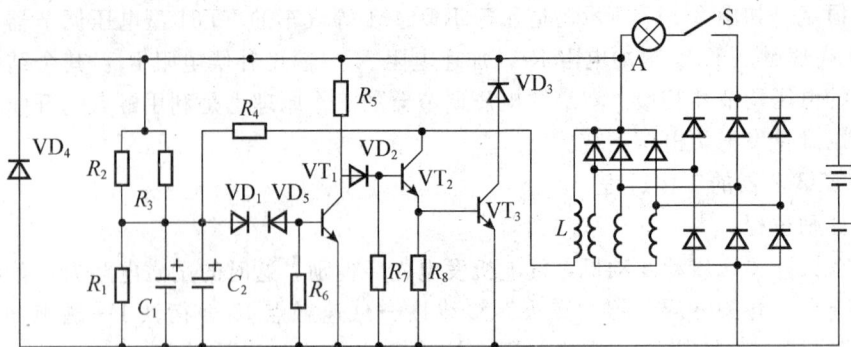

图 2-17　JFT106 型晶体管式电压调节器

（2）随着发电机转速的提高，电压逐渐提高，充电指示灯熄灭。当 A 点电压达到调节器的工作电压时，R_1 的端电压将反向击穿 VD_5，使 VT_1 导通，VT_2 与 VT_3 则截止，励磁电流迅速下降，发电机端电压及 A 点电位也随之下降。

（3）A 点电位下降，VD_5 截止，VT_1 随之截止；而 VT_2、VT_3 导通，电压又迅速上升。如此反复交替工作，控制发电机电压保持在额定值。

第八节　交流发电机与调节器的检测与实验

一、交流发电机的使用和维修注意事项

交流发电机整流器、晶体管调节器和集成电路调节器内部均装有电子元件。当受到瞬时过电压或过电流时，都会造成损坏。使用和维修中应注意以下事项：

（1）蓄电池的搭铁极性必须与发电机的搭铁极性一致，否则会烧坏整流器中的二极管和调节器中的电子元件。

（2）严禁采用在发电机输出端搭铁试火的方法检查发电机是否有电，否则将损坏发电机整流器。

（3）发电机正常运行时，不可任意拆动各电器的连接线，以防引起电路中的瞬时过电压，损坏二极管及调节器中的电子元件或其他电子设备。

（4）蓄电池可起到电容器的作用，可在一定程度上吸收电路中的瞬时过电压，有效保护电路中的电子元件，所以发电机与蓄电池之间的连接线务必牢固可靠。

（5）不允许用 220 V 交流电压或兆欧表检查发电机的绝缘性能，否则将损坏二极管及调节器中的电子元件。

（6）发电机熄火后，应及时关闭点火开关，避免损坏发电机的磁场绕组及调节器中的电子元件。

（7）调节器的调节电压不能过高或过低，以免损坏用电设备或造成蓄电池充电不足。

（8）传动带的张紧度应符合规定，否则会损坏发电机轴承或引起发电机发电不足。

二、交流发电机的检测

为判断交流发电机的性能是否正常，查明交流发电机的故障部位及原因，以便采取相应的维修措施，应对发电机进行检验。检验方法有整机检验和分部检查两种。

1. 整机检验

常见的整机检验方法有：实车检验法、万用表测量法、台架试验法。下面主要介绍实车检验法和万用表测量法，台架试验法请参见本节"交流发电机的试验"。

由于交流发电机具有硅整流器这一特点，在整机检验作业中，除不可采用刮铁试火的检查方法外，也不允许采用高于发电机额定电压的电源进行检查，如不允许用 220 V 交流试灯法和用兆欧表检查绝缘电阻等。

（1）实车检验

首先将风扇皮带张力调整好，然后拆掉发电机的所有连线，另用一根导线把发电机"＋"（电枢）接线柱与"F"（磁场）接线柱连接起来。将万用表拨至 0～50 V 直流电压挡，将其正表笔接"电枢"接线柱，负表笔接外壳。启动发动机，并把从发电机"电枢"接线柱上拆下的那根来自蓄电池正极的导线与发电机"电枢"或"磁场"接线柱碰一下，对发电机进行他激。如图 2-18 所示。然后缓慢提高发动机转速，观察电压表，若电压表所指示的电压值随发动机转速的升高而增大，则说明发

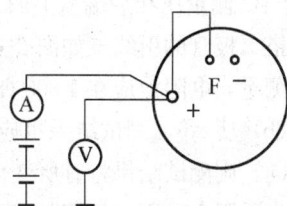

图 2-18　车上检查交流发电机示意图

电机良好；若电压表无电压指示，则说明发电机不发电。其故障可能是：整流二极管击穿、转子或定子绕组搭铁、短路或断路、电刷卡住等。

（2）用万用表检查

该检查法，是用万用表测量发电机各接线柱之间的电阻值，从而判断发电机的故障。其方法是，用万用表 R×1 欧姆挡测量发电机"F"（磁场）与"一"（搭铁）之间的阻值，发电机"＋"（电枢）与"一"（搭铁）之间的正、反向阻值以及发电机"＋"（电枢）与"F"（磁场）之间的正、反向阻值。将测得值与表 2-5 给出的正常情况下的电阻相对比，以判断发电机是否良好。若"F"与"一"之间的阻值超过规定值，说明电刷与滑环接触不良；若阻值小于规定值，说明激磁绕组有匝间短路或搭铁；若阻值为零，说明两滑环间短路或"F"接线柱搭铁。

万用表负表笔接发电机外壳，正表笔接"＋"接线柱，表针指在 40～50 Ω 之间，说明整流器（二极管）正常；若测得电阻值在 10 Ω 左右，说明某个二极管被击穿短路；若测得电阻值接近于零或等于零，说明装在端盖上的二极管和装在元件板上的二极管至少各有一个被击穿短路。

表 2-5　　　　　　　　　　常见交流发电机各接线柱之间的电阻值　　　　　　　　　　单位：Ω

发电机型号	"F"与"一"之间的电阻	"＋"与"一"之间的电阻		"＋"与"F"之间的电阻	
		正向	反向	正向	反向
JF11	5～6	40～50	>1 000	50～60	>1 000
JF13					
JF15					
JF21					

续表

发电机型号	"F"与"一"之间的电阻	"+"与"一"之间的电阻		"+"与"F"之间的电阻	
		正向	反向	正向	反向
JF12					
JF22	19.5～21	40～50	＞1 000	50～70	＞1 000
JF23					
JF25					

2. 分部检查

(1) 硅二极管的检查

拆开定子绕组与硅二极管的连接线后，用万用表（R×1）挡逐个检查每个硅二极管的性能。其检查方法和要求，如图2-19所示。

测量压在后端盖上的二极管时，将万用表的负测试棒（黑色）搭端盖，正测试棒（红色）搭二极管的引线〔如图2-19（a）所示〕，电阻值应在8～10Ω范围内。然后将测试棒交换进行测量，电阻值应在1 000Ω以上。压在散热板上的三个二极管是相反方向导电的〔如图2-19（b）所示〕，测试结果也应相反（上述数值是使用500型万用表测试的结果，若万用表规格不同，则测试结果将有所变化）。若正、反向测试时，电阻值均为零，则二极管短路；若电阻值均为无限大，则二极管断路。短路和断路的二极管均应更换。

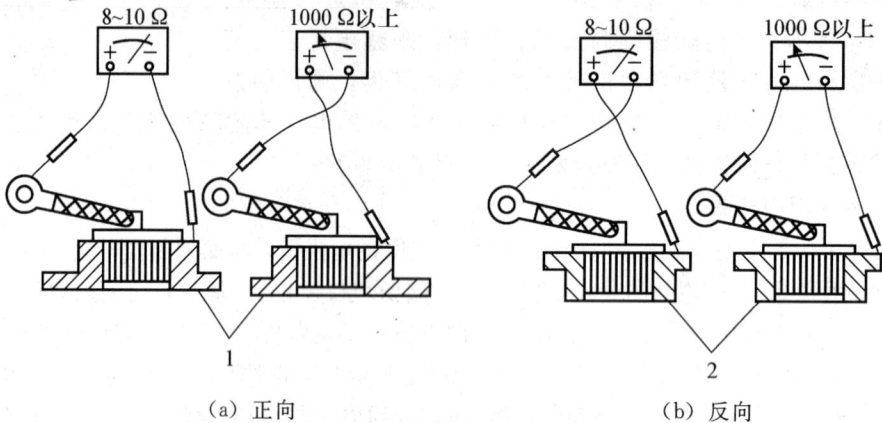

（a）正向　　　　　　　　　　　（b）反向

1—发动机后端盖；2—元件板

图2-19　用万用表检查硅整流二极管

在更换二极管时，必须识别二极管的正负极性。在负极搭铁的交流发电机中，压在后端盖上的二极管为负极管子，压在散热板上的二极管为正极管子。如果装错，同样会将二极管烧坏。当管壳上无任何标志时，可用万用表判断二极管的极性。

JF系列交流发电机中二极管的外形尺寸和主要技术参数见表2-6、表2-7所示。

表2-6　　　　　　　　　　　　交流发电机用硅二极管外形尺寸

型　　号	D	L₁ 不大于	L₂ 不大于
ZQ5	φ11		
ZQ10			
ZQ15	φ13	8	21
ZQ20			
ZQ25	φ16	11	32
ZQ50	φ19	14	35

表 2-7　　　　　　　　　交流发电机用硅二极管主要技术参数

项　目 ＼ 型　号	ZQ5	ZQ10	ZQ15	ZQ20	ZQ25	ZQ50
正向平均电流 IFAV（A）	5	10	15	20	25	50
正向均方根电流 IFRMS（A）	7.9	16	24	31	39	70
浪涌电流 IFSM（A）	60	120	180	240	300	600
反向重复峰值电压 URRM（V）	90％URSM					
反向不重复峰值电压 URSM（V）	300					
工作结温度 t_1（℃）	−40～150				−40～180	
正向峰值电压 UFM（V）	≤1.6					
反向重复峰值电流 IRRM（A）	≤3					≤7
结壳热阻 RC（C/W）	≤4.0	≤2.0	≤1.7	≤1.4	≤1.2	≤0.6

（2）磁场绕组的检查

用万用表检查磁场绕组，如图 2-20 所示。若电阻符合表 2-8 的规定，则说明磁场绕组良好；若电阻小于规定值，说明磁场绕组有短路；若电阻无限大，则说明磁场绕组已经断路。然后按图 2-21 所示的方法，检查磁场绕组的绝缘情况。灯亮说明磁场绕组或滑环搭铁。磁场绕组若有断路、短路和搭铁故障时，一般需更换整个转子或重绕磁场绕组。重绕磁场绕组时可参考表 2-8 所列数据。

表 2-8　　　　　　　　JF 系列交流发电机定子绕组和磁场绕组的各项数据

发动机型　号	定　子　绕　组						磁　场　绕　组		
	铁芯槽数	每个线圈的匝数	绕组导线直径（mm）	每相串联线圈数	线圈节距	三相绕组接法	匝数	导线直径（mm）	电阻（Ω，20℃）
JF11	36	13	1.08	6	1—4	星形	520	0.62	5.3
JF13	36	13	1.04	6	1—4	星形	530	0.62	5.3
JF12	36	25	0.83	6	1—4	星形	1060	0.44	19.3
JF23	36	25	0.83	6	1—4	星形	1100	0.47	20
JF21	36	11	1.08×2	6	1—4	星形	575	0.64	5
JF152	36	11	1.35	6	1—4	星形	600	0.67	5.5
JF22	36	21	1.08	6	1—4	星形	1000	0.47	18
JF25	36	21	1	6	1—4	星形	1100	0.47	20
2JF750	36	8	1.2	6	1—4	星形	600	0.86	3.53
JF172	36	7	1.68	6	1—4	星形	700	0.74	5
JF750	36	15	0.93×2	6	1—4	星形	950	0.67	8.5
JF27	36	15	1.25	6	1—4	星形	1100	0.59	13
JF1000	42	12	1×2	7	1—4	星形	1250	0.67	14.7
JF210	36	14	1.08×2	6	1—4	星形	1200	0.67	13
JF01	24	21	1.04	4	1—4	星形	500	0.53	5
JFZ1813Z	36	7	2.0	6	1—4	星形	450	0.85	2.7
JFZ1813ZB	36	7 双线	1.3	6	1—4	星形	450	0.85	2.7
JFZ1815Z	36	7 双线	1.3	6	1—4	星形	350	0.67	3.3

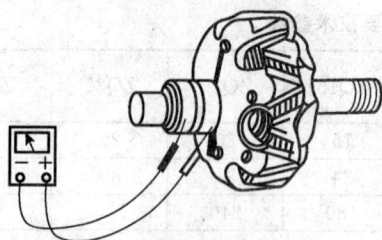

图 2-20 用万用表测量磁场绕组的电阻值　　图 2-21 用万用表检测励磁绕组是否搭铁

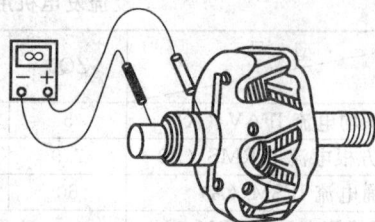

（3）定子绕组的检查

用万用表按图 2-22 所示的方法，检查定子绕组是否断路。按图 2-23 所示的方法，检查定子绕组是否搭铁。

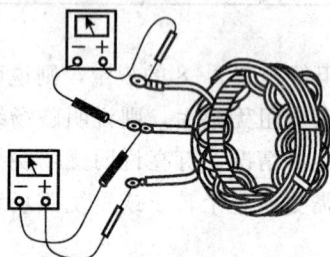

图 2-22 用万用表检测定子绕组是否断路　　图 2-23 用万用表检测定子绕组是否搭铁

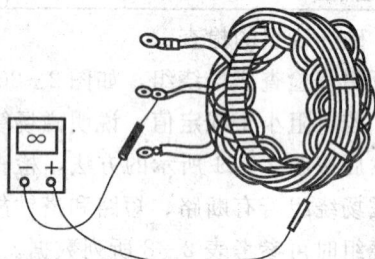

定子绕组若有断路、短路和搭铁等故障，而又无法修复时，则需重新绕制。JF 系列交流发电机定子绕组的各项数据如表 2-8 所示。电机装复后，需进行空载和满载试验。

三、调节器的检查与调整

1. 双级电磁振动式调节器的检查与调整

（1）检查触点是否氧化、烧蚀，电阻是否烧断以及线圈有无断路、短路等故障，调节器线圈及电阻参数如表 2-9 所示。

表 2-9　　　　　触点式调节器线圈电阻数据

型　号	线　圈			电阻值（Ω，20 ℃）			
	导线直径（mm）	电阻（Ω）	匝数	附加电阻 R1	加速电阻 R2	补偿电阻 R3	平衡电阻
FT20	0.29	7.2	700	9	0.4	20	
FT70A	0.21	29	1500	40	2	80	
FT61	0.31	9.5	820	8.5	1	13	
FT61A	0.21	29	1500	40	2	80	
FT62	0.25 康铜	95	145				
	0.2	53	2200	80	13		1.5

（2）各部间隙的检查与调整，衔铁与铁芯的间隙约为 1.1～1.3 mm，高速触点间隙约为 0.25～0.4 mm。

2. 晶体管调节器的检查

晶体管调节器，由于使用不当或晶体管质量不佳，可能会出现故障，如发电机电压建立不起来（T_2、T_3 断路，DW 或 T_1 短路），发电机电压过高（T_2、T_3 短路，DW 或 T_1 断路），可以就车进行检查。方法如下：在调节器"F"和发电机"F"接线柱之间，串一直流电流表（量程 10 A），用以测量激磁电流和转速之间的变化关系。启动发动机，如果电流表无指示，多为功率管 T_2 断路；如果电流表有指示，但在低速时无变化，而在转速升高到 $800 \sim 1\,000$ r/min 之后，电流随发动机转速的升高而加大，说明功率管短路或稳压管、小功率管断路，这时发电机电压过高，导致蓄电池过充电；如果电流随转速的升高而减小（如图 2-24 中虚线所示），表明调节器是好的。

如果经以上检查，确认调节器内部有故障后，应从线路上拆下元件用多用电表进行测量。

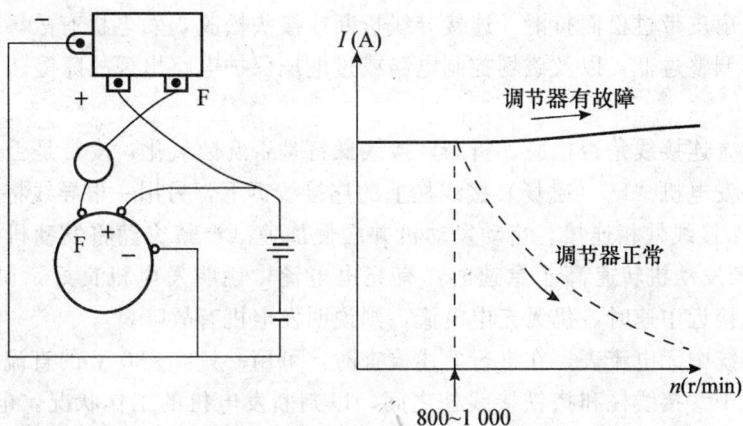

图 2-24 晶体管调节器的检查

第九节 充电系统的故障判断

交流发电机的充电系统主要由蓄电池、电流表、调节器和交流发电机所组成，如图 2-25 所示。

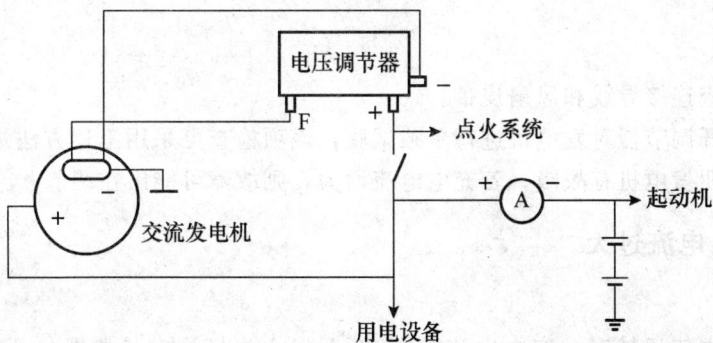

图 2-25 交流发电机的充电系统接线图

充电系统电路主要分充电电路及发电机的磁场电路。充电电路如下：电流由发电机"＋"→电流表→蓄电池→搭铁→发电机"－"。磁场电路如下：电流由发电机"＋"（或当蓄电池端电压大于发电机电压时由蓄电池"＋"→电流表）→电压调节器→发电机磁场绕组→搭铁→发电机"－"（或蓄电池"－"）。

其电路故障主要有不充电、充电电流太大或太小、充电电流不稳定等。

一、不充电

1. 现象

发动机在中速运转时，电流表指示放电（或充电指示灯不灭）；蓄电池充电不足，表现为蓄电池电解液密度过低，起动机运转无力或前大灯灯光暗淡。

2. 原因

可能是风扇皮带过松而打滑，连接导线折断或接头松脱，发电机有故障，调节器有故障或调节电压调整过低，以及磁场控制电路或过电压保护电路出现故障等。

3. 诊断

首先，检查连接线是否松脱、折断，接线螺钉是否腐蚀氧化，皮带是否过松。

然后，将发电机"F"（磁场）接线柱上的连接线拆下，另用一根导线将"＋"（电枢）接线柱与"F"接线柱相连接。启动发动机并缓慢加速（严禁突然将发动机的转速提高到中速以上），若发动机转速高于怠速时，有充电电流，说明发电机良好，调节器有故障；若发动机转速接近中速时，仍无充电电流，则说明发电机有故障。

若充电系统中无电流表，在进行上述检查时，可用一只 0～30 V 的直流电压表，连接在发电机的"＋"接线柱和搭铁接线柱之间，以判断发电机的工作状况。电压表接上时，指示的是蓄电池的电压；当发电机开始充电时，电压表的读数应增大。

二、充电电流过小

1. 现象

发动机在中高速运转，接入用电设备较少时，充电电流总是低于 10 A，蓄电池常有存电不足现象。

2. 原因

可能是皮带打滑，导线连接不良，发电机发电不足，调节器触点接触不良或调节电压调整过低。

3. 诊断

首先，检查连接导线和风扇皮带。

然后，断开调节器对发电机进行单独试验，该项检查可采用上述方法进行。若充电电流仍过小，说明发电机有故障；若充电电流增大，则故障可能出在调节器。

三、充电电流过大

1. 现象

发动机在中速运转时，充电电流常在 20 A 以上；灯泡常易烧毁；蓄电池温度过高，严重失水，酸臭味明显。

2. 原因与诊断

一般是调节器有故障或调节电压调整过高所致。

应首先检查排除调节器的故障，若无故障应重新调整调节器。

四、充电电流不稳

1. 现象

电流表指针左右不停地摆动，或充电指示灯灯光暗淡、时亮时灭。

2. 原因与诊断

可能是连接线松动，发电机性能不良，调节器有故障等。

可采用本章第一节的方法检查。

五、充电系统故障分析表

充电系的故障现象、故障部位和原因及其处理方法等，如表 2-10 所示。

表 2-10 充电系的故障部位及原因

故障现象	故障部位			故障原因	处理方法
完全不充电（电流表指示放电或充电指示灯亮）	接线			接线断开或脱落	修理
	电流表			损坏或接线错误	更换、改接
	发电机不发电			①二极管烧坏	更换
				②电刷卡死与滑环不接触	更换、修理
				③定子、转子绕组断路、短路，绝缘不良	更换、修理
	调节器	调节电压过低	触点式	①调节不当	调整
				②触点接触不良	修理
			电子式	调整不当	调整
		调节器不工作	电子式	①大功率管断路	更换
				②其他元件断路、短路	更换
			触点式	①高速触点烧结在一起	更换
				②内部断路或短路	更换、修理
		磁场继电器工作不良		①继电器线圈或电阻断路、短路	更换
				②触点接触不良	修理、更换
充电电流过小（启动性能变差，灯光变暗）	接线			接头松动	修理
	发电机发电不足			①发电机皮带过松	修理
				②个别二极管损坏	更换
				③电刷接触不良，润滑油污	
				④转子绕组局部短路，定子绕组局部短路或接线松开	
	调节器			①电压调整偏低	调整
				②触点污脏或接触不良	修理

续表

故障现象	故障部位	故障原因	处理方法
充电电流过大（灯丝易烧坏、电解液消耗过快）	调节器	①调节不当	调整
		②触点脏，高速触点接触不良	修理、更换
		③线圈断路、短路	修理、更换
		④加速电阻断路	更换
		⑤低速电阻烧结	修理、更换
		⑥功率晶体管击穿	更换
充电电流不稳定（电流表指针摆动）	接线	各连接处松动，接触不良	修理
	发电机	①皮带过松	调整
		②转子或定子绕组有故障	修理、更换
		③电刷压力不足，接触不良	修理、更换
		④接线柱松动，接触不良	修理
	调节器 调节作用不稳定 触点式	①触点脏污，接触不良	修理
		②线圈、电阻有故障	修理、更换
		③附加电阻断路	更换
	调节器 调节作用不稳定 电子式	①连接部分松动	修理
		②电子元件性能变坏	更换
	调节器 继电器工作不良	①继电器线圈或电阻断路、短路	更换
		②触点接触不良	修理、更换
发电机有异响（机械故障）	发电机	①发电机安装不当，连接松动	修理
		②发电机轴承损坏	修理、更换
		③转子与定子相碰擦	修理
		④二极管短路、断路、电子绕组断路	更换

思考与练习

2-1 简述汽车蓄电池的功能。

2-2 简述汽车蓄电池的结构。

2-3 简述汽车蓄电池的工作原理。

2-4 如何正常维护使用蓄电池？

2-5 蓄电池常见故障有哪些？如何排除？

2-6 交流发电机由哪几部分组成？各起什么作用？

2-7 交流发电机双级触点式电压调节器是如何工作的？

2-8 简述交流发电机使用和维修的注意事项。

2-9 简述交流发电机的检测方法。

2-10 交流发电机充电系统电路故障有哪些及如何诊断？

第三章 启动系统

汽车发动机是靠外力启动的。常用的启动方式有人力启动、辅助汽油机启动和电力起动机启动。人力启动虽简单，但是不安全，劳动强度大，目前只是在部分汽车上作为后备方式而保留着；辅助汽油机启动虽然功率大，但结构复杂、成本高、操作不方便，汽车上不予采用；而电力启动操作简便、成本低、启动速度迅速可靠、重复启动能力强，所以在现代汽车上广泛应用。

第一节 启动系统的组成

一、启动系的作用

汽车发动机一般为内燃机。启动系的作用是供给内燃机曲轴启动转矩，使内燃机曲轴达到必需的启动转速，使内燃机进入自行运转状态。常见发动机最低启动转速如表 3-1 所示。

表 3-1 　　　　　　　　　　常见发动机最低启动转速

发动机形式	汽油机	柴油机	
		直喷式	分隔式
最低启动转速（r/min）	50～70	100～150	100～250
稳态启动电流（A）	120～250	250～700	
制动电流（A）	400～600	700	

汽车发动机常用启动方式有人力启动和电力启动两种。人力手摇启动方式最简单，但不方便，目前仅在部分汽车上作为后备启动方式而保留着。电力启动方式采用点火开关控制起动机，由于操作轻便、启动迅速、可靠、重复启动能力强，为现代汽车广泛采用。

二、电力启动系结构

电力启动系由蓄电池、起动机、启动继电器、点火开关等部件组成，如图 3-1 所示。

起动机在点火开关及启动继电器控制下，将蓄电池的电能转化为机械能，带动发动机飞轮齿圈使曲轴转动。为增大转矩，便于启动，起动机与曲轴的传动比：汽油机一般为13～17，柴油机一般为8～10。起动机驱动齿轮的齿数一般为5～13齿。

63

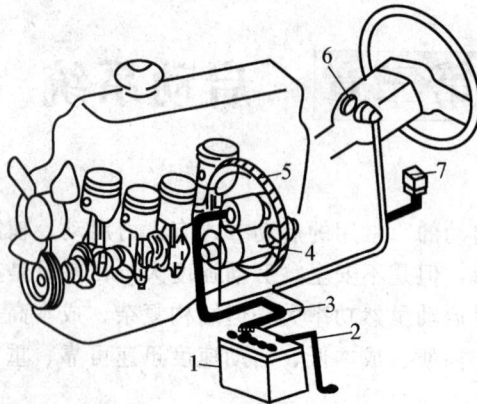

1—蓄电池；2—搭铁电缆；3—起动机电缆；4—起动机；5—飞轮；6—点火开关；7—启动继电器

图3-1　启动系的组成

三、起动机的组成

普通汽车起动机的结构如图3-2所示，一般由以下3个部分组成：直流电动机、传动机构和控制装置。

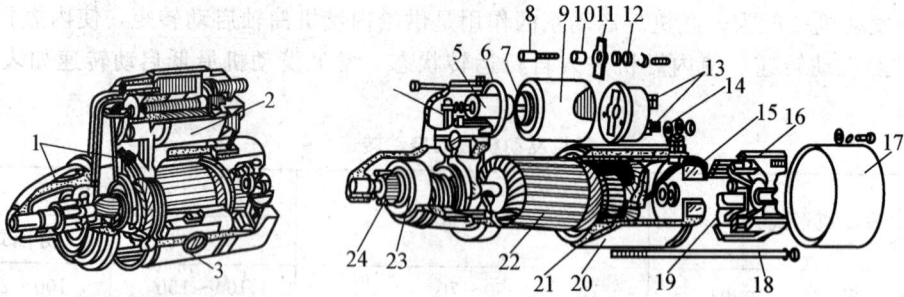

1—传动机构；2—电磁开关；3—串励式直流电动机；4—拨叉；5—活动铁芯；6—垫圈；7—弹簧；8—顶杆；
9—线圈体；10，12—绝缘垫；11—接触盘；13—接线柱；14—连接铜片；15—电磁；16—端盖；17—防护罩；
18—穿钉；19—搭铁电刷；20—外壳；21—定子绕组；22—电枢；23—单项离合器；24—驱动齿轮

图3-2　普通起动机的结构

1. 直流电动机

上图中电动机为串励式，其作用是产生转矩。它由磁极、电枢、换向器和电刷等组成。

（1）磁极

磁极的作用是在起动机中产生磁场。它由磁极铁芯和磁场绕组组成。为了增大起动机的转矩，磁极数量较多，一般为4个磁极。磁场绕组的连接一般有两种方式：一种是四个绕组互相串联，如图3-3（a）所示；另一种是两个绕组串联后再并联，如图3-3（b）所示。

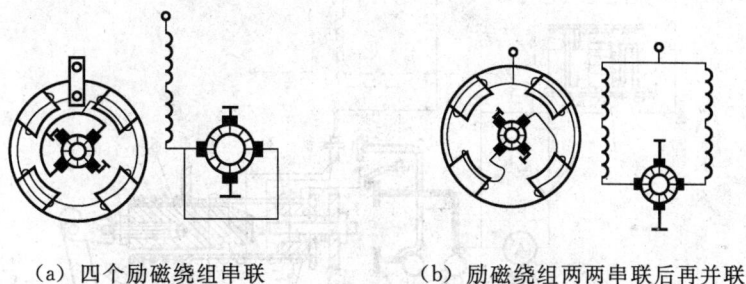

（a）四个励磁绕组串联　　　　（b）励磁绕组两两串联后再并联

图3-3　励磁绕组与电枢绕组的接法

（2）换向器

换向器是由许多钢片和云母片围合而成的。作用是把蓄电池的直流电变为电枢绕组中方向不断改变的交流电。

（3）电刷

电刷的作用是把蓄电池的直流电引入电枢绕组。它由铜与石墨粉压制而成，加入铜是为了减小电阻并增加其耐磨性。为了减小电刷的电流密度，一般电刷数与磁极数相等。

由于起动机在汽车上是短时间工作的，而工作时电流很大，所以电枢绕组和磁场绕组均用粗大的矩形截面裸铜线绕制而成。为了防止裸铜线相互间短路以及裸铜线与铁芯间短路，在裸铜线之间以及裸铜线与铁芯之间均用绝缘纸隔开。

起动机因工作时间短暂，而且又是冲击性载荷，所以轴承一般都采用青铜石墨轴承或铁基含油轴承。

2. 传动机构

其作用是在发动机启动时，将起动机小齿轮啮入飞轮齿环，将起动机转矩传递给发动机曲轴；而在发动机启动后，使起动机小齿轮与飞轮齿环自动脱开，防止发动机带动起动机电枢超速旋转，而使电机损坏。它主要由单向离合器和小齿轮组成。单向离合器的形式很多，常用的是滚柱式、摩擦片式和弹簧式。

3. 控制装置

它用来接通和切断起动机与蓄电池之间的电路，在有些汽车上还具有接入和隔振点火线圈附加电阻的作用。汽车上的启动控制装置，按控制方法可分为直接操作式和电磁操作式两种。现代汽车上多采用电磁操作式。

图3-4为东风EQ1090系列汽车上的QD1211型起动机电路及电磁操作控制电路。它由启动开关、启动继电器、电磁铁机构、电动机开关以及拨叉等组成。其启动开关控制启动继电器，启动开关设在点火开关里，作为启动电路的控制挡，启动继电器控制电磁铁机构；电磁铁机构由固定铁芯、活动铁芯、拉动线圈和保持线圈等组成。电磁铁机构同时控制电动机开关和拨叉。电动机开关控制电动机主电路，拨叉控制起动机单向离合器。

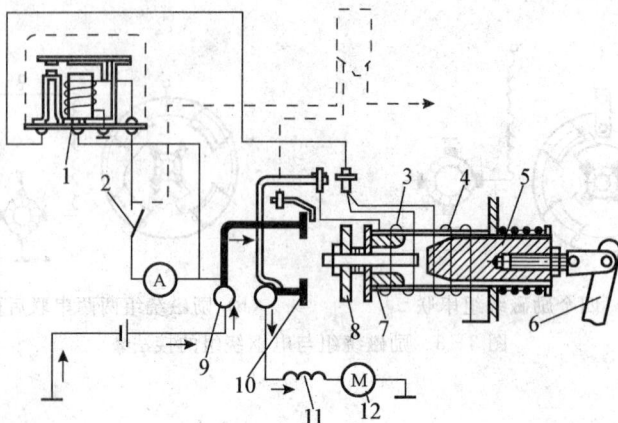

1—启动继电器；2—点火开关；3—吸拉线圈；4—保持线圈；5—活动铁芯；6—拨叉；

7—推杆；8—接触盘；9—起动机电源接线柱；10—电磁开关；11—励磁绕组；12—电枢绕组

图 3-4　QD124 型起动机的电路

四、起动机型号

根据 QC/T 73—93《汽车电气设备产品型号编制方法》的规定，起动机型号由 5 部分组成：

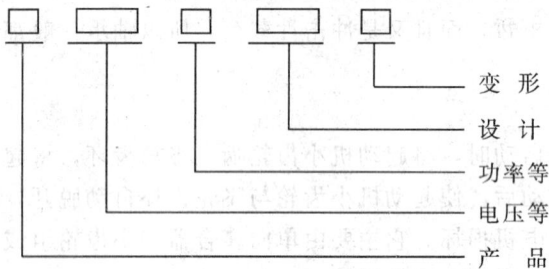

其中：

①产品代号：QD 表示起动机；QDJ 表示减速型起动机；QDY 表示永磁型起动机（包括永磁减速型起动机）。

②电压等级代号：1 表示 12 V；2 表示 24 V。

③功率等级代号：含义如表 3-2 所示。

例如：QD124 表示额定电压力 12 V、功率为（1~2）kW、第四次设计的起动机。

表 3-2　　　　　　　　　　起动机的功率等级代号

功率等级代号	1	2	3	4	5	6	7	8	9
功率（kW）	~1	>1~2	>1~2	>1~2	>1~2	>1~2	>1~2	>1~2	>1~2

第二节　起动机的工作原理和特性

一、起动机的工作原理

直流电动机是将电能转变为机械能的装置，它是利用通电导体在磁场中受到力的作用而运动的原理工作的，如图 3-5 所示。

处于磁场中的电枢绕组 abcd，经换向片 A，B 和正、负电刷与电源相接，绕组中电流的方向为 a→d，如图 3-5（a）所示，根据左手定则可以确定导体 ab 受到向左的电磁力 F，导体 cd 受到向右的电磁力 F，于是线圈 abcd 受到一个绕电枢轴反时针方间旋转的转矩。当线圈转过半周，处于图 3-5（b）所示位置时，换向片 B 转向正电刷，换向片 A 则转向负电刷，电枢绕组中电流的方向则改变为 d→a。但是，出于换向器的作用，使处于 N 极下和 S 极下的导体中电流方向并没有改变，因此电枢继续按反时针方向转动。如此，由于流过 N 极和 S 极下导体中的电流保持固定方向，使电枢轴在一个固定方向的电磁力矩的作用下，不断旋转。

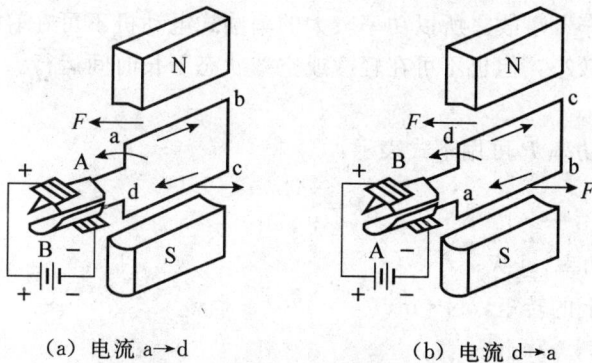

（a）电流 a→d　　　　　　　（b）电流 d→a

图 3-5　直流电动机的工作原理

一个电枢线圈中产生的电磁力矩是有限的，且电枢轴旋转不平稳。实际上，起动机的电枢绕组有多组线圈，换向片的数量也随线圈数量的增加而增多。在电枢轴上产生的电磁力矩 M 的大小，与电枢电流 I 及磁极磁通 Φ 的大小成正比。

当电枢在磁场中受到力的作用而旋转时，电枢导体在磁场中运动，切割了磁力线，因而在导体中产生感应电动势。感应电动势的方向可用右手定则判断，它始终与外加电压和电流的方向相反，故将直流电动机中由于电枢旋转而产生的电动势 E 称为反电势。

二、起动机的工作特性

1. 直流串励式电动机的特性

汽车所用起动机，绝大多效为串励式电动机，只有少数大功率起动机有辅助串励绕组，串励式起动电动机具有良好的工作特性，能满足发动机的启动要求。

直流串励式电动机的转矩 M、转速 n 和功率 P 随电枢电流变化的规律，称为直流串励式电动机的特性。图 3-6 所示为直流串励式电动机的特性曲线，其中曲线 M，n 和 P 分别代表转矩特性、转速特性和功率特性。

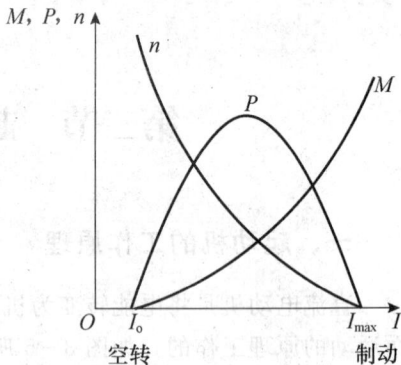

图 3-6　直流串励式电动机的特性

（1）转矩特性

在起动机启动的瞬间，因发动机的阻力矩很大，起动机处于完全制动状态。此时电枢转速为零，电枢电流达到最大值。转矩与电枢电流的平方成正比，所以制动电流所产生的转矩很大，足以克服发动机的阻力矩，使发动机很容易启动。这就是汽车起动机采用串励式电动机的主要原因之一。

（2）转速特性

串励式电动机在输出转矩大时，电枢电流较大，电流随电动机转速的增加而急剧下降。反之，在输出转矩小时，电枢电流又随电动机转速的减小而很快上升。

串励式电动机具有轻载转速高，重载转速低的特性，对保证启动安全可靠是非常有利的，是汽车上采用串励式起动机的又一重要原因。但是，轻载和空载时的高转速容易使串励式电动机发生"飞车"事故。所以功率较大的串励式电动机不可在轻载或空载情况下使用。汽车起动机功率较小，但也不可在轻载或空载状态下长时间运行。

（3）功率特性

串励式电动机的功率 P 可用下式表示：

$$P = \frac{Mn}{9\,550}$$

式中，P——电动机功率，kW；

　　　　M——电枢轴上的转矩，N·m；

　　　　n——电枢转速，r/min。

电动机完全制动时，转速和输出功率为零，转矩达到最大值。空载电流最小，转速最大，输出功率也为零。当电枢电流接近制动电流一半时，电动机输出功率最大。

2. 影响起动机功率的主要因素

（1）蓄电池的容量

蓄电池的容量愈小，供给起动机的电流愈小，于是产生的转矩愈小。

（2）温度

环境温度主要是通过影响蓄电池的内阻而影响起动机的功率。温度愈低，蓄电池的内阻增加，容量减小，起动机的功率明显下降。故冬季对蓄电池适当保温，就可以提高起动机的功率，改善启动性能。

（3）接触电阻和导线电阻

接触电阻大、导线过长及截面过小，都会造成较大的电压降，使电动机的功率减小。

第三节　启动系统电路实例分析

一、解放 CA1091 汽车启动系统电路

解放 CA1091 汽车使用 QD151，QD1518，QD124A 或 QD124H 等型号电磁啮合式起动机，解放 CA1091K2 型柴油车则使用 QD25 型减速式起动机。

1. 组合继电器

该汽车启动系统在控制电路中采用了 JD171 型组合继电器，其电路如图 3-7 所示。组合继电器由启动继电器和保护继电器两部分组成。启动继电器的作用是控制起动机电磁开关中吸引线圈和保持线路中电流的通断；保护继电器的作用是与启动继电器配合，使启动电路具有自动保护功能。所谓启动保护是指起动机在将发动机启动后能自动停止工作，还能在发动机运转工况下防止误启动。此外，还控制充电指示灯工作。启动继电器和保护继电器都由铁芯、线圈、磁轭、衔铁、弹簧及一对触点组成，其中启动继电器触点 K_1 为常开式，而保护继电器触点 K_2 为常闭式。由于启动继电器线圈与保护继电器触点 K_2 串联，因此，当 K_2 打开时，K_1 不可能闭合。

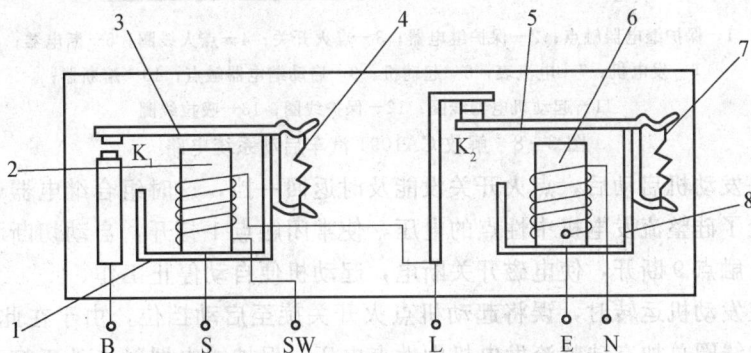

（a）启动继电器　　　（b）保护继电器

1，8—磁轭；2，6—铁芯；3，5—衔铁；4，7—弹簧

图 3-7　JD171 型组合继电器

2. 启动系统的工作过程

该汽车启动系统电路如图 3-8 所示。其工作过程如下：

（1）当点火开关 3 旋至启动挡（二挡）时，启动继电器线圈 11 通电，电流回路为：蓄电池正极→熔断器 10→电流表 7→点火开关启动触点二→启动继电器线圈 11→保护继电器常闭触点 1→搭铁→蓄电池负极。于是启动继电器的常开触点 9 闭合，接通了电磁开关电路。

（2）电磁开关电路接通，由蓄电池正极→启动继电器触点 9→吸引线圈 13→搭铁→蓄电池负极。

（3）发动机启动后，松开点火开关，钥匙自动返回点火挡（一挡），启动继电器触点 9

打开，切断了电磁开关的电路，电磁开关复位，停止起动机工作。

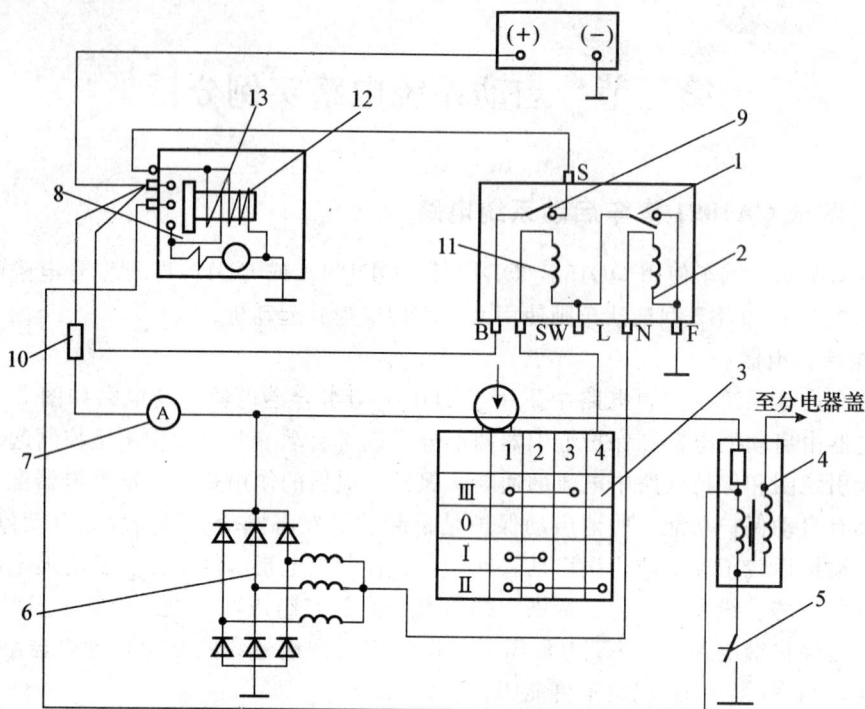

1—保护继电器触点；2—保护继电器；3—点火开关；4—点火线圈；5—断电器；
6—发电机；7—电流表；8—起动机；9—启动继电器触点；10—熔断器；
11—起动机电器线圈；12—保护线圈；13—吸拉线圈

图 3-8　解放 CA1091 汽车启动系统电路

（4）如果发动机启动后，点火开关没能及时返回一挡，这时组合继电器中保护继电器线圈由于承受了硅整流发电机中性点的电压，使常闭触点 1 打开，自动切断了启动继电器线圈的电路，触点 9 断开，使电磁开关断电，起动机便自动停止工作。

（5）若在发动机运转时，误将起动机点火开关旋至启动挡位，由于在此控制电路中，保护继电器的线圈总加有硅整流发电机中性点电压，保护继电器触点处于打开状态，启动继电器线圈不形成电流回路，电磁开关不动作，起动机不工作。

二、东风 EQ1090 型汽车启动电路

东风 EQ1090 型汽车使用的 QD124 型起动机，为电磁控制强啮合式起动机，采用滚柱式单向离合器，驱动齿轮为 11 齿，额定功率为 1.5 kW。其启动电路如图 3-9 所示，包括控制电路和起动机主电路。

1. 控制电路

控制电路包括启动继电器控制电路和起动机电磁开关控制电路。

启动继电器控制电路是由点火开关控制的，被控制对象是继电器线圈电路。当接通点火开关启动挡时，电流从蓄电池正极经起动机电源接线柱到电流表，再从电流表经点火开关、继电器线圈回到蓄电池负极。于是继电器铁芯产生较强的磁吸力，使继电器触点闭合，接通起动机电磁开关控制电路。

2. 主电路

如图 3－9 中箭头所示，电磁开关控制电路接通后，吸拉线圈 3 和保持线圈 4 产生强的磁吸力，将起动机主电路接通。此时电流走向为：蓄电池正极→起动机电源接线柱 9→电磁开关 10→励磁绕组 11→电枢绕组 12→搭铁→蓄电池负极。于是起动机产生电磁转矩启动发动机。

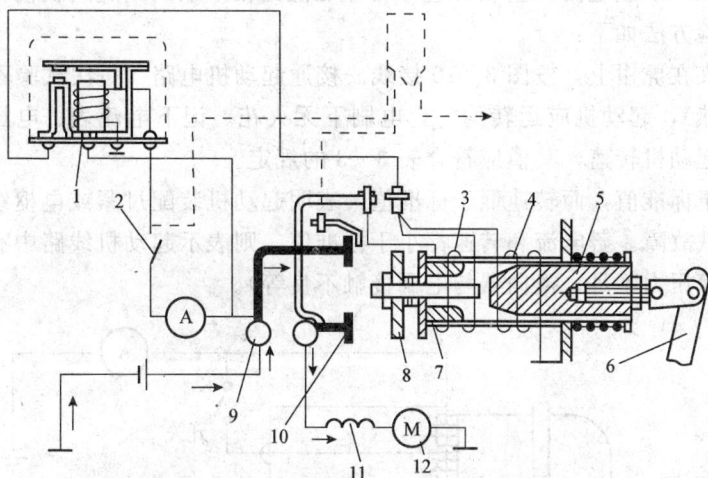

1—启动继电器；2—点火开关；3—吸拉线圈；4—保持线圈；5—活动铁芯；
6—拨叉；7—推杆；8—接触盘；9—起动机电源接触线；10—电磁开关；
11—励磁绕组；12—电枢绕组

图 3－9　QD124 型起动机的电路

第四节　起动机的使用与试验

一、起动机的正确使用和维护

为了延长起动机的使用寿命，并保证能迅速、可靠、安全地工作，起动机的正确使用和维护要求如下：

（1）起动机是按短时间大电流工作设计的，其输出功率也是最大功率。因此，使用起动机时，每次工作时间不得超过 5 s，重复启动必须间隔 15 s 以上。

（2）在低温下启动发动机时，应先预热发动机后再启动。

（3）起动机电路的导线连接要牢固，导线的截面积不应太小。

（4）使用不具备自动保护功能的起动机时，应在发动机启动后迅速松开启动开关，在发动机正常工作时，切勿随便接通启动开关。

（5）应尽可能使蓄电池处于充足电的状态。保证起动机正常工作时的电压和容量，减少起动机重复工作的时间。

（6）应定期对起动机进行全面的维护和检修。

二、起动机的试验

起动机使用前，必须进行下列两种试验，如不符合要求，应重新检查和修理。

1. 空载试验

测量起动机的空载电流和空载转速并与标准值比较，以判断起动机内部有无电路和机械故障。其试验方法如下：

将起动机夹在虎钳上，按图3－10接线。接通起动机电路（每次试验不要超过1 min，以免起动机过热），起动机应运转均匀，电刷下无火花。记下电流表、电压表的读数，并用转速表测量起动机转速，其值应符合表3－3的规定。

若电流大于标准值，而转速低于标准值，表明起动机装配过紧或电枢绕组和磁场绕组内有短路或搭铁故障。若电流和转速都小于标准值，则表示起动机线路中有接触不良的地方（如电刷弹簧压力不足，换向器与电刷接触不良等）。

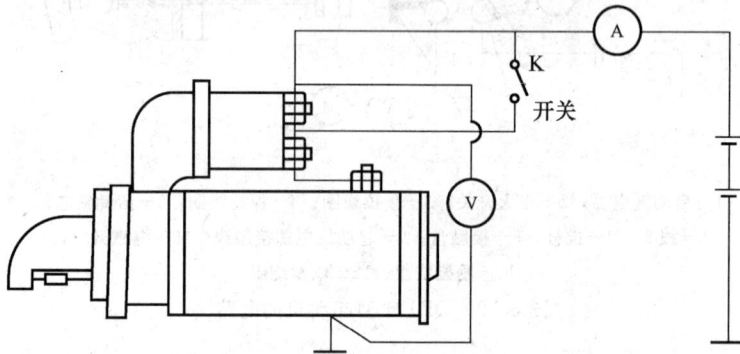

图3－10　起动机空载试验电路图

表3－3　　　　　　　　　常用车型起动机的主要技术数据

型　号	规　格		空载特性			全制动特性			齿　轮			适　用
	额定电压(V)	额定功率(W)	电压(V)	电流不大于(A)	转速不低于(r/min)	电压(V)	电流不大于(A)	扭矩不小于(A)	齿数	模数	压力角(°)	
QD1212, QD1211, QD124	12	2	12	95	5000	8	650	29.4	3	11	20	EQ1090
QD1212, QD124A	12	2	12	90	5000	8	700	29.4	3	9	20	CA1090
QD12225, QD1229	12	0.95							2.1167	9	12	上海桑塔纳
QD1225F, QD1229C	12	0.95							2.1167	9	12	广州标致504

续表

型号	规格		空载特性			全制动特性			齿轮			适用
	额定电压(V)	额定功率(W)	电压(V)	电流不大于(A)	转速不低于(r/min)	电压(V)	电流不大于(A)	扭矩不小于(A)	齿数	模数	压力角(°)	
QD1226A	12	0.8							2.25	8	20	天津大发 TJ110,JT730
321QD1277	12	1.3	12	100	5000	8	525	16	2.5	9	15	BJ2020
QD1237,QDY4124①	12	1.4							2.1167	9	20	北京切诺基
QD1317,QD142A	12	3							2.5	9	15	南京依维柯货车
ST614,QD2612	24	5.1	12	80	6500		900	60	4	11	20	JN150
QD2621②	24	4.4							3	11	15	斯柯达706R、太脱拉111、依发HG
QD278③	24	5.4							3	11	14.5	斯太尔1491, 280
QD26	24	8.08	24	90	3200	9	1800	142	3.175 2.45	12	20	红岩CQ261、贝利埃GOH、GBC
QD27E	24	8.08	24	120	6000	12	1700	142	3.5	11	15	五十铃 TE50AD
QD1221	12	0.95							2.25	8	20	夏利
QD117	12	0.6							2.54	8	20	奥拓
QD50C	24	5.1	24	90	6000	10	900	58.8	3	13	15	日野 TE21,TE220

注：表中部分型号系行业标准颁布前沿用的型号。

①为永磁减速式；②为电枢移动式；③为齿轮移动式。其余均为强制啮合式。

2. 全制动试验

全制动试验应在空载试验的基础上进行，空载试验不合格的起动机不应进行全制动试验。

全制动试验的目的是测量起动机在完全制动时所消耗的电流（制动电流）和制动力矩，以判断起动机主电路是否正常，并检查单向离合器是否打滑，其试验方法如下：

将起动机夹持在试验台上，使杠杆的一端夹住起动机驱动齿轮的三个齿（如图 3-11 所示），电路连接与空载试验相同（图 3-10）。按下开关 K（必须按紧，不得松开），起动机通电，呈现制动状态，观察单向离合器是否打滑并迅速记下电流表、电压表及弹簧秤的读数，其值均应符合表 3-1 的规定。

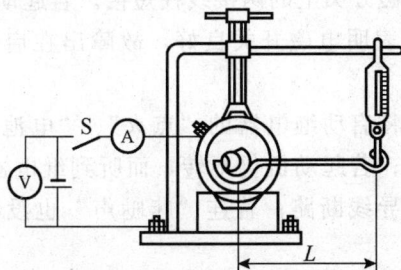

图 3-11 起动机全制动试验

若制动力矩小于标准值而电流大于标准值，则表明磁场绕组或电枢绕组中有短路和搭铁故障；若力矩和电流都小于标准值，表明线路中接触电阻过大；若驱动齿轮锁止而电枢轴有缓慢转动，则说明单向离合器有打滑现象。

全制动试验应注意：每次试验通电时间不要超过 5 s，以免损坏起动机及蓄电池；试验过程中，工作人员应避开弹簧秤夹具，防止发生人身事故。

第五节　启动系的常见故障与排除

由于连接导线、控制部分及起动机自身的故障等原因，启动系可能会出现起动机不转、起动机无力、起动机空转等故障。

一、起动机不转

1. 故障现象

将点火开关拨到启动挡，起动机不转。

2. 故障原因

（1）蓄电池容量不足，与极柱连接的导线松动造成接触不良。

（2）启动继电器触点烧蚀或其线圈断路。

（3）起动机的电磁开关触点烧蚀或吸拉线圈断路。

（4）起动机的直流电动机内部绕组断路或短路。

（5）起动机的电枢轴弯曲、轴承过紧、换向器烧蚀、电刷磨损过甚、电刷在架内卡住或弹簧过软等。

3. 故障诊断

遇到起动机不运转故障时，应先按喇叭和开前照灯试验。喇叭声音小、前照灯光暗淡，则可能是蓄电池放电过甚、容量不足或连接线松动造成接触不良。此时可先排除这类故障，若喇叭响、灯光亮，则可按如下步骤进行检查：

（1）用一字螺旋将起动机电磁开关上电源接线柱与启动主开关接线柱短接，即将二只较粗的接线柱短接。若起动机运转，则表明起动机的电动机正常，故障可能出在电磁开关内或启动继电器上。

（2）再用一字螺旋将电磁开关上的两接线柱短接。若起动机不转，为电磁开关内有故障；若起动机运转正常，则表明电磁开关良好，故障出在启动继电器或其与起动机的连线上。

（3）若起动机良好，再将启动继电器的"点火"、"电池"接柱短接。如果起动机转动，则表明点火开关有故障；若起动机仍不转，而听到继电器内有"咔哒声"，为继电器触点烧蚀或其与起动机之间导线断路；若连"咔哒声"也没有，一般为启动继电器线圈断路。

二、起动机转动无力

1. 可能原因

（1）整流子脏污。

（2）碳刷磨损、弹簧衰弱、接触不良。

（3）蓄电池电量不足。

（4）启动线路导线接触不良。

（5）激磁绕组或电枢绕组局部短路。

（6）启动开关触点接触不良。

（7）电磁开关线圈有短路处。

（8）起动机轴承过紧或过松。

2. 检查与排除

在起动机转动缓慢无力、难于带动发动机时的做法与起动机不转时检查方法大体相同。对于电磁控制式起动机，应特别注意电磁开关线圈是否短路。

三、起动机空转

1. 可能原因

（1）直接操纵式的拨叉与铁芯间的连接销脱落。

（2）拨叉行程不足。

（3）拨叉挂钩从铁芯尾部脱出。

（4）电磁操纵式电磁开关铁芯行程太短。

（5）单向离合器打滑。

（6）飞轮齿环牙齿脱落。

2. 检查与排除

这种接通起动机开关后，起动机只是空转，无法带动发动机运转的故障可分为如下两种：

（1）起动机小齿轮不能啮入飞轮齿环。

（2）小齿轮已与齿环啮合，而单向离合器打滑。

四、起动机异响

1. 可能原因

（1）小齿轮在高速旋转下与飞轮齿环啮合。

（2）小齿轮端面被齿环平面挡住时，齿轮不能迅速推入齿轮。

（3）单向离合器压力弹簧衰弱。

（4）小齿轮或齿环轮齿打坏。

（5）起动机固定螺栓或离合器壳松动。

2. 检查与排除

此种故障一般均为驱动小齿轮啮入齿环困难。首先，宜将曲轴摇转一个角度，重新接通启动开关试验。如异响消除，说明齿环部分轮齿损坏。如异响仍未消除，则应进一步检查起动机开关是否接通过早。

当齿轮尚未啮入齿环，主电路即已接通时，使齿轮在高速旋转中与齿环啮合，将造成强烈撞击与极响的打齿声；而驱动齿轮端面被齿环平面挡住主电路已接通时，将因齿轮不能迅速推入齿环而发生了强烈的打齿声。此时，对于直接操纵式起动机，可采用增大拨叉顶压螺钉头部与接触盘推杆间隙的方法调整；对于电磁操纵式起动机，可采用旋入铁芯与拨叉的连接螺钉，增大铁芯与接触盘推杆间隙的方法调整。

当接通起动机开关时，起动机壳体不断抖动，则为固定螺栓或离合器壳体固定螺钉松动造成的，应立即停机紧固。

思考与练习

3-1 起动机由哪几部分组成？各组成部分的作用是什么？

3-2 简述起动机的工作原理及工作特性。

3-3 如何进行起动机的正确使用及维护？

3-4 起动系常见故障有哪些？如何诊断？

第四章 照明与信号系统

汽车照明系统与信号系统是两个作用完全不同的系统,但其供电线路却交织在一起。

照明系统的主要作用是在夜间或能见度低的情况下,向驾驶员、乘客和交通管理人员提供照明。同时,对于其他车辆和行人,它又起到警告和提示作用。

信号系统的主要作用是向环境(如其他车辆、行人及交通管理人员)发出警告和示意信号。

如图 4-1 所示为东风 EQ1090 型汽车电路简图,照明系统与信号系统包括在辅助电器和灯系内。

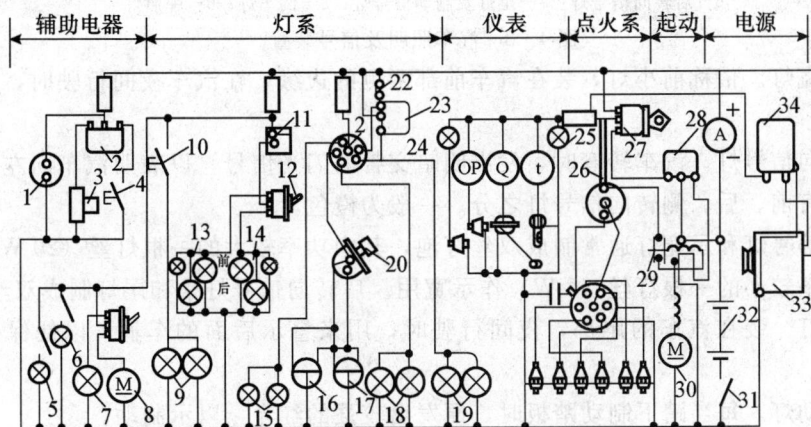

图 4-1 东风 EQ1090 型汽车电路简图

第一节 概 述

为了保证汽车行驶安全和工作可靠,提高运输效率,降低运输成本,在汽车上装有多种照明及灯光信号装置,用以照明道路,标示车辆宽度,照明车厢内部及仪表指示和夜间检修等。此外,在转弯、制动和倒车等情况下汽车还应发出光信号和音响信号。汽车照明及信号装置,如图 4-2 所示。

一、汽车的照明与灯光信号装置的种类与用途

为了保证汽车夜间行驶的安全,以及提高其行驶速度,在汽车上装有多种照明设备和灯光信号装置,俗称灯系,它已成为汽车上不可缺少的一部分。汽车灯系按其安装位置和用途的不同可分为:外部照明装置、内部照明装置和汽车灯光信号装置。主要包括:

（1）前照灯。俗称大灯，装在汽车头部的两侧，用来照亮车前的道路。有两灯制和四灯制之分。

（2）雾灯。在有雾、下雪、暴雨或尘埃弥漫等情况下，用来改善道路的照明情况。每车一只或两只，安装位置比前照灯稍低，一般离地面 50 cm 左右，射出的光线倾斜度大，光色为黄色或橙色（黄色光波较长，透雾性能好）。

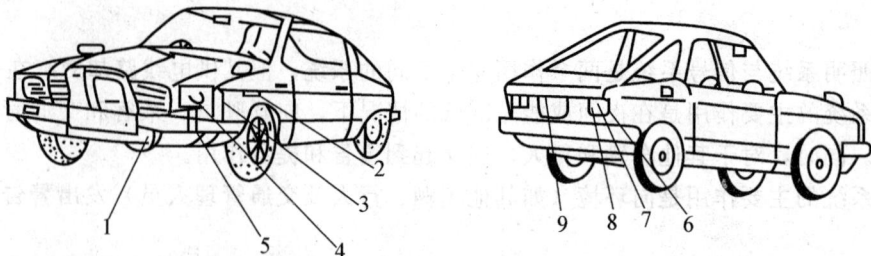

1—雾灯；2—侧转向信号灯；3—停车灯和示宽灯；4—前照灯；5—前转向信号灯；
6—后转向信号灯；7—尾灯及制动信号灯；8—倒车灯；9—牌照灯

图 4-2 汽车照明及信号装置

（3）示宽灯。俗称前小灯，装在汽车前部两侧的边缘，在汽车夜间行驶时，标示汽车的宽度。

（4）转向信号灯。汽车转弯时，发出明暗交替的闪光信号，以表明汽车向左或向右转向行驶。它有前、后、侧转向信号灯之分。一般为橙色。

前转向信号灯和示宽灯通常制成双丝灯泡，其中功率较大的一根灯丝（20 W）作转向信号用，功率较小的一根灯丝（8 W）作示宽用。后转向信号灯常和尾灯制成双丝灯泡。

（5）尾灯。装在汽车的尾部，夜间行驶时，用来警示后面的车辆，以便保持一定的距离。

（6）制动灯。每当踏下制动踏板时，便发出较强的红光，以示制动。

（7）倒车灯。用来照亮车后路面，并警告车后的车辆和行人，表示该车正在倒车。

目前多将汽车后部的尾灯、后转向信号灯、制动灯、倒车灯等组合起来称为组合后灯。而将前照灯、雾灯或前转向信号灯等组合在一起称为组合前灯。

（8）牌照灯。用来照亮汽车牌照。

（9）停车灯。夜间停车时，用来标志汽车的存在。

（10）仪表灯。装在仪表板上，用来照明仪表。

（11）顶灯。装在车厢或驾驶室内顶部，作为内部照明之用。

（12）其他辅助用灯。为了便于夜间检修，设有工作灯，经插座与电源相接。有的在发动机罩下面还装有发动机罩下灯，其功用与工作灯相同。

在照明设备中，前照灯具有特殊的光学结构，而其他灯在光学方面则无严格要求。故只着重讨论前照灯。

二、常用车型的配用灯泡功率

常用车型配用灯泡功率情况如表 4-1 所示。

表 4 - 1   常用车型配用灯泡功率

车　型	电压 (V)	前照灯		示宽	转向	牌照	制动	仪表灯	顶灯	其他
		远光	近光							
EQ1090	12	50	35	20	20	8	20	2	5	前侧灯、后照灯 28、工作灯 20、发动机罩下灯 8
CA1091	12	外侧 60 内侧 55	外侧 55	5	21	5	21	2	5	临时停车示宽灯 3、后照灯兼倒车灯 21
奥迪 100	12	60	55	8	21	5	21	2	10	倒车灯 21、前雾灯 55、前停车灯 4
NJ130	12	50 (45)	40 (20)	8	21	81	20	2	8	工作灯 20
BJ2020	12	50 (45)	40 (20)	8	20	8	20	2	8	防空雾灯 35、工作灯 8、阅读灯 2
JN150	24	50 (55)	40 (3520)	8	20	20	20	2	8	防雾灯 35、侧示宽灯 8
五十铃 TXD	24	55	40	4	25	12	25	3	10	侧车灯 25
日野 KB222 KB202	24	60	40	4	25	10	25			侧车灯 25
切诺基	12	55	45	3.8	6.1	4.9	26.9	2.7		尾灯 6.1、警告灯 1.4

第二节　照明和信号系统的结构

汽车照明设备的数量，随车型和用途而定。按照交通规则的规定，前照灯、后灯和制动灯是必不可少的。为了挂车的照明，在汽车后端备有挂车灯座。在照明设备中，前灯具有特殊的光学结构，而其他灯在光学方面则无严格要求。本节只着重讨论前照灯。

一、对前照灯的要求

世界各国交通管理部门一般都以法律形式规定了汽车前照灯的照明标准，以确保夜间行车的安全。其基本要求如下：

(1) 前照灯应保证让车前有明亮而均匀的照明，使驾驶员能辨明车前 100 m 以内路面上的任何障碍物。随着汽车行驶速度的提高，汽车前照灯的照明距离也相应要求越来越远。

(2) 前照灯应具有防止炫目的装置，以免夜间两车迎面相遇时，使对方驾驶员目眩，而造成失事或撞车事故。

二、前照灯的类型与结构

1. 前照灯的类型

按光学组件结构的不同，前照灯可分为可拆式、半封闭式和封闭式 3 种。

（1）可拆式前照灯

由于可拆式前照灯是由反射镜和配光镜等安装而成的组件，因此气密性差，反射镜易受湿气和尘埃污染而降低反射能力，目前已很少采用。

（2）半封闭式前照灯

半封闭式前照灯的配光镜靠卷曲反射镜边缘上的牙齿而紧固在反射镜上，二者之间垫有橡皮密封圈，灯泡只能从反射镜后端装入。当需要更换配光镜时，应撬开反射镜缘的牙齿，安上新的配光镜后，再将牙齿处复原。如图 4-3（a）为二灯制半封闭式前照灯的结构，如图 4-3（b）为四灯制半封闭式前照灯的分解图。

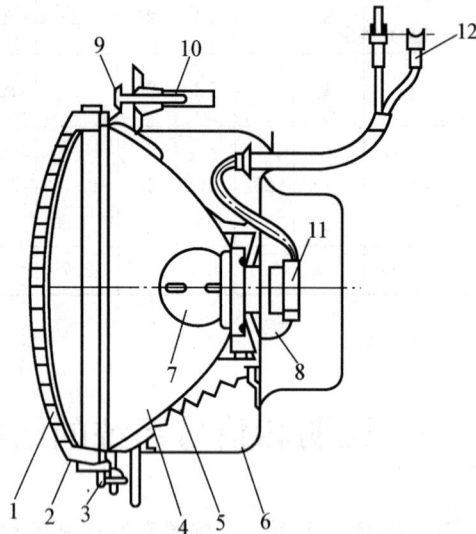

1—配光镜；2—固定圈；3—调整圈；4—反射镜；5—拉紧弹簧；6—灯壳；
7—灯泡；8—防尘罩；9—调节螺栓；10—调整螺母；11—胶木插座；12—接线片

图 4-3 半封闭式前照灯

（3）封闭式前照灯

封闭式前照灯又称真空灯，反射镜和配光镜玻璃制成一体，形成灯泡，里面充以惰性气体。灯丝焊在反射镜底座上，其结构如图 4-4 所示。封闭式前照灯完全避免了反射镜被污染以及遭受大气的影响，因此反射效率高，照明效果好，使用寿命长，但当灯丝烧断后，需要更换整个总成，成本高。

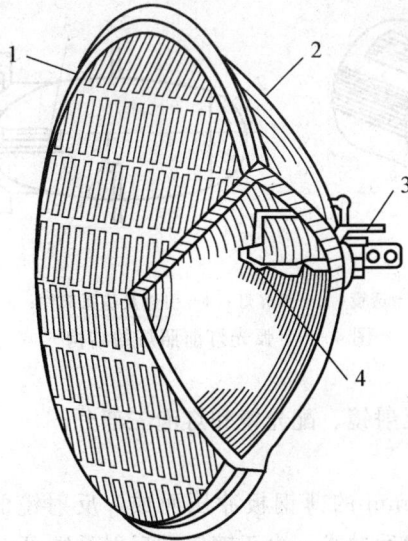

1—配光镜；2—反射镜；3—接头；4—灯丝

图4-4 封闭式前照灯

（4）新型前照灯简介

①投射式前照灯。投射式前照灯装有很厚的无刻纹的凸形配光镜。由于反射镜是近似椭圆形的，所以外径很小，其结构如图4-5所示。投射式前照灯采用卤素灯泡，它的反射镜有两个焦点。在第一焦点处放置灯泡，第二焦点在灯光中形成。凸形散光镜的焦点与第二焦点是一致的。来自灯泡的光利用反射镜聚成第二焦点，再通过散光镜将聚集的光投射到前方。在第二焦点附近设有遮光板，可遮挡向上的光线，形成明暗分明的配光。

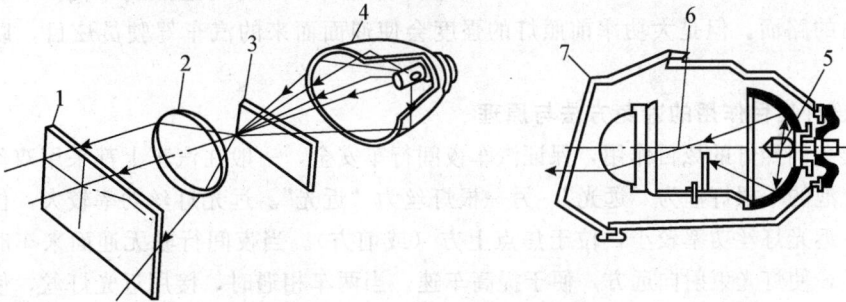

1—屏幕；2—凸形配光镜；3—遮光镜；4—椭圆反射镜；5—第一焦点；6—第二焦点；7—总成

图4-5 投射式前照灯的构造

采用投射式前照灯，可利用的光束增多，若将反射镜做成扁长断面，很多光束便可横向扩散，不仅结构紧凑，而且经济实用。

②高亮度弧光灯。其结构如图4-6所示。这种灯没有传统的灯丝，取而代之的是装在石英管内的两个电极，管内充有氙气及微量金属（或金属卤化物）。

弧光灯由弧光灯组件、电子控制器和升压器三部件组成。其光色成分和日光灯相似，亮度是卤素灯泡的2.5倍，寿命可达卤素灯泡的5倍。由于灯泡点燃达到正常工作温度后，维持电弧放电的功率仅为35 W，所以可节约40%的电能。

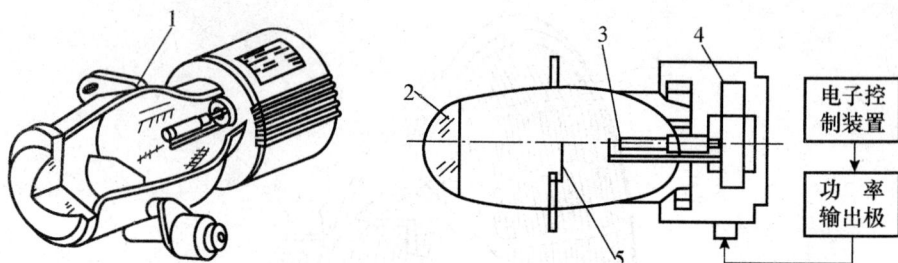

1—总成；2—透镜；3—弧光灯；4—引燃及稳弧部件；5—遮光灯

图 4 - 6　弧光灯前照灯的结构

2. 前照灯的结构

前照灯的光学系统包括反射镜、配光镜和灯泡三部分。

（1）反射镜

反射镜一般用 0.6～0.8 mm 的薄钢板冲压而成，反射镜的表面形状呈旋转抛物面，其内表面镀银、铝或镀铬，然后抛光。由于镀铝的反射系数可以达到 94% 以上，机械强度也较好，故现在一般采用真空镀铝。

（2）配光镜

配光镜又称散光玻璃，它是用透光玻璃压制而成的，是很多块特殊的棱镜和透镜的组合，其几何形状比较复杂，外形一般为圆形或矩形。配光镜的作用是将反射镜反射出的平行光束进行折射，使车前的路面和路缘都有良好而均匀的照明。

三、前照灯炫目作用的避免

前照灯的灯泡功率足够大而光学设计又十分合理时，可均匀地照明车前 150 m，甚至 400 m 以内的路面。但是大功率前照灯的强度会使迎面而来的汽车驾驶员炫目，以致发生交通事故。

1. 前照灯炫目作用的避免方法与原理

为了避免前照灯的炫目作用，保证汽车夜间行车安全，一般在汽车上都采用双丝灯泡的前照灯。灯泡的一根灯丝为"远光"，另一根灯丝为"近光"。远光灯丝功率较大，位于反射镜的焦点；近光灯丝功率较小，位于焦点上方（或前方）。当夜间行驶无迎面来车时，可接用远光灯丝，使灯光束射向远方，便于提高车速。当两车相遇时，接用近光灯丝，使光束倾向路面，从而避免迎面来车的驾驶员炫目，并使车前 50 m 内的路面也照得十分清晰。

2. 双丝灯泡的结构形式

双丝灯泡有以下几种结构形式：

（1）常用双丝灯泡

其远光灯丝位于反射镜的焦点，近光灯丝在焦点上方，如图 4 - 7 所示。

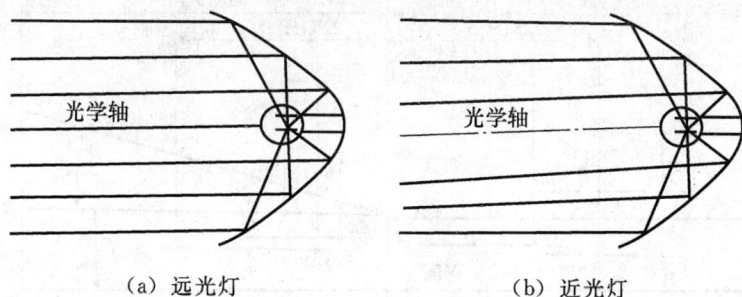

（a）远光灯　　　　　　（b）近光灯

图 4-7　常用双丝灯泡

（2）具有配光屏的双丝灯泡

图 4-8 所示为国产 T-170B 型具有配光屏的双丝灯泡。远光灯丝 3 仍位于反射镜焦点处，而近光灯丝 1 则位于焦点前上方并在灯丝 1 下面装有金属制的配光屏 2，由于近光灯丝射向反射镜上部的光线倾向路面，而配光屏挡住了灯丝 1 射向反射镜下半部的光线，故没有向上反射能引起炫目的光线。

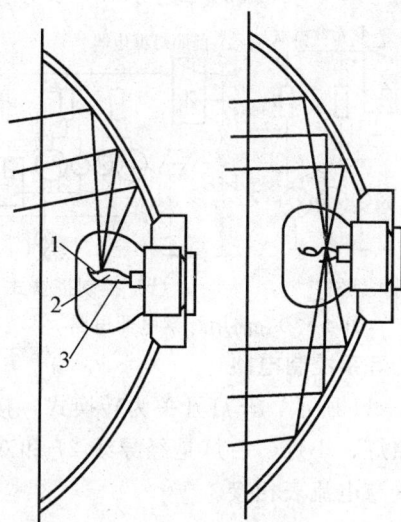

1—近光灯丝；2—配光屏；3—远光灯丝

图 4-8　具有配光屏的双丝灯泡

（3）非对称配光屏双丝灯

现在国内又生产了一种新的防眩前照灯 WD170F-2 型。其配光屏安装时偏转一定角度，其近光的光形分布不对称，使其符合如图 4-9 所示的 ECE 配光标准。其光形有一条明显的阴暗截止线，即上方区域 Ⅱ 是一个明显的暗区。该区点 B50L 表示相距 50 m 处，迎面驾驶员的眼睛的位置。下方区域 Ⅰ，Ⅲ，Ⅳ 区及右上为 15°内是一个亮区，可将车前面和右方人行道照亮。

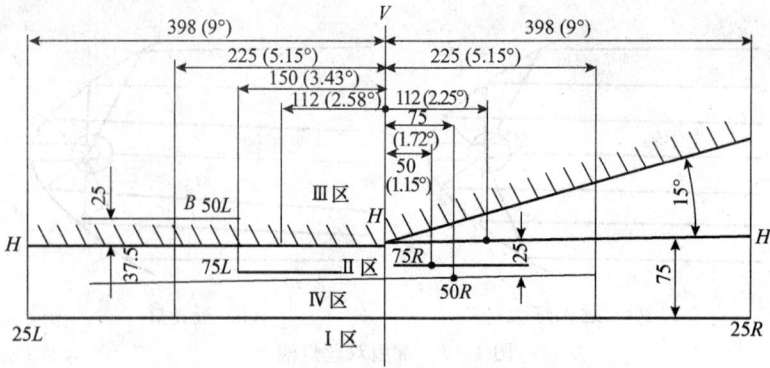

图 4-9 非对称近光配光图（尺寸：cm；测定距离：25 m）

四、前照灯的控制电路

前照灯控制电路随车型的不同，其控制方式有所差异。当灯的功率较小时，其控制方式有所差异。当灯的功率较小时，灯丝电流直接受灯光总开关的控制；当灯的数量多、功率大时，为减少开关热负荷和线路压降，采用继电器控制。继电器控制线路有控制火线式〔图 4-10（a）〕和控制搭铁式〔图 4-10（b）〕之分。

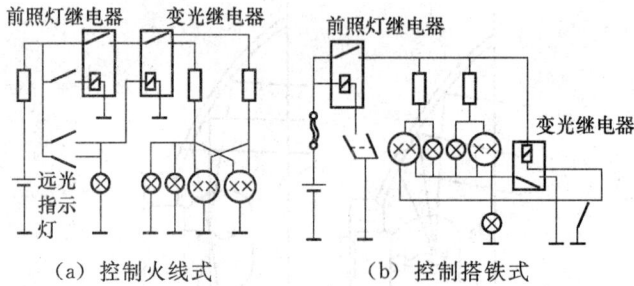

图 4-10 前用灯继电器电路

1. 东风 EQ1090 型汽车上灯系控制电路

该车灯系控制电路如图 4-11 所示，车灯开关为转换式，接线柱 1，2 分别经导线 27，38 接电源。正常工作时，前照灯、小灯、后灯是经导线 27 和双金属保险器与电流表相接的，侧照灯导线 38、熔断丝盒与电流表相接。

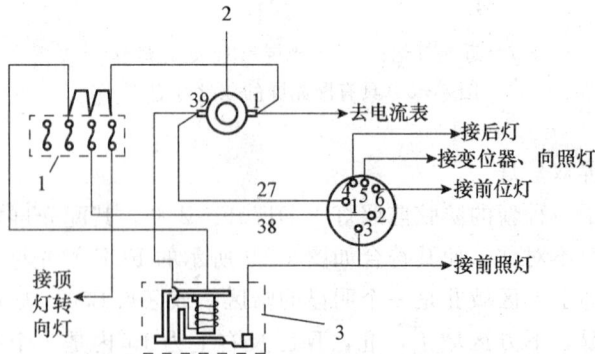

1—熔断丝盒；2—双盒属保险器；3—灯光继电器

图 4-11 东风 EQ1090 型汽车的灯系控制电路

灯光继电器的线圈、电源接线柱分别接熔断器。在双金属保险器正常导通的情况下，灯光继电器线圈两端的电位相等，没有电流，铁芯没有电磁吸力，触点处于打开状态，即灯光继电器不工作。

如果灯开关接通前照灯电路时，遇前照灯电路中发生搭铁式故障，导线27中便突然出现短路电流，双金属保险器就迅速跳开，切断电路。与此同时，灯光继电器线圈却经导线39，27至故障部位搭铁，使线圈两端出现电位差，产生电流和磁场。闭合触点，侧照灯的电流经触点、磁扼、电源接线柱、导线2F、熔断丝盒、导线2C，2A到电流表，使侧照灯亮，保证驾驶员安全行驶和便于查找故障。

东风EQ1090型汽车使用的旋钮式总开关如图4-12所示，它有4个挡位，背面有6个接线柱，其中1、2接电源，3、4、5、6分别接侧照灯、后灯、前照灯变光器和前位灯。转柄在0挡时，各灯线路均未接通；转柄转至1挡时，前位灯和后灯接入工作；转柄转至2挡时，前照灯、后灯接入工作；转柄转至3挡时，前照灯、侧照灯和后灯都接入工作。

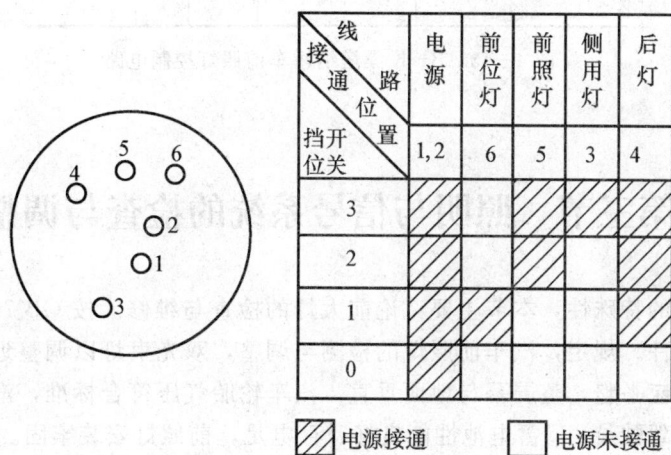

接通线路位置挡开位关	电源	前位灯	前照灯	侧用灯	后灯
	1,2	6	5	3	4
3					
2					
1					
0					

▨ 电源接通　　□ 电源未接通

（a）开关背面　　　　　　（b）挡柱连通图

图4-12　东风EQ1090型汽车用旋钮式总开关

2. 桑塔纳轿车前照灯控制电路

该车型的前照灯控制电路如图4-13所示。前照灯受灯光总开关和位于转向盘左边的转向组合开关操纵的变光开关控制。当灯光开关处于2，3位，向上拨动组合开关并接通变光开关b，4路电源经过保险，接通前照灯近光灯灯丝。但当松开组合开关柄时，变光开关b在弹簧作用下立即自动切断电源。此时，位于组合仪表内的远光指示灯与前照灯远光同时亮、灭。

当点火开关处于2位，灯光开关处于3位，A路电源通过点火开关第二掷，灯光开关第一掷引至变光开关，向上拨动一下组合开关柄即操纵变光开关可依次接通近光或远光灯丝。在远光接通时，远光指示灯同时点亮。

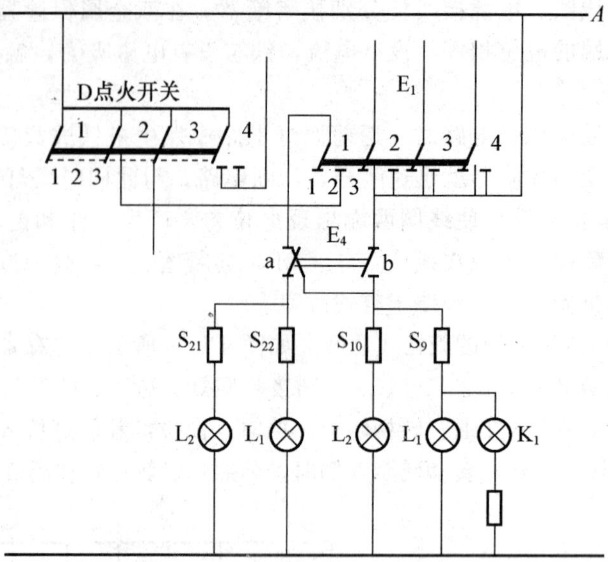

图 4-13　B-K 桑塔纳轿车前照灯控制电路

第三节　照明与信号系统的检查与调整

鉴于前照灯的特殊性，本节主要讨论前大灯的检查与维修。按 GB 7258-97《机动车运行安全技术条件》规定，汽车前照灯的检测与调整，双光束灯以调整近光光束为主。检验时，检验场地应平整，整屏幕与地面垂直，汽车轮胎气压符合标准，汽车空载（驾驶室内允许乘坐一名驾驶员），蓄电池性能良好、存电足，前照灯安装牢固。

一、照明设备的检查与调整

图 4-14 所示为大灯电路的一个例子。在此电路中，如果灯光控制开关位于一挡时，开关内的接触片移动，使接线柱 A 和 C 接触，则示宽灯、尾灯、汽车牌照灯等点亮。如果再把开关拉一挡，接线柱 B，C，D 被接通，则点亮尾灯、汽车牌照灯和大灯。汽车行驶时，为了能够改变大灯的照射方向和距离，设置了两个灯丝，通过调光开关进行转换（远光、近光切换）。

大灯主光轴的检查和调整：

1. 检查大灯主光轴时的准备工作

（1）使车轮气压处于标准状态。

（2）汽车停在平坦地面上。

（3）空车（车上除备用轮胎、工具等规定设备外，其余货物卸下）。

（4）检查蓄电池，确保蓄电池储电充足。

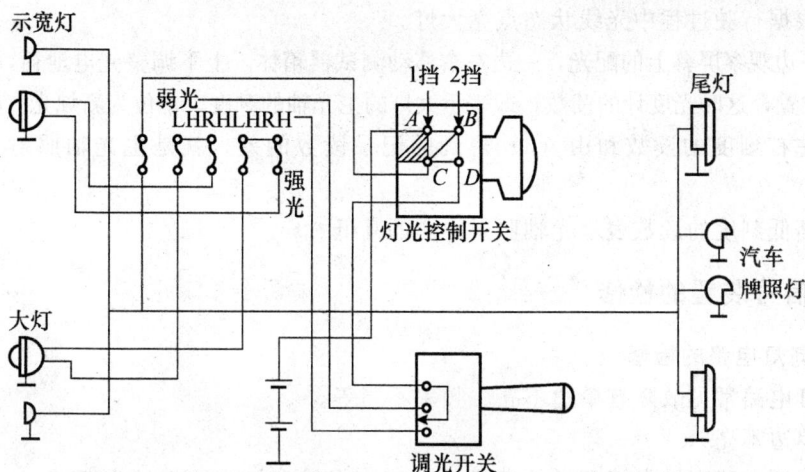

图 4-14 灯光电路

2. 停车场检查要求

（1）检查大灯并确保正常。

（2）在大灯安装处，前玻璃不应松动，无变形、污染、损坏和改变光轴的开关或降低照度的机构没有故障。

（3）正对大灯，测量主光轴的活动范围应满足以下条件：

①大灯的主光轴左右摆动，如图 4-15 所示。在距离汽车前方 10 m 的位置，主光轴在左侧大灯的内侧 20 cm、外侧 10 cm 以内，右侧大灯的主光轴应在内侧 10 cm、外侧 20 cm 以内。

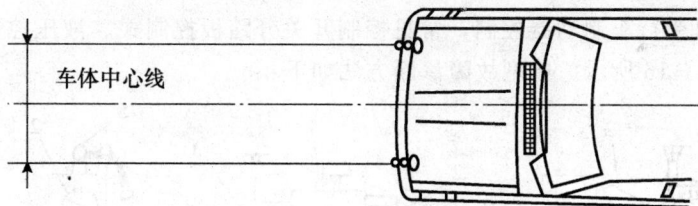

图 4-15 主光轴测量

②大灯的主光轴上下摆动，在夜间行车时，要能确认出汽车前方 100 m 处的交通障碍物，主光轴应向下。

③确认大灯能减光或改变照射方向。

④用大灯实验机测试减光或改变照射方向时，在距离前方 10 m 处，主光轴向上 1 度时或向汽车外侧 2 度时，大灯的照度应分别为 15 Lx 以上和 17 Lx 以下。

⑤检查大灯的灯光颜色和照射度时，取发动机最高转速的 60% 进行，也就是说，在蓄电池不放电的情况下，无负载运转时点亮前大灯。

3. 用屏幕式大灯测试器进行检查和调整

（1）使测试器屏幕和地面垂直，屏幕和汽车大灯透镜面的距离为 3 m。

（2）向上或向下移动测试器屏幕，当屏幕上的大灯高度线和大灯中心高度一致时固定测试器屏幕。

（3）使用光探测器，一边观察大灯中心，一边移动探测器箱体，使探测器和大灯对正，这时可读出左右刻度的读数。

（4）根据行驶过程中光线状态点亮大灯。

（5）一边观察屏幕上的配光，一边左右移动测试器箱体，上下调整光电池箱，使光度计摆动到最大位置，这时光度计的读数，即表示大灯的主光轴的刻度，单位为新烛光（cd）。

（6）左右刻度的读数和由（3）得到的记录读数的差，就是主光轴照射方向的摆动程度。

（7）高低刻度的读数表示光轴照射方向的高低。

二、信号装置的检修

1. 转向灯电路的检修

转向灯电路常见故障有单边不亮、频率不当等。

（1）单边不亮

说明电源电路到转向灯开关均正常，故障出在转向灯支路上（有断路），应检查灯丝有无烧断，灯泡是否接触不良，插接器是否接触不良。

（2）频率不当

转向灯及危险报警闪光灯闪光频率应为 $1.5 \pm 0.5\ Hz$，启动时间不得大于 $1.5\ s$。频率不当说明流经闪光器电流失常，一般有主灯丝烧断、灯泡与灯座接触不良；灯泡功率过小，个别转向灯灯线有断路时，负载电阻增大，负载电流变小，使频率变快。解放CA1091型汽车一只主转向灯灯泡功率失去时，转向灯常亮不闪烁以示不良；相反，功率过大时，闪光频率变慢。

2. 制动灯电路故障检修

汽车制动灯受行车制动器控制，常见控制开关分踏板控制式、液压控制式、气压控制式3种，如图4-16所示。典型故障诊断方法如下：

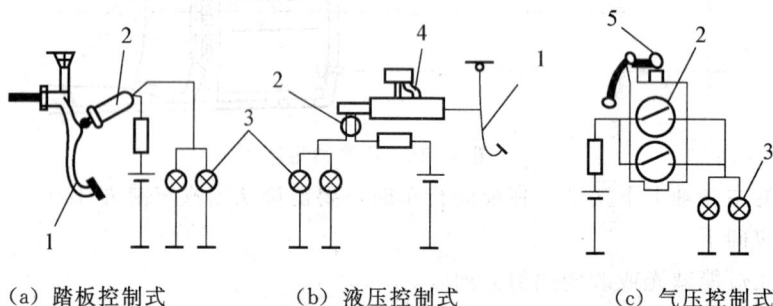

(a) 踏板控制式　　　(b) 液压控制式　　　(c) 气压控制式

1—制动踏板；2—制动灯开关；3—制动灯；4—液压制动主缸；5—气压制动控制阀

图 4-16　制动灯电路

（1）全部制动灯不亮

可先查制动灯保险，再查灯丝是否烧断、灯座接触是否不良。若上述情况正常，可短接制动灯开关；若灯变亮，说明制动灯开关坏；若仍不亮，应用试灯查线路是否断路。

（2）单边制动灯不亮

应查该制动灯丝是否烧断、灯座是否接触不良、该侧灯线是否折断。

（3）尾灯时好时坏

开示宽灯时，尾灯亮，但踩下制动踏板时，尾灯反而灭，该现象的原因为该尾灯双丝灯泡搭铁不良。

（4）制动灯常亮

松开制动踏板，制动灯常亮，这种故障一般出在踏板控制式制动灯的开关上。应检查踏板能否回位，开关中心顶柱是否磨损或开关内部是否短路。

3. 倒车灯、倒车报警器电路故障检修

倒车灯常见故障有以下 3 种：

（1）倒车灯不亮

先查看倒车灯保险是否烧断；若完好，可将倒车灯开关短接，短接后灯变亮，说明倒车灯开关失效。短接后灯仍不亮，可查倒车灯灯丝是否烧断，灯座是否接触不良；最后用试灯查线路是否断路。

（2）挂倒挡挂不进

通常此故障，可旋出倒车灯开关再重挂，挂进了说明倒车灯开关钢球卡死、漏装垫圈或垫圈太薄；重挂挂不进，说明变速器有故障。

（3）仅倒挡不亮，其余挡位倒车灯全亮

常开式与常闭式倒车灯开关装反了。倒车报警电路故障的诊断方法同上。发现倒车报警器失效，一般作换件处理。在有电子配件来源的情况下，可拆开报警器外壳，检查各分立元件的性能并修复使用。

思考与练习

4-1 简述汽车的照明与灯光信号装置的种类与用途。

4-2 简述汽车前照灯照明标准的基本要求。

4-3 如何进行汽车前照灯的检查与调整？

4-4 照明信号装置故障有哪些？如何诊断？

第五章　仪表与报警系统

汽车运行中的各种重要工作信息，必须及时反馈给驾驶员，以尽快发现和排除可能出现的故障。汽车上用多种仪表分别定量地显示汽车工作信息，常用的仪表有电流表、机油压力表、水温表、燃油表、车速里程表和发动机转速表等，图 5-1 所示为桑塔纳 2000 轿车组合仪表。

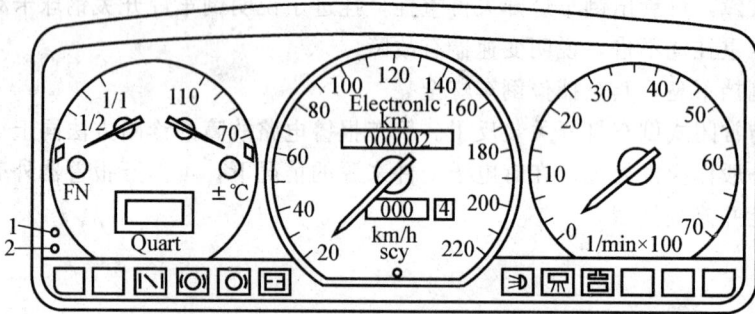

1—分调整钮；2—时调整钮

图 5-1　桑塔纳 2000 轿车组合仪表

第一节　仪表及其维修

一、电流表

1. 电磁式电流表

电流表串接在充电电路中，用来指示蓄电池充电或放电电流，因而把它做成双向的，表盘中间为"0"。当发电机向蓄电池充电时，示值为"＋"。当蓄电池向用电设备放电时，示值为"－"。

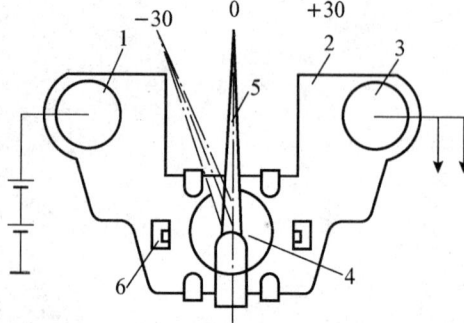

1，3—接线柱；2—导电板；4—永磁转子；5—指针；6—磁轭

图 5-2　EQ140 电磁式电流表

图 5-2 所示为电磁式电流表的结构示意图。黄铜导电板 2 固定在绝缘底板上,两端与接线柱相连。中间夹有磁轭 6 与导电板 2 固装在一起的针轴上,装有指针 5 和永久磁铁转子 4。

当没有电流通过时,永久磁铁转子 4 通过磁轭构成磁回路。使指针保持在中间"0"位置,当放电电流通过导板 2 时,在它的周围产生磁场,使浮装在导电板中心的磁钢指针向"一"向偏转,示出放电电流安培数,电流越大,偏转越多。若充电电流通过导板 1 时,则指针偏向"十"示出充电电流的大小。

电流表不但能指示蓄电池处于充电还是放电状态,而且能测量出充、放电电流的大小。

2. 电流表的检修

电磁式电流表的常见故障有示值不准,指针摆动不灵活和短路等故障。

示值不准是由永久磁铁磁性消失而引起的。磁性消失的原因之一是磁钢质量不佳,有时是因铜质板条上通过了强电流,改变了永久磁铁的磁化方向。出现上述故障,应换用新表。

指针摆动不灵活或有阻滞现象,多是由于接线柱上的接线松动,接触不良所致。应将接触面上的锈斑除掉,拧紧螺母,将接线压牢。有时,指针轴锈蚀、弯曲,也会出现阻滞现象,应换用新表。

短路故障也是常见的电流表故障,这是由绝缘板或绝缘垫片损坏或漏装造成的。若发现表针摆角很小,即使在启动发动机后,表针指向充电方向的数值也不大,就应检查表背面的两接线柱之间是否有短路现象。

电流表通常制成不可拆结构,对其表内的故障一般不予修理,只作更换。在缺乏备件的情况下,可以拆开表壳检修,或为永久磁铁充磁。最后,用普通电流表予以校准,然后装复使用,待条件具备时再换用新表。

二、机油压力表

1. 机油压力表的工作原理

机油压力表是用来检测发动机润滑系统的机油压力。它由装在发动机主油道上的油压传感器和仪表板上的机油压力指示表组成。如图 5-3 所示。

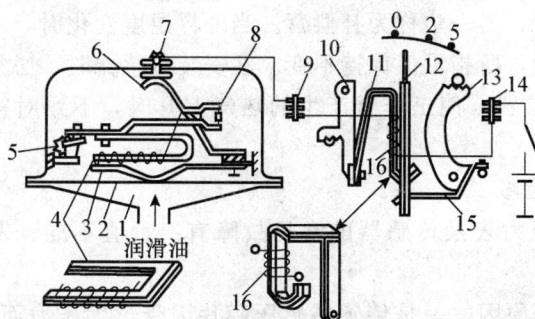

1—油压;2—膜片;3—弹簧片;4—双金属片;

5—调解齿轮;6—接触片;7,9,14—接线柱;8—校正电阻;

10,13—调节齿扇;11—双金属片;12—指针;13—弹簧片;16—加热线圈

图 5-3 机油压力表及机油压力传感器的结构与工作原理

油压传感器装在发动机主油道上，膜片中心顶着弯曲的弹簧片 3，一端焊有触点，一端通过壳体搭铁。双金属片 4 上绕有加热电阻丝，它一端与双金属片的触点相连，另一端则通过接触片 6、接线柱 7 与油压指示表相连。校正电阻 8 与加热线圈并联。油压指示表中的双金属片 11，一端固定在调节齿扇 10 上，另一端与指针 12 相连，其上也绕有加热线圈。

双金属片是由两种不同热膨胀系数的金属做成（例如锌和钢）。当加热线圈加热后，由于膨胀系数不同，故双金属片受热后产生弯曲变形。双金属丝式仪表正是利用了这一原理。

当电源开关接通时，电流由蓄电池正→点火开关→接线柱 14→加热线圈 16→接线柱 9→传感器接线柱 7→加热线圈→触点→弹簧片 3→打铁→蓄电池负极。由于电流流过双金属片 4 和 11 上的加热线圈，使双金属片受热变形。

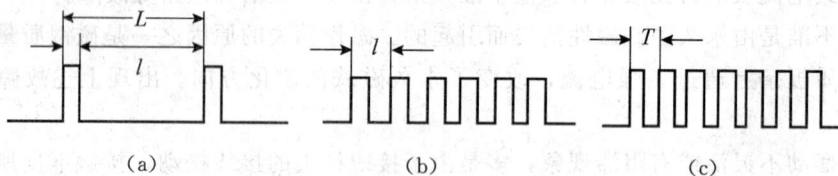

图 5-4 通过双金属式油压表加热线圈中电流的波形

油压很低时，传感器膜片 2 几乎没有变形，这时触点压力甚小。当电流流过而温度略有上升时，双金属片 4 就弯曲，使触点分开，电路即被切断。经过一段时间后，双金属片冷却伸直，触点又闭合，电路又被接通。重复上述过程，触点开闭频率约每分钟 5～20 次。由于油压很低，触点压力小，所以双金属片触点闭合时间短。打开的时间长，通过油压表加热线圈的电流波形如图 5-4（a）所示。所以油压表双金属片加热线圈的电流平均值就下降，双金属片 11 弯曲变形小，指针 12 偏转角度很小，即指示出较低的油压。

当油压增高时，膜片 2 向上拱曲，触点压力增大，双金属片 4 向上弯曲程度增大。这样只有在双金属片 4 温度较高时，也就是加热线圈通过较长时间的电流后，触点才能分开，而且当触点分开不久，双金属片稍一冷却，触点又很快闭合。因此，当油压高时，触点闭合时间长，断开时间短，而且频率增高，如图 5-4（b），（c）所示。因此，流过双金属片 11 的加热线圈电流平均值加大。它的变形增大，指针偏转角度加大，即指示出较高的油压。

为使油压的指示值不受外界温度的影响，双金属片 4 制成"n"字形，其上绕有加热线圈的一边称为工作臂，另一边称为补偿营。当外界温度变化时，工作营的附加变形被补偿营的相应变形所补偿，所指示值保持不变。在安装传感器时，必须使传感器壳上的箭头向上，不应偏出 ±30° 位置，使工作臂产生的热气上升时，不致对补偿臂产生影响，造成误差。

2. 机油压力表的检修

双金属片式机油压力表及传感器的常见故障有：示值不准、表针不动、表针摆动无规律。

（1）示值不准。其原因之一是传感器感压膜片因受过大压力而变形，会使示数偏高；另一原因是传感器内触点表面烧蚀、氧化，使接触电阻变大，表指针示数偏低。出现上述故障均应换用新传感器。

（2）表针不动。这是因为加热线圈被烧断，致使表指针永远停在零位上。用多用电表电阻挡测表背面的接线柱间阻值，若表针不动，可断定为表内加热线圈断路，须更换表头。若表内线圈未断，可检查传感器接线柱与外壳间的电阻，若为开路，应更换传感器。

（3）表针摆动无规律。这是连接导线接触不良造成的，检查各接线柱是否有锈蚀、松脱现象，各段导线有无断线故障。

机油压力表和水温表都是重要仪表，需要定期检查（一般在三级保养时检查），必要时应检查其示值的准确性。校对机油压力表时，可将传感器装在机油压力表试验台上进行校对，在这不作详述。

三、水温表

1. 水温表的类型

水温表是用来指示发动机冷却水工作温度的，它由装在气缸盖上的温度传感器和装在仪表板上的水温表组成，其型式有两种：双金属片式和电磁式。

（1）双金属片式水温表

双金属片式水温表，是由传感器和指示表组成，如图 5-5 所示。指示表的构造和工作原理与油压表相同，只是刻度值不一样。水温传感器是一个密封的套筒，内装有条形金属片 2，其上绕有加热线圈，一端与触点相接，另一端通过接触片、接线柱与水温表加热线圈串联。

水温表的工作原理与油压表相似。双金属片的安装，必须具有一定的初始压力，当水温很低时，双金属片 2 经加热变形向上弯曲，触点分开，由于四周温度较低，很快冷却，触点又重新闭合。故流经加热线圈的平均电流大，指示表中双金属片 7 变形大，指针指向低温。当水温增加时，传感器密封套筒内温度也增高，因此，双金属片受热变形后，冷却的速度限阻，所以触点分离时间增长，闭合时间缩短，流经加热线圈的平均电流减小，双金属片 7 变形小，指针偏转小，指示较高温度。

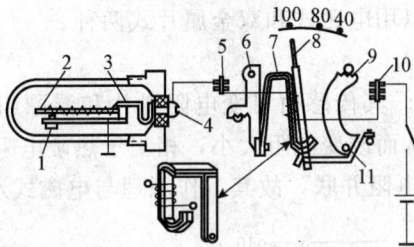

1—固定触点；2—双金属片；3—接触片；4，5，10—接线柱；
6，9—调节齿圈；7—双金属片；8—指针；11—弹簧片

图 5-5　电热式冷却液温度表与电热式冷却液温度传感器的工作电路

（2）电磁式水温表

图 5-6 为电磁式水温表工作原理图。温度传感器内壳装有热敏电阻，其阻值随温度的升高而减小。在指示表中，有两个线圈，L_2 与传感器串联，L_1 与传感器并联。两个线圈中间装着带有指针的衔铁 4。串联电阻 R，用以限制流经线圈 L_2 的电流。其等效电路如图 5-7 所示。当水温低时，热敏电阻阻值大，流经 L_1 线圈与 L_2 线圈的电流相差不多，但 L_1 匝数多，产生磁场强，吸引衔铁使指针偏向 0 ℃。当水温增高时，热敏电阻阻值减小，分流作用增强，流经 L_1 的电流减小，磁力减弱，衔铁被 L_2 吸引，指针向右偏转指向较高温度。

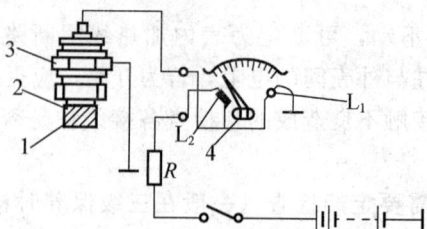

1—热敏电阻；2—弹簧；3—传感器壳体；4—衔铁

图 5-6　电磁式水温表

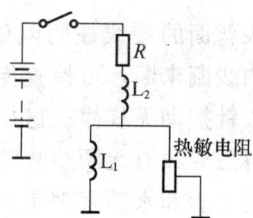

图 5-7　水温表等效电路

2. 水温表的检修

以双金属片式水温表为例，这种水温表的故障较少，也只有表针不动和无规律摆动两种。前者是断线造成的，后者是导线接触不良造成的，可将水温表直接连接在蓄电池上，若表指针摆向最左端，而不接电池时表指针停留在最右端，可认为水温表无故障；若表针不动则说明加热线圈已断线，应换用新表。

用多用电表电阻挡检查传感器接线柱与外壳间是否断线，若多用电表指针不动说明已断线应校用新传感器。

若怀疑水温表示值不准，可从气缸盖上拆出传感器，插入一杯热水中，用玻璃温度计检查其偏差。注意只把传感器前部插入热水中，而接线柱及导线不得沾水，再用一导线将其螺纹部与气缸盖接好，将玻璃温度计也插在热水中，水温表示数与玻璃温度计示数差别若不大于 5 ℃，可继续使用。若相差过多，应换用新传感器。

若在杯中加入沸水和冰水混合物，表针分别指 100 ℃ 和 0 ℃，则不必使用温度计校正。

四、燃油表

1. 燃油表的类型

燃油表用来指示燃油箱内储存燃油量的多少。它也由传感器和指示表组成，传感器均为可变电阻式，但指示表可以用电磁式和双金属片式两种。

（1）电磁式燃油表

图 5-8 为电磁式燃油表。其传感由可变电阻滑片和浮漂组成。当燃油箱油位高低变化时，浮漂带动滑片移动，从而改变电阻大小，相当于热敏电阻感受温度变化的作用。L_1 与可变电阻串联，L_2 与可变电阻并联，故其工作原理与电磁式水温表相似，在此从略。

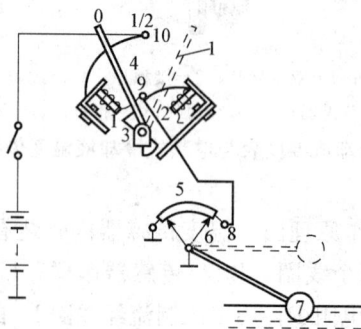

1—左线圈；2—右线圈；3—转子；4—指针；5—可变电阻；
6—滑片；7—浮子；8，9，10—接线柱

图 5-8　电磁式燃油表

（2）双金属式燃油表

双金属式燃油表的传感器与电磁式相同，指示表用双金属片，如图5-9所示。

通过油面高低，改变可变电阻大小，从而改变与之串联的加热线圈电流，双金属片变形推动指针，指示相应的燃油液面高度。

流经加热线圈2的电流，除与可变电阻值有关外，还与供电电压有关。汽车的电源是蓄电池与发电机并联，两者的电位差一般为2 V左右，且发电机的端电压虽然经调节器调整，但受负载电流的影响也较大。因此，电源电压变化必然影响双金属片式仪表的测量精度。因此，凡是双金属片做指示仪表的，都必须加稳压器。

图5-9所示是双金属片式稳压器。当电源电压提高时，稳压器中加热线圈的电流增大，双金属片温度升高，使触点间接触压力减小，闭合时间缩短，打开时间增长，从而使加热线圈中的电流减小，端电压下降（即指示表的端电压下降）；当电源电压下降时，稳压器中加热线圈的电流减小，双金属片温度较低，触点闭合时间增长，打开时间缩短，线圈中平均电流增大，端电压提高。这样，就使指示仪表始终在一个比较稳定的电压下工作，减少了电源电压波动造成的影响。

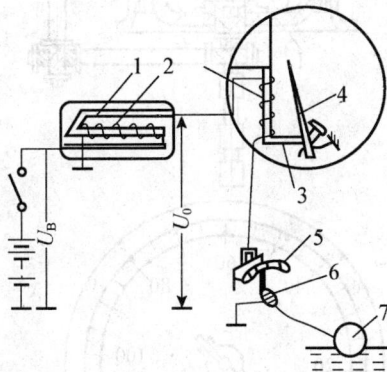

1—稳压电源；2—加热线圈；3—双金属片；4—指针；5—可变电阻；6—滑片；7—浮子
图5-9 双金属式燃油表

双金属片电压调节器，实际上向指示仪表输送一个周期性的电流脉冲，而指示仪表内部也是一个双金属片。因此，每一个仪表内的双金属片都具有一个平均温度，该平均温度由电路中传感器确定。如果用其他的直流稳压电源，则其精度很低。因为这时双金属片一直受热，内部积聚了热量，反应迟钝。不言而喻，对于传感器和指示仪表均为双金属片式仪器，则本身就具有稳定电压的功能，所以不再需要用电源稳压器（如图5-5水温表即是）。

2. 燃油表的检修

以电磁式燃油表为例，其常见故障有：示值不准、指针发卡和指针摆动无规律等。

造成示值不准的主要原因有浮子臂弯曲、导线绝缘层破损、表内线圈固定螺钉松动使线圈移位等。应校直浮子臂，换掉破损的连接导线，重新调整燃油表。

指针发卡是由于导线接触不良，并非表针与表盘相碰。应检查各接线柱、传感器电阻线圈有无接头松脱和断线等故障。

引起指针无规律摆动的原因是由传感器电阻线圈松脱和串位，触点臂变形失去压向电阻线圈的弹力造成的。可拆下传感器检查与修复，若电阻线圈断丝或其零件损坏，应更换传感器。

汽车电器设备与维修

五、车速里程表

1. 车速里程表的类型

车速里程表用来指示汽车行驶速度和累计汽车行驶里程数，它由车速表和里程表两部分组成。按其工作原理可分为磁感应式和电子式两种。

（1）磁感应式车速里程表

磁感应式车速里程表也称永磁式车速里程表，其结构如图5-10所示。磁感应式车速里程表没有电路连接，机械传动，由变速器输出轴上的一套涡轮、涡杆以及软轴来驱动。

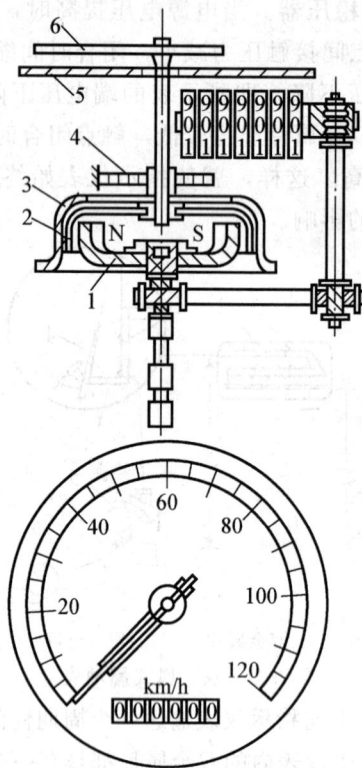

1—永久磁铁；2—铝碗；3—罩壳；4—盘型弹簧；5—刻度盘；6—指针

图5-10 磁感应式车速里程表结构

车速表由永久磁铁1、带有轴及指针6的铝碗2、罩壳3和紧固在车速里程表外壳上的刻度盘5等组成。

罩壳3是固定的，铝碗2是杯形的，与永久磁铁1及罩壳3之间具有一定的间隙，没有机械连接。铝碗2与指针6一起转动，在静态时，由于盘形弹簧（游丝）4的作用使指针指在刻度盘"0"的位置上。

车速表的工作原理：当汽车直线行驶时，变速器输出轴上的涡轮、涡杆以及软轴等带动永久磁铁转动，同时在铝碗上感应出涡流，产生转矩，使铝碗反抗盘形弹簧向永久磁铁转动方向转动，带动指针同转一个角度，因为涡流的强弱与车速成正比（车速越高，磁场切割速度越高），所以指针指示的速度也必须与汽车的行驶速度成正比。

里程表是由涡轮、涡杆和计数轮组成的，涡轮、涡杆和汽车的传动轴之间具有一定的传动比。在汽车行驶时，软轴驱动车速里程表的小轴，经三对涡轮、涡杆带动里程表的第一计数轮转动。第一计数轮上的数字为 1/10 km，每两个相邻的计数轮之间，又通过本身的内齿和进位计数轮的传动齿轮，形成 1∶10 的传动比。这样汽车行驶时，就可以将其行驶里程不断累计起来。

（2）电子式车速里程表

电子式车速里程表由车速传感器、电子电路、步进电动机、车速表和里程表等组成，图 5-11 所示为电子式车速里程表结构框图。

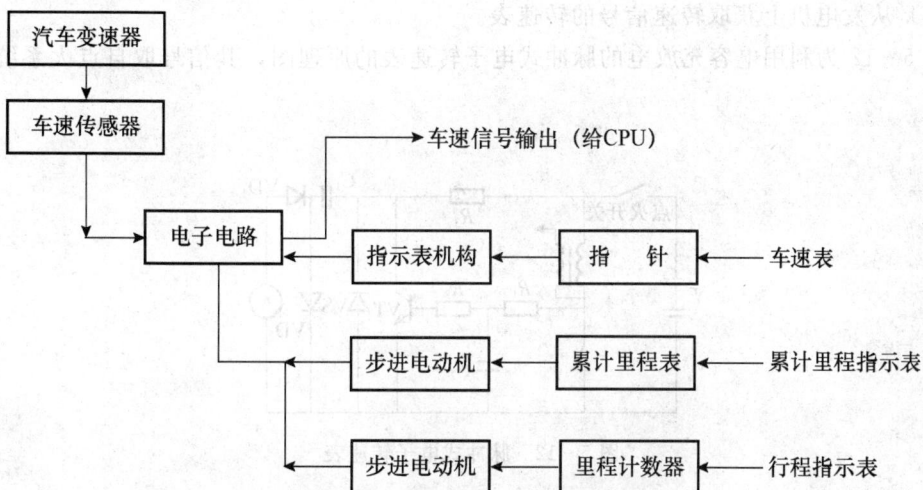

图 5-11 电子式车速里程表结构框图

桑塔纳 2000 型轿车采用的是电子车速里程表。它从变速器后部的传感器中取得脉冲信号，通过导线输送给指示器，避免了机械式车速里程表用软轴传输转矩所带来的诸多弊病，并具有精度高、指针平稳和寿命长等特点。

车速表由永久磁铁、矩形塑料框内线圈、针独、游丝组成。

里程表由电子模块、步进电机、机械计算器组成。

2. 车速里程表的检修

以磁感应式车速里程表为例，车速里程表的常见故障有以下几种：

（1）速度表软轴断头。若车速表指针永远指零，里程表不计数，则应检查软轴是否断头。若已断掉，应换用新软轴。装入新轴前应检查车速表转子轴转动是否灵活，若已卡死，应修复后再换入软轴。若为可拆式软轴，套管完好者，可只更换软轴芯。

（2）速度表软轴脱落。现象同前，但软轴未断，只是从车速里程表后面的接口处松动脱落下来。可重新插入插头，旋紧螺母。

（3）车速表指针松脱。里程表计数正确而车速表指针或停在某处不动，或无规则摆动，这是指针松脱的特征。应拆修并焊牢指针。

（4）车速表指针摆动不已，有时跳动。这是速度表软轴钢丝芯轴扭结造成的，扭结的原因即可能是芯轴本身弯曲所致，也可能因里程表字鼓发卡造成的。将软轴两端全拆下，用手捻动芯轨插头，如果有阻力忽大忽小的感觉，应拆换轴芯或换用新的软抽，如果阻力均匀无卡滞感，可检查里程表字鼓是否发卡，若字鼓发卡应立即更换。

六、发动机转速表

发动机转速表用来测量发动机曲轴转速。转速表按其结构不同可分为机械式和电子式，其中应用较广泛的是电子式转速表。

电子式转速表按转速信号的获取方式不同可分为：

（1）从点火系获取信号的转速表。

（2）测取飞轮（或正时齿轮）转速的转速表。

（3）从发电机上获取转速信号的转速表。

图 5-12 为利用电容充放电的脉冲式电子转速表的原理图，其信号取自点火系统初级电路。

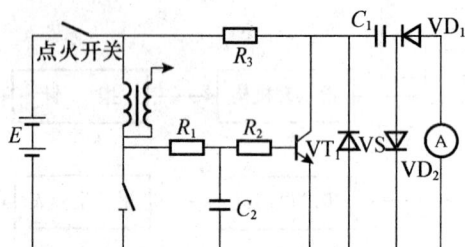

图 5-12　脉冲式电子转速表

第二节　报警系统原理及检修

汽车上装备多种报警系统以监控汽车的工作状况和保证行车安全，汽车报警系统一般有两种类型：一种用于监控汽车的运行参数，当汽车运行参数不正常时，系统向驾驶员发出警报；另一种用于监控驾驶者或乘员的不正确操作，当乘员对汽车某一系统的操作不正确或不当时，发出警报。汽车报警系统发出警报的方式一般有红色指示灯报警、喇叭（蜂鸣器）报警。

1. 制动系低气压警告灯系统

在采用气压制动的汽车上，制动系气压过低时，不能进行可靠制动，甚至会引起制动完全丧失，引发交通事故。本系统在制动系气压低于一定值时点亮警告灯，用于提醒驾驶员，其线路如图 5-13 所示，气压传感器装在储气筒上，红色警告灯装在仪表板上。传感器结构如图 5-14 所示，当制动储气筒内的气压下降到低于 340 kPa 时，作用在膜片上的压力减小，于是膜片 4 在弹簧作用下，向下移动使触点闭合，电路接通，电流经点火开关→熔体→警告灯→传感器→搭铁，警告灯点亮；当储气筒小的气压升高到 400 kPa 以上时，传感器中的膜片上移，压缩弹簧触点打开，切断警告灯电路，警告灯熄灭。

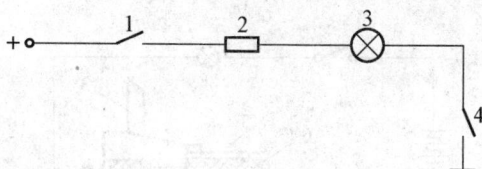

1—电源总开关；2—熔体；3—警告灯；4—警告灯开关

图 5-13　低气压警告灯接线图

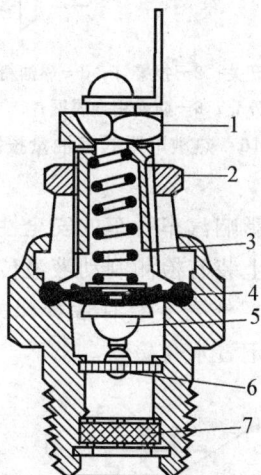

1—调整螺钉；2—锁紧螺母；3—复位弹簧；

4—膜片；5—动触点；6—静触点；7—滤清器

图 5-14　低气压报警传感器（开关）

2. 机油压力警告灯

机油压力警告灯在润滑系主油道油压降低到允许限度时点亮，用以引起驾驶员的注意。

图 5-15 所示是日本五十铃 TXD50 型载货汽车上装用的膜片式油压报警传感器的结构，当润滑系主油道堵塞，配合间隙过大，油泵损坏；油压降低到极限时，油压报警传感器中的活动触点 3 下降，并与固定触点相接触，接通油压警告灯电路，警告灯点亮。

3. 燃油箱存油量报警灯

当燃油箱内燃油减少到规定值以下时，燃油存量报警灯点亮。燃油存量报警灯由热敏电阻式传感器和报警灯组成（如图 5-16 所示）。当燃油箱内燃油量多时，热敏电阻元件浸没在燃油中，散热快，其温度较低，电阻值大，报警灯处于熄灭状态。当燃油减少到规定值以下时，热敏电阻元件露出油面，散热慢，温度升高，电阻值减小，电路中电流增大，则报警灯发亮，提醒驾驶员及时加油。

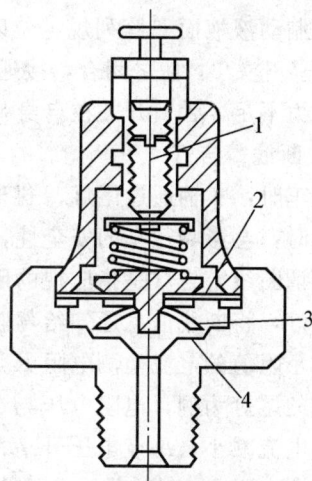

1—调整螺钉；2—膜片；

3—活动触点；4—固定触点

图 5-15　膜片式油压报警传感器的结构

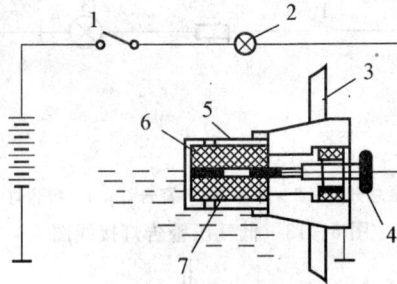

1—点火开关；2—报警灯；3—燃油箱外壳；

4—接线柱；5—外壳；6—防暴用金属网；7—热敏电阻元件

图5-16 热敏电阻式存油量报警灯

4. 制动液面警告灯

制动系统工作状况的好坏，会影响汽车行车的安全性，在液压制动系统中，制动液偏少时，会引起制动失效，一般汽车上装有检测制动液液位的报警系统。图5-17所示是装在制动总泵储液罐上传感器的结构，外壳1装有舌簧开关3，舌簧开关3的两个接线柱2与液面警告灯电源相连，浮子上固定着永久磁铁。

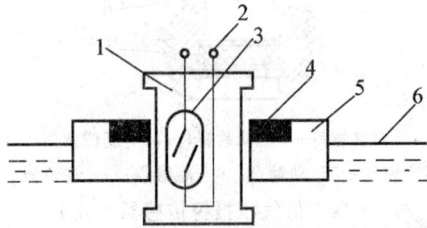

1—外壳；2—接线柱；3—舌簧开关；4—永久磁铁；5—浮子；6—液面

图5-17 制动液液面传感器

当制动液液面F阵列规定位以下时，永久磁铁与浮子5一起下降，永久磁铁的磁力作用于舌簧开关3，使之闭合，接通警告灯电路，警告灯点亮，反之，液面正常时，浮子上升，磁力不足，舌簧开关在自身弹力作用下，切断警告灯电路。

5. 断线警告灯

行车时，车辆通过尾灯、刹车灯提供车辆的位置信号和制动信号，当尾灯、刹车灯出现故障时，会影响行车的安全性，图5-18所示是断线警告灯系统原理图。

所谓断线警告灯是指监视的照明、尾灯、牌照灯以及停车灯的断线，若有断线，则点亮警告灯，将断线信息通知给驾驶员。

微小阻值的电流检测电阻R与灯泡相串联，通电时电阻R两端的电压下降。以两个灯组成的尾灯为例，电阻电压与A点电压之间的关系如图5-18（b）所示。当某个灯断线时，电流减小，A点电压升高；全部灯断线时，与蓄电池电压相等。图中用虚线表示的值是检测电阻R_1，R_2分压点B点的电压，为基准电压。比较器将A，B两点电压作比较，A＞B时输出正电位，A＜B时输出负电位。因此，当有灯泡断线时，比较器输出的高电位使晶体管导通，点亮警告灯。

该电路若用于制动检测电路，需附加保持比较器输出的电路，因为停车灯与踏板联动，松开制动踏板，警告灯就会熄灭，易出现漏报警的现象。

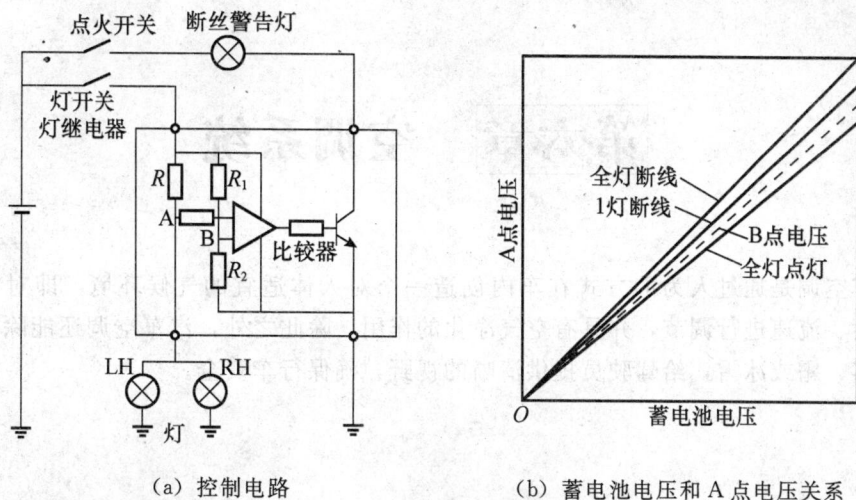

（a）控制电路　　　　　（b）蓄电池电压和 A 点电压关系

图 5-18　断线警告灯系统原理图

6. 电控系统故障指示灯

现代汽车采用多种电子控制系统，以提高性能和乘坐舒适性。当这些系统出现故障时指示灯点亮，提醒驾驶电控系统出现故障，应予以修理。常见的有电控燃油喷射与自动变速器系统、防抱死刹车系统、安全气囊、电控悬架等。电控系统故障指示灯原理如图 5-19 所示，当系统出现故障时，ECU 接通指示灯搭铁线路，指示灯点亮。

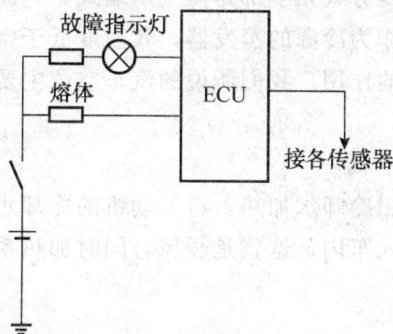

图 5-19　电控系统故障指示灯原理图

7. 车门未关警告灯

行车前，车门应关好，以保障行车的安全。当车门未关好时，门开关闭合、接通警告的电路，仪表板的门指示灯点亮，提醒驾驶员关好车门。

思考与练习

5-1　电流表在汽车上有何作用？如何检修？

5-2　简述机油压力表的工作原理及如何检修。

5-3　简述水温表的工作原理及如何检修。

5-4　简述燃油表的工作原理及如何检修。

5-5　简述车速里程表的工作原理及如何检修。

5-6　简述断线警告灯报警系统原理。

第六章　空调系统

汽车空调是通过人为的方式在车内创造一个对人体适宜的气候环境，即对空气的温度、湿度、流速进行调节，并具有空气净化的作用。除此之外，汽车空调还能除去风窗玻璃上的雾、霜或冰雪，给驾驶员提供清晰的视野，确保行车安全。

第一节　汽车空调的组成

汽车空调装置按其功能可分为制冷系统、加热系统、通风系统、控制系统和空气净化系统五个基本组成部分。

1. 制冷系统

目前汽车上所采用的制冷方式几乎都是蒸气压缩式。利用制冷剂蒸发时吸收热量，来实现降低车内温度的目的。作为冷源的蒸发器，其温度低于空气的露点温度，因此，制冷系统还具有除湿和净化空气的作用。我们所说的汽车空调主要是指制冷系统，这部分是下面将要主要介绍的内容。

2. 加热系统

轿车的加热系统一般采用冷却水加热，将发动机的冷却水引入车室内的加热器中，通过鼓风机将被加热的空气收入车内，这就是暖风。同时加热系统还可以对前风窗玻璃进行除霜、除雾。

3. 通风系统

通风一般分为自然通风和强制通风。自然通风是利用汽车行驶时，根据车外所产生的风压不同，在适当的地方，开设进风口和出风口来实现通风换气；强制通风是采用鼓风机强制外气进入的方式，这种方式在汽车行驶时，常与自然通风一起工作。在通风系统中主要有空气处理室、送风道及风门等部件。

4. 控制操纵系统

控制操纵系统主要由电气元件、真空管路和操纵机构组成。一方面用以对制冷和加热系统的温度、压力进行控制，另一方面对车室内空气的温度、风量、流向进行操纵，完善了空调装置的各项功能。如在控制操纵系统中加装一些特殊的自动控制元件，可实现自动控制。

5. 空气净化系统

空气净化系统一般由空气过滤器、出风口、电子集尘器和阴离子发生器等组成，用以对引入的空气进行过滤，不断排出车内的污浊气体，保持车内空气清洁。

第二节　汽车制冷系统

一、汽车空调制冷循环工作过程

传统的汽车空调制冷剂为 R12（氟里昂 12），为克服氟里昂对大气臭氧层的破坏，现代汽车空调普遍采用 R-134a 无氟制冷剂。汽车空调制冷系统的组成如图 6-1 所示，制冷循环的工作原理如下：

（1）压缩过程。发动机运转时，通过曲轴皮带轮驱动空调压缩机运转，将低温低压的制冷剂蒸气从蒸发器中吸入，并加压成高温高压的蒸气输入冷凝器。

（2）放热过程。冷凝器中高温高压的蒸气，在冷却水和冷却风扇的作用下，将热量散发到空气中，使制冷剂冷凝变成高压液态。

（3）节流膨胀过程。高压液态制冷剂经膨胀阀节流后进入蒸发器膨胀成气体，压力和温度下降。

（4）吸热制冷过程。蒸发器中的制冷剂在蒸发过程中从周围的空气中吸收大量的热量，使周围的空气得到冷却，用鼓风机将空气经蒸发器吹入客厢，得到凉爽的冷风。

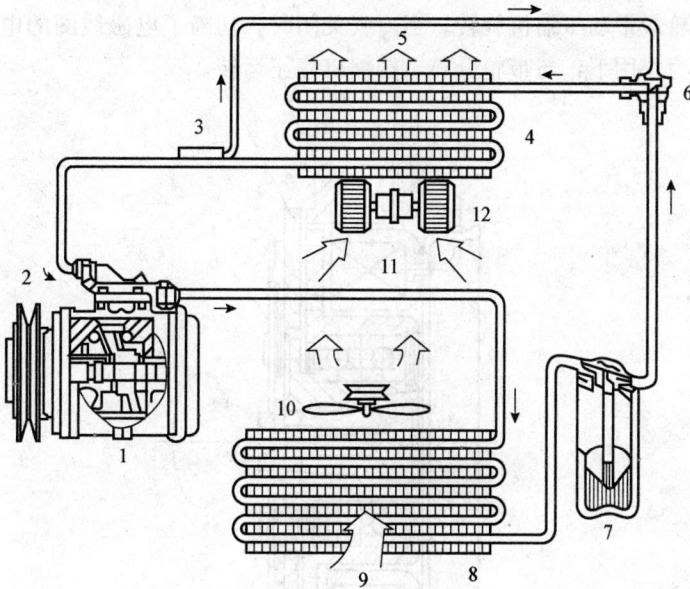

1—压缩机；2—低压侧；3—感温包；4—蒸发器；5—冷气；6—膨胀阀；
7—储液干燥器；8—冷凝器；9—迎面风；10—发动机冷却风扇；11—热空气；12—鼓风机

图 6-1　汽车空调蒸气压缩式制冷循环原理

二、制冷系统部件结构

1. 压缩机

压缩机的形式多种多样，目前汽车上大多采用立式往复压缩机和斜板盘式压缩机，两者均以活塞在汽缸中往复运动来改变压缩时的容积进行增压。斜盘式压缩机工作过程如图6-2所示，主轴旋转时斜盘做左右摇摆运动，斜盘通过钢球驱动双头活塞，在前后气缸中做往复运动，完成进气和压缩过程。

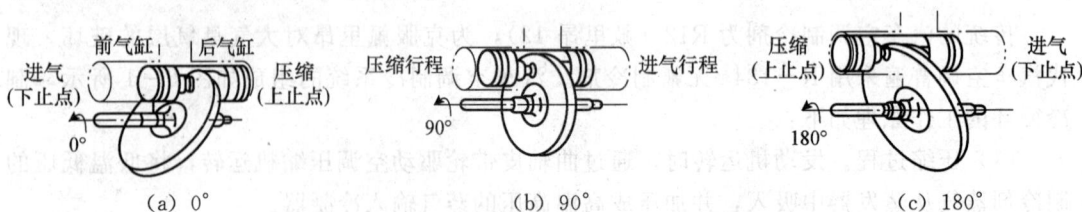

图6-2 斜盘式压缩机工作过程示意图

2. 电磁离合器

制冷系统中采用电磁离合器控制压缩机。电磁离合器有旋转线圈式和固定线圈式两种。旋转线圈式电磁离合器，当压缩机转达时，离合器与带轮一起旋转，线圈的两端各自焊接在两个铜环上，通过两个电刷输入励磁电流，固定线圈式电磁离合器的结构如图6-3所示。电磁线圈的一端搭铁，另一端经空调控制开关与电源相连。当冷气开关接通时，电磁线圈通电，产生磁力，将离合器摩擦片压紧在皮带盘侧缘上，使带轮与轮毂连接成一体，带轮的驱动力经摩擦片的轮毂带动压缩机旋转。当冷气关闭时，切断了电磁线圈的电源。轮毂上的摩擦片在弹簧片弹力作用下，与带轮分离，压缩机停止运转。

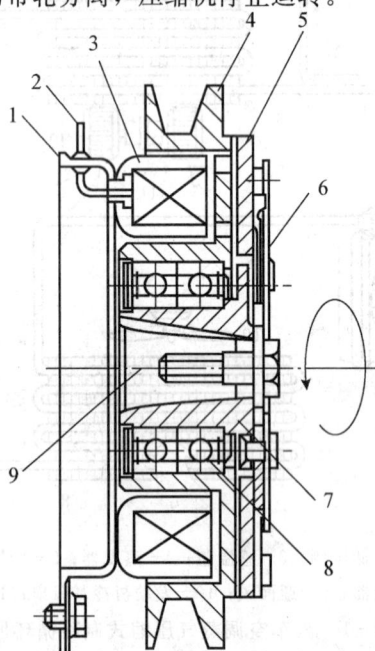

1—压缩机前端盖；2—电磁线圈引出线；3—电磁线圈；4—皮带轮；
5—压盘；6—片簧；7—压盘轮毂；8—轴承；9—压缩机轴头

图6-3 电磁离合器结构

3. 冷凝器与蒸发器

冷凝器是由铜管或铝管制成的芯管和散热片组成。多数车辆的冷凝器安装在发动机散热器的前方，在风扇转动或车辆行驶时，空气吹过冷凝器，冷却芯管中的制冷剂被冷却后变成液态。蒸发器的结构与冷凝器相似，它由铝制芯管和散热片组成，其作用与冷凝器功能相反，起吸热作用。冷凝器的散热面积通常比蒸发器大一倍，冷凝器的散热面积越大，散热效果越好。

4. 贮液干燥过滤器

贮液干燥过滤器主要有玻璃视液镜、吸管、粗过滤器、干燥剂、过滤器及壳体组成，如图6-4所示。玻璃视液镜用来观察制冷剂是否足量，若视液镜很明净，说明制冷剂足量；若出现气泡，说明系统内有空气；若看到乳白色霜状物，说明干燥剂已从贮液干燥过滤器中逸出。

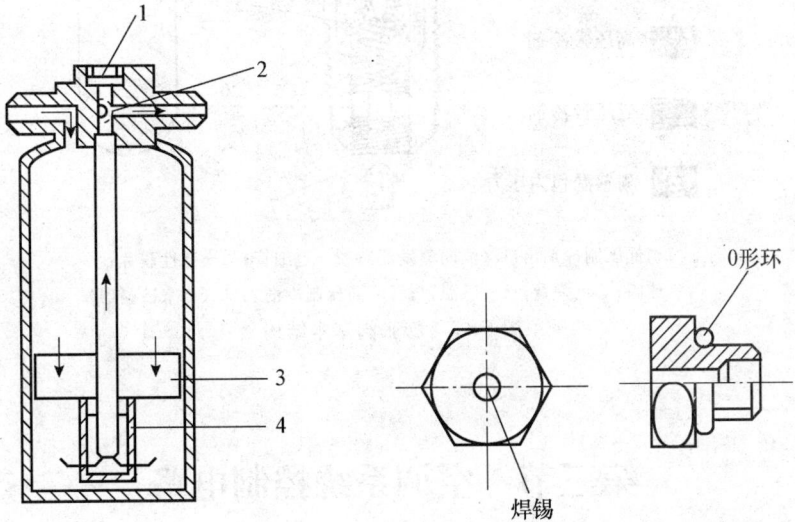

1—玻璃视液镜；2—可熔塞；3—干燥剂；4—过滤器
图6-4 贮液干燥过滤器

有些干燥过滤器上还装有可熔塞。若冷凝器散热不良或其他原因导致制冷系统温度和压力急剧上升，当干燥过滤器内的温度和压力达到一定时，可熔塞就会熔化，排泄掉高温高压的制冷剂，对制冷系统中的其他机件起到保护作用。

5. 膨胀阀

自动温度控制式膨胀阀的结构和工作原理如图6-5所示。它主要由感温筒、毛细管、膜片、球阀、顶杆及弹簧等部件组成。膨胀阀安装在蒸发器入口处，感温筒固定在蒸发器出口的管路外壁，感温筒内装有制冷剂，通过毛细管与膨胀阀膜片的上方相连。当压缩机工作时，液态制冷剂经球阀被喷入蒸发器中，液态制冷剂因突然膨胀而变成低压蒸气，吸收蒸发器周围的空气的热量，使蒸气汽化成低压气态制冷剂。蒸发器出口处的温度高时，使感温筒中的制冷剂膨胀，膨胀阀膜片上方的压力升高，膜片向下移动，顶开球阀，液态制冷剂流入蒸发器中的量增加；当蒸发器出口处温度降低时，感温筒中制冷剂收缩，膨胀阀膜片上方的压力减小，膜片上移，球网开度减小，减少了喷入蒸发器的制冷剂量。膨胀阀开启的程度随蒸发器出口的温度而变化，并影响感温筒内压力的大小，从而达到自动控制的目的。当压缩机停止工作时，膨胀阀膜片上方的压力与蒸发器入口的压力相等，球阀在弹簧作用下，处于关闭状态，阻止制冷剂倒流进入压缩机。

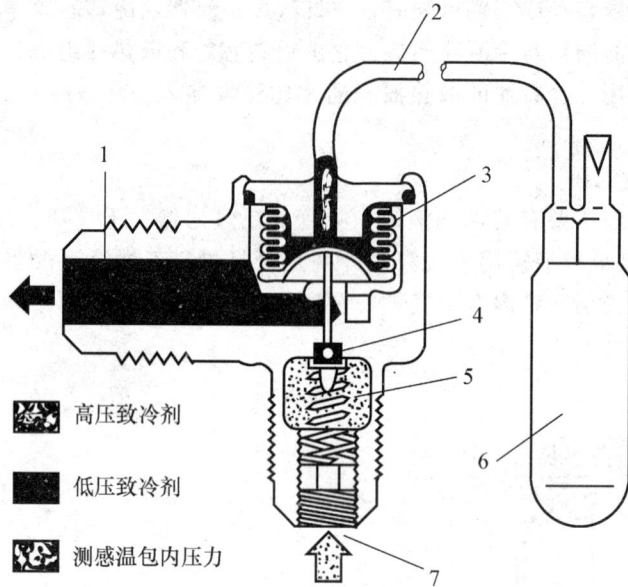

■ 高压致冷剂

■ 低压致冷剂

■ 测感温包内压力

1—低压制冷剂出口（流向蒸发器）；2—毛细管；3—弹性膜片；
4—球阀；5—弹簧；6—感温包；7—高压制冷剂入口（自来冷凝器）

图6-5 膨胀阀基本结构

第三节 空调系统控制电路

一、上海桑塔纳轿车空调系统电路

上海桑塔纳新空调系统电路如图6-6所示。它由电源电路、电磁离合器控制电路、鼓风机控制电路和冷凝器风扇电动机控制电路组成。其工作过程如下：

（1）点火开关1断开（OFF）时，减负荷继电器2的线圈电路切断，触点张开，空调系统不工作。

（2）点火开关接通（ON）时，减负荷继电器线圈电路接通，触点闭合，继电器3中的J2线圈通电，接通鼓风机电路，由鼓风机开关16进行调速，使鼓风机按要求的转速运转，进行强制通风或送出暖风。

（3）接通空调A/C开关时，制冷系统工作，便可接通下列电路：

①空调A开关的指示灯5亮，表示空调A开关已经接通。

②新鲜空气翻板电磁阀6电路接通，该阀动作接通新鲜空气翻板控制电磁阀的真空通路，而使鼓风机强制通过蒸发器的空气通道进风、送出冷风。

③当外界气温高于10℃时，环境温度开关7闭合，电源经环境温度开关7，经恒温器8、低压保护开关13对电磁离合器9线圈供电，同时对怠速提升电磁真空转换阀10供电；

另一路对主继电器中的 J1 线圈供电，使两对触点同时闭合，其中一对触点接通冷凝器冷却风扇继电器 11 线圈电路，另一对触点接通鼓风机电路。当外界气温低于 10 ℃时，环境温度开关 7 断开，空调压缩机停止工作。

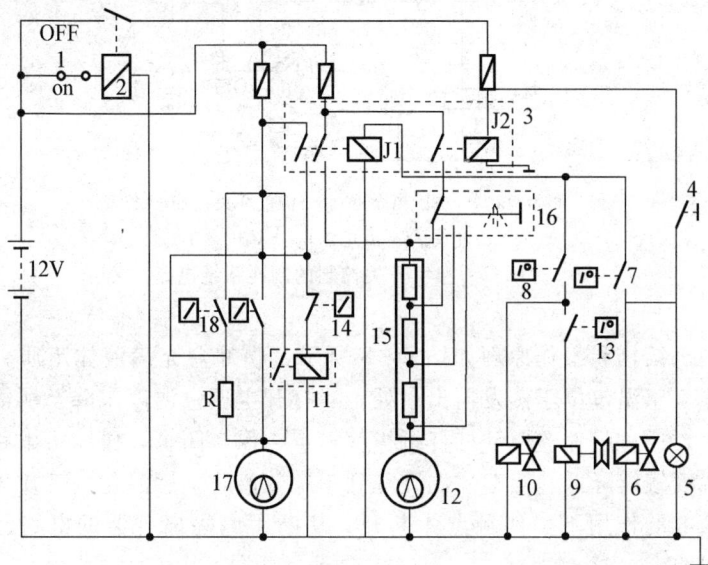

1—点火开关；2—减负荷继电器；3—主继电器；4—空调 A/C 开关；
5—空调开关指示灯；6—新鲜空气翻板电磁阀；7—环境温度开关；
8—恒温器；9—电磁离合器；10—怠速提升电磁真空转换阀；
11—冷却风扇继电器；12—鼓风机；13—低压保护开关；
14—高压保护开关；15—风机调速电阻；16—鼓风机开关；
17—冷却风扇电机；18—冷却液温度开关
图 6-6 上海桑塔纳空调系统电路

低压保护开关串联在恒温器和电磁离合器之间，当制冷系统缺少制冷剂使制冷系统压力过低后自动断开，停止压缩机工作。

高压保护开关 14 串联在冷却风扇继电器和主继电器 J1 的一对触点之间，当制动系统高压值正常时，触点张开，将电阻 R 串接入冷却风扇电机电路中，使风扇电机低速运转。当制冷系统高压值超过规定值时，高压保护开关触点闭合，将电阻 R 短路，使风扇电机高速运转，以增强冷凝器的冷却能力。同时，冷却风扇电机还直接受发动机冷却液温控开关 18 的控制，当不开空调 A/C 开关时，若发动机冷却液温度低于 95 ℃时，风扇电机不转动，高于 95 ℃时，风扇电机低速转动，当冷却液温度达到 105 ℃时，风扇电机将高速转动。

主继电器中的 J1 触点在变调 A/C 开关一接通时即可闭合，使鼓风机低速运转，以防止蒸发器表面温度过低而结冰。

④点火开关置在启动位置（ST）时，减负荷继电器线圈电路切断，触点张开，中断空调系统的工作，以保证发动机顺利启动。

二、温度开关直接控制的制冷系统电路

温度开关又称恒温器，上海桑塔纳轿车制冷系统中压缩机电磁离合器由温度开关控

制，基本控制电路如图6-7所示。

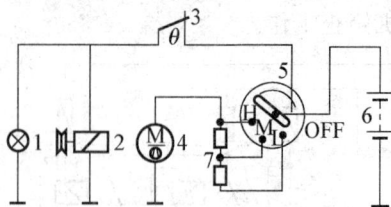

1—指示灯；2—电磁离合器；3—温度开关；4—风机；

5—鼓风机开关；6—蓄电池；7—风机调速电阻

图6-7　温度开关控制的制冷系统电路

温度开关内部结构和工作原理如图6-8所示，膜片盒充满液体工质。通过的毛细血管与感温包相连，感温包位于蒸发器出口处。当打开空调，温度未降至所需值时，感温包内工质体积较大，通过膜片盒驱动杠杆机构使触点4保持闭合，压缩机电路接通，制冷系统工作，车内温度继续降低。当车内温度降到一定数值时，感温包内工质体积收缩。通过杠杆机构在弹簧8的作用下，使触点4断开，切断了电磁离合器的电路、制冷系统停止工作。

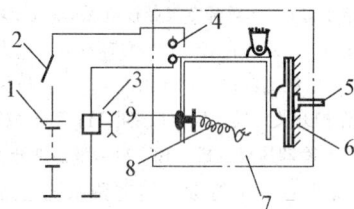

1—蓄电池；2—电源开关；3—电磁离合线圈；4—触点；

5—毛细管；6—膜片盒；7—温度开关；8—弹簧；9—调整螺钉

图6-8　温度开关

三、热敏电阻控制的制冷系统电路

夏利等轿车的空调制冷系统中，由热敏电阻和空调放大器控制压缩机电磁离合器。空调放大器的电路如图6-9所示。热敏电阻安装在制冷系统蒸发器送风出口，是一只负温度系数的热敏电阻。当送风温度升高时，热敏电阻值减小；反之，阻值增大。另有一只与热敏电阻相串联的电位器，可通过该电位器设置空调系统的送风温度。在湿度控制电位器设定后，放大器中B点的电位高低取决于热敏电阻的大小，当车内温度高于设定温度时，热敏电阻阻值减小，经分压B点电位降低，致使三极管VT3截止，而VT4导通，于是继电器2线圈通电，其触点闭合，压缩机离合器电路接通，制冷系统工作，从而温度下降。当温度降低后，热敏电阻阻值增大，B点电位升高，致使三极管VT3导通，而VT4截止，继电器线圈断电，触点断开，压缩机离合器电路切断，制冷系统停止工作。

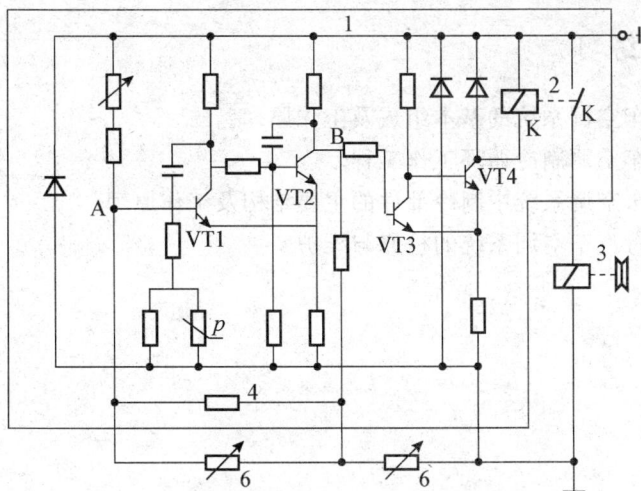

1—放大器；2—继电器；3—电磁离合器；
4—内部电阻；5—热敏电阻；6—温度电位器

图6-9 空调放大器的电路

第四节 空调系统检修与维护

一、空调系统的维护

为保证空调系统的正常工作，加强日常维护是十分必要的。

（1）经常检查空调压缩机皮带的质量和松紧度。

（2）定期清洁冷凝器和蒸发器表面，保证其正常的热交换。

（3）在不使用空调的季节，不要将压缩机皮带拆下，最好每星期开动一次，让其运转10分钟。

（4）经常检查制冷系统有无泄漏，可用卤素检漏仪检查，制冷剂无泄漏时卤素颜色呈苍蓝色，微漏时呈浅蓝色，泄漏严重呈浅蓝或紫色。

（5）精确控制空调系统中的润滑油量，若压缩机油量不足，会加剧压缩机的磨损，过多将会降低热交换效率，影响制冷效果。

二、维修空调须注意的事项

（1）要避免身体直接接触制冷剂，以防造成冻伤，须戴上防护眼镜和手套。

（2）维修空调要在通风良好的场所进行，以防制冷剂泄漏造成人的窒息。

（3）不要将制冷剂排放到大气中去，以防对大气臭氧层的破坏，须进行妥善处理。

（4）避免制冷剂遇明火，遇明火后将产生有毒物质。

（5）注意制冷剂 R12 和 R-134a 不能通用。

（6）装有制冷剂的容器不许加热或直接在阳光下照射。

思考与练习

6-1 简述汽车空调系统的基本组成及工作原理。

6-2 简述汽车空调制冷循环工作工程。

6-3 简述汽车空调系统中制冷部件的主要结构及工作原理。

6-4 如何进行汽车空调系统的检修与维护？

第七章　安全气囊

汽车的安全性分为两大类：一类是汽车的主动安全性；另一类是汽车的被动安全性。主动安全性就是采用各种措施避免事故的发生；被动安全性则是在汽车发生事故后，尽量减轻对人的伤害和财产的损失。安全气囊系统就是一种被动安全性的保护系统，它与座椅安全带配合使用，可以为成员提供十分有效的防撞保护。在轿车上普及安全气囊是大势所趋。最初安全气囊主要装备在驾驶员一侧，现代轿车上不仅装备有双安全气囊（即驾驶员一侧的安全气囊和前乘员一侧的安全气囊），而且装备有后座安全气囊、侧碰撞安全气囊。

第一节　安全气囊系统的作用和基本类型

一、安全气囊系统的作用

安全气囊系统又称 SRS（Supplement Restraint System），是现代汽车广泛采用的一种乘员安全保护装置。

当车辆发生意外碰撞时，若碰撞冲击力超过规定限度，位于转向盘的驾驶员气囊和乘客前侧的乘客气囊引爆张开，缓冲驾驶员和前乘员的碰撞冲击，保护驾驶员和前乘员的安全。碰撞终了时，气囊经排气口排出其中的气体，解除对前驾驶员和前乘员的约束作用。

二、安全气囊系统的基本类型

1. 单安全气囊系统和双安全气囊系统

按照系统中气囊的数量分类，可分为系统单安全气囊系统和双安全气囊系统。单安全气囊系统，只在驾驶员转向盘上安装一个安全气囊；双安全气囊系统，在驾驶员转向盘和前乘员前仪表台上各安装一个安全气囊。在个别高级轿车上还安装有后排乘员安全气囊。

2. 正面碰撞安全气囊系统和侧面碰撞安全气囊系统

按照系统的保护作用分类，可分为正面碰撞安全气囊系统和侧面碰撞安全气囊系统。正面碰撞安全气囊系统，在车辆发生正面碰撞时起安全保护作用；侧面碰撞安全气囊系统，在车辆发生侧面碰撞时起安全保护作用。侧面碰撞安全气囊系统通常是在正面碰撞安全气囊系统的基础上发展起来的。

3. 机械控制式和电子控制式安全气囊系统

按照气囊引爆控制方式分类，可分为机械控制式和电子控制式两类。机械控制式安全气囊，采用机械方式检测和引爆气囊，目前已很少使用。电子控制式安全气囊，采用碰撞传感器和电控单元检测和控制安全气囊的引爆，是目前广泛采用的控制方式。

4. 智能型安全气囊系统和非智能型安全气囊系统

智能型安全气囊系统，将安全气囊系统与安全带相结合，根据座椅上是否有乘员和是否系好安全带，控制安全气囊系统的引爆时机和安全带收紧器；非智能型安全气囊系统，安全气囊系统和安全带的保护作用相互独立。

第二节　安全气囊系统的基本组成

安全气囊系统主要由碰撞传感器、电子控制器（ECU）、气囊组件、警告与诊断系统等部分组成。

一、碰撞传感器

碰撞传感器用来检测汽车碰撞的强度，并转换为电信号输入气囊 ECU，由 ECU 判定是否展开安全气囊，产生保护功能。设计时一般认为，若汽车以 40 km/h 的车速与一辆正在停放的同样大小的汽车相碰撞，或者以不低于 22 km/h 的车速迎面撞到一个不可变形的固定障碍物上时，其产生的碰撞强度足以危及驾驶员和乘员的安全，应即时展开安全气囊。

碰撞传感器有多种结构型式，图 7-1 所示是常见的偏心式机电传感器。传感器由偏心转子、偏心重块、固定触点、旋转触点等部件组成，如图 7-1（a）所示。其工作原理如图 7-1（b）所示，当汽车正常行驶时，偏心转子和偏心重块在螺旋弹簧回复力的作用下，顶靠在与外壳相连的止动块上，处于平衡状态，此时转子上安装的旋转触点与固定触点不接触，相当于开关"OFF"。当汽车发生碰撞时，偏心重块在碰撞能量的冲击下带动着偏心转子克服弹簧的回复力而顺时针旋转一定角度。当碰撞强度达到设定值时，旋转后的偏心转子将使旋转触点与固定触点接触，相当于开关"ON"，即向 ECU 输入一个碰撞信号。

图 7-2 所示是另一种广泛应用的碰撞传感器。汽车正常行驶时，小钢球受磁场吸引力约束，保持在图示位置。当汽车发生碰撞时，小钢球克服磁场吸力和套筒与钢球之间间隙的空气黏性阻面向前运动，在设定的碰撞强度下，钢球移至触点处将触点电路接通，向 ECU 输入一个碰撞信号。

一辆车通常装有 2~4 个碰撞传感器，前左、右挡泥板各装一个，称其为前安全气囊传感器，有的车在前而保险杠中间还装一个。为了检测侧向碰撞，有的车在汽车的左右侧还装有碰撞传感器。

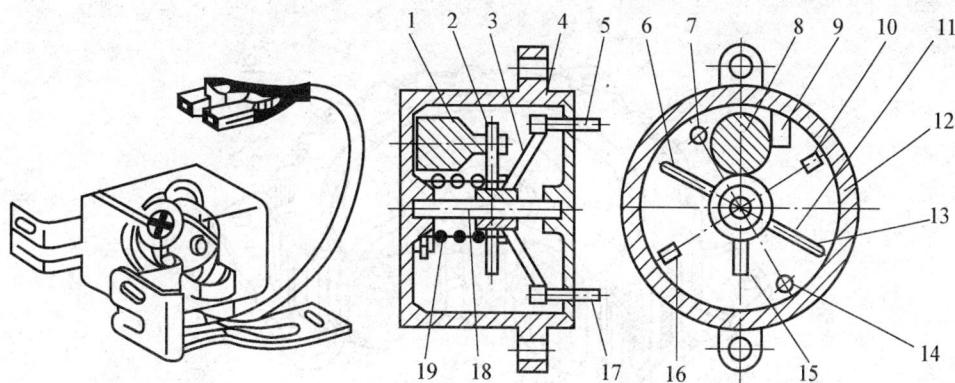

(a)碰撞结构图

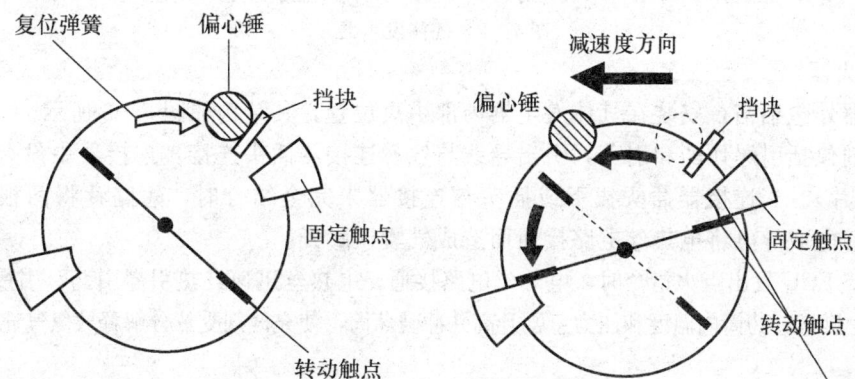

复位弹簧　偏心锤

挡块

固定触点

转动触点

减速度方向

偏心锤

挡块

固定触点

转动触点

(b)碰撞原理图

1，8—偏心锤；2，15—偏心锤臂；3—触桥；4，12—外壳；5，7，14，17—引出端；

6，11，13—动触头；9—止位块；10，16—静触头；18—偏心轴；19—扭力弹簧

图 7-1　碰撞传感器

二、气囊组件

气囊组件主要由气体发生器、点火器、气囊、饰盖和底板组成。驾驶员侧气囊组件位于方向盘中心处，副驾驶员侧气囊组件装于仪表板右侧上方。

1. 气体发生器

气体发生器又称充气器，用于在点火器引爆点火剂时，产生气体向气囊充气，使气囊膨开。气体发生器用专用螺栓和专用螺母固定在气囊支架上，装配时只能用专用工具进行装配。气体发生器由上盖、下盖、充气剂（片状叠氮化钠）和金属滤网组成，如图 7-2所示。上盖有若干个充气孔，充气孔有长方孔和圆孔两种。下盖上有安装孔，以便气体发生器安装到气囊支架上。上盖与下盖用冷压工艺装成一体，壳体内装充气剂、滤网和点火器。金属滤网安放在气体发生器的内表面，用以过滤充气剂和点火剂燃烧后的渣粒。

目前，大多数气体发生器都是利用热效反应产生氮气而充入气囊。在点火器引爆点火剂的瞬间，点火剂会产生大量热量，氮化钠受热立即分解释放氮气，并从充气孔充入气囊。

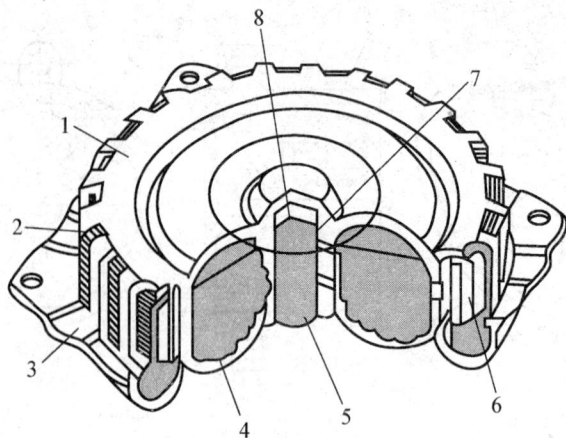

1—上盖；2—充气孔；3—下盖；4—充气剂；5—点火器药筒；6—金属滤网；7—电热丝；8—引爆炸药

图 7-2 气体发生器

2. 点火器

点火器外包铝箔，安装在气体发生器内部中央位置，其结构如图 7-3 所示。

点火剂包括引爆炸药和引药，引出导线与气囊连接器插头连接，连接器中设有短路片（铜质弹簧片）。当连接器插头拔下或插头与连接器未完全结合时，短路片将两根引线短接，防止静电或导电将电热丝电路接通而造成气囊误膨开。

当 SRS ECU 发出点火指令时，电热丝电路接通，电热丝迅速红热引爆引药，引爆炸药瞬间爆炸产生热量，药筒内温度和压力急剧升高并冲破药筒，使充气剂受热分解释放氮气充入气囊。

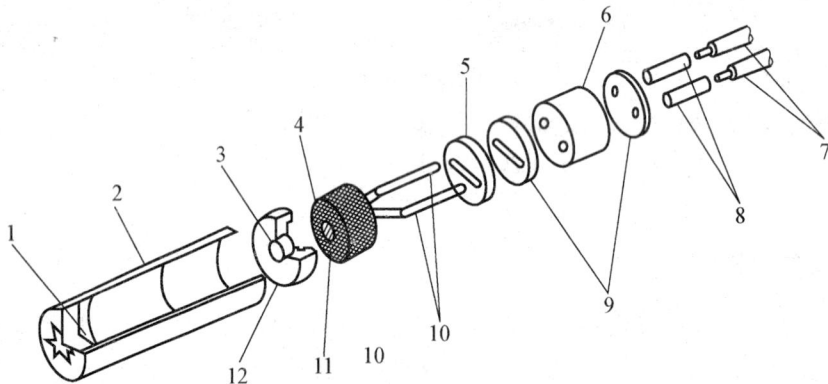

1—引爆炸药；2—药筒；3—引药；4—电热丝；5—陶瓷片；6—永久磁铁；
7—引出导线；8—绝缘套管；9—绝缘垫片；10—电极；11—电热头；12—药托

图 7-3 点火器分解图

3. 气囊

气囊按布置位置可分为驾驶员侧气囊、乘客侧气囊、后排气囊、侧面气囊、顶部气囊等，按大小可分为保护整个上身的大型气囊和主要保护面部的小型护面气囊。护面气囊成本较低，但一定要和座椅安全带配合使用才有保护作用。由于欧洲车普遍使用安全气囊，所以欧洲汽车多采用小型气囊。美国汽车则针对未使用安全带设计，采用了大型气囊。目前汽车上配置的气囊数量有增多的趋势，别克 1995 年推出的概念车 XP2000 配备有 8 个安全气囊。

驾驶员侧气囊多采用尼龙布涂氯丁橡胶或有机硅制成。橡胶涂层起密封和引燃作用，气囊背面有两个泄气孔，乘客侧气囊没有涂层，靠尼龙布本身的孔隙泄气。

4. 饰盖

饰盖是气囊组件的盖板，上面模制有撕缝，以便气囊能冲破饰盖膨开。

5. 底板

气囊和充气器装在底板上，底板装在方向盘或车身上，气囊膨开时，底板承受气囊的反力。

三、SRS 提示灯

SRS 提示灯位于仪表板上，接通点火开关时，诊断单元对系统进行自检，若 SRS 提示灯点亮 6 s 后熄灭表示系统正常，若 6 s 后依然闪烁或长亮不熄，表示气囊系统出现故障，提示应进行检修。

若 ECU 出现异常，不能控制 SRS 提示灯，SRS 提示灯便在其他电路的直接控制下，作出异常显示，如 ECU 无点火电压，提示灯长亮；ECU 无内部工作电压，提示灯常亮；ECU 不工作，提示灯在看门狗电路的控制下，以 3 次/s 的频率闪烁；ECU 未接通，提示灯经线束连接器的短接条接通。

四、ECU

ECU 主要由 SRS 逻辑模块、信号处理电路、备用电源电路、保护电路和稳压电路等组成，保险传感器一般与 SRS ECU 一起被制作在 SRS 控制组件中。福特汽车公司林肯城市轿车 SRS 控制组件的内部结构如图 7-4 所示。

1. SRS 逻辑模块

SRS 逻辑模块主要用于监测汽车纵向减速度或惯性力是否达到设定值，控制气囊组件中的点火器引爆点火剂。SRS 逻辑模块由模/数转换器、数/模转换器、串行输入/输出接口、只读存储器 ROM、随机存储器 RAM、可擦除可编程只读存储器 EEPROM 和定时器组成。

在汽车行驶过程中，SRS ECU 不断接收前碰撞传感器和防护碰撞传感器传来的车速变化信号，经过数学计算和逻辑判断后，确定是否发生碰撞。当判断结果为发生碰撞时，立即运行控制点火的软件程序，并向点火电路发出点火指令引爆点火剂，点火剂引爆时产生大量热量，使充气剂受热分解释放气体给 SRS 充气。

除此之外，SRS ECU 还要对控制组件中关键部件的电路不断进行诊断测试，并通过 SRS 指示灯和存储在存储器中的故障代码来显示测试结果。仪表板上的 SRS 提示灯可直接向驾驶员提供安全气囊系统的状态信息。逻辑存储器中的状态信息和故障代码可用专用仪器或通过特定方式从串行通信接口调出，以供装配检查与设计参考。

2. 信号处理电路

信号处理电路主要由放大器和滤波器组成，用于对传感器检测的信号进行整形、放大和滤波，以便 SRS ECU 能够接收、识别和处理。

3. 备用电源电路

安全气囊系统有两个电源：一个是汽车电源；另一个是备用电源。备用电源又称为后

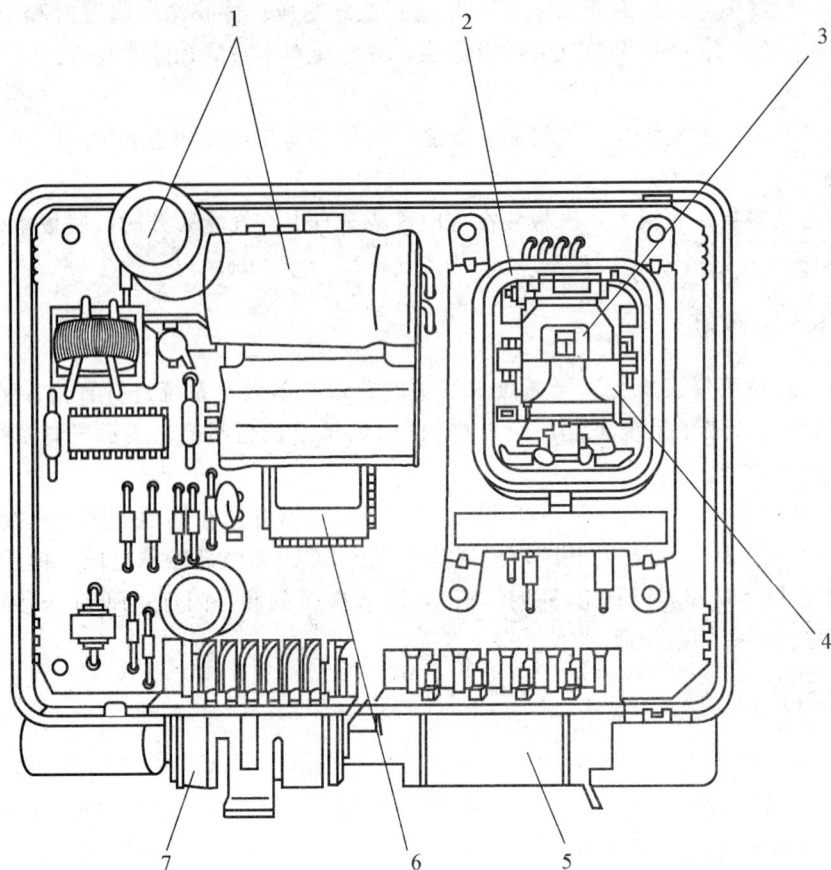

1—能量储存装置（电容）；2—保险传感器总成；3—传感器触点；4—传感器平衡块；

5—四端子连接器；6—逻辑模块；7—SRS ECU 连接器

图 7-4　SRS 控制组件的内部结构

备电源或紧急备用电源。备用电源电路由电源控制电路和两个电容器组成。在单安全气囊系统的控制组件中，设有一个逻辑备用电源和一个点火备用电源。在双安全气囊系统的控制模块中，设有一个逻辑备用电源和两个点火备用电源，即两条点火电路各设一个备用电源。点火开关接通 10 s 后，如果汽车电源电压高于 SRS ECU 的最低工作电压，那么逻辑备用电源和点火备用电源即可完成储能任务。

　　备用电源用于当汽车电源与 SRS 逻辑之间的电路切断后，在一定时间内维持安全气囊系统供电，保持安全气囊系统的正常功能。当汽车遭受碰撞而导致蓄电池和交流发电机与 SRS ECU 之间的电路切断时，逻辑备用电源能在 6 s 内向 ECU 供给电能，保持 ECU 能测出碰撞、发出点火指令等正常功能。点火备用电源能在 6 s 内向点火器供给足够的点火能量引爆点火剂，使充气剂受热分解给气囊充气。时间超过 6 s 后，备用电源供电能力降低，ECU 备用电源不能保证 ECU 测出碰撞和发出点火指令。点火备用电源不能供给最小点火能量，SRS 不能充气膨开。

4. 保护电路和稳压电路

　　在汽车电器系统中，许多电器部件有电感线圈，电器开关多，电器负载变化频繁。当线圈电流接通或切断、开关接通或断开、负载电流突然变化时，都会产生瞬时脉冲电压即过电压。若过电压加到安全气囊系统电路上，系统中的电子元件就可能因电压过高而导致损坏。为了防止安全气囊系统元件遭受损害，SRS ECU中必须设置保护电路。同时，为了保证汽车电源电压变化时，安全气囊系统能够正常工作，还必须设置稳压电路。

各车系的安全气囊系统的组成及结构原理基本相同，图7-5所示为丰田车系安全气囊系统框图。

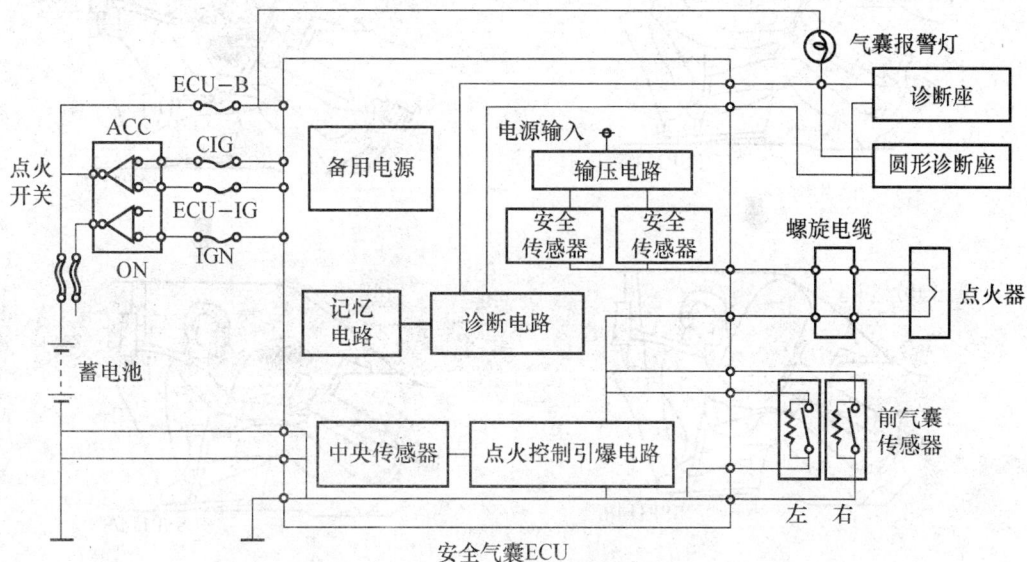

图 7-5 丰田车系安全气囊系统框图

第三节 安全气囊系统的工作过程

波许公司在奥迪汽车上实验研究表明：在车速为 50 km/h 时与前面障壁相撞，安全气囊工作过程如图7-6所示，引爆时序为：

(1) 车辆碰撞 10 ms 后，安全气囊引爆器引爆，使充气剂叠氮化钠分解，产生大量的氮气。驾驶员仍保持在座椅上。

(2) 20 ms 后驾驶员开始移动，但还没有到达气囊。

(3) 40 ms 后气囊已经完全张开，驾驶员逐渐向前移动，安全带拉紧，人体部分冲击能量被安全带吸收。

(4) 60 ms 后驾驶员已经开始沉向气囊。

(5) 80 ms 后驾驶员的头部和身体上部沉向气囊。气囊的排气口打开，其中的气体在高压下匀速地选出，以吸收人体与气囊碰撞能量。

(6) 110 ms 后车速已降为 0。

(7) 120 ms 后驾驶员向前移动已经达到最大距离，随后身体开始后移，大部分气体已从气囊中选出，前方又恢复了清晰的视野。

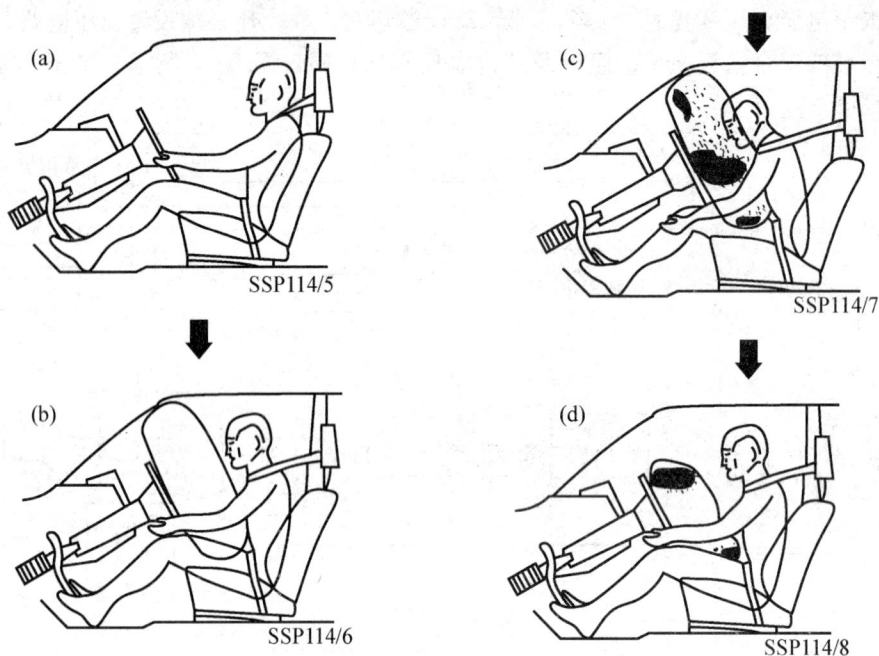

图 7-6 安全气囊工作过程

第四节 安全气囊系统故障码读取和消除

不同的公司和车型，安全气囊系统故障码的读取方法不尽相同，下面结合丰田车型介绍一种常用的方法。

一、故障码读取

故障码的读取方法如下：

（1）将点火开关转到"ON"位置，SRS 指示灯亮 6 s 后熄灭表示系统正常；若 SRS 指示灯不能熄灭，则按下列步骤读取故障码。

（2）点火开关仍在"ON"位置，20 s 后用导线跨接仪表板下方的圆形诊断座下 T_C 和 E1 端子，如图 7-7 所示，即可通过 SRS 指示灯读取故障码。故障码的闪烁方式如图 7-8 所示。系统各故障码内容如表 7-1 所示。

（3）若系统正常，SRS 指示灯以每秒两次的频率连续闪烁。

（4）故障码读取完毕后，关断点火开关至"OFF"位置，取下跨接导线。

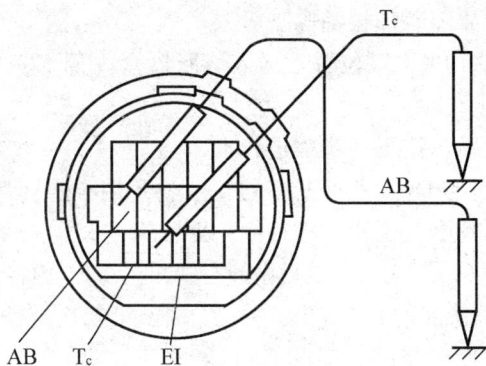

图 7-7 圆形诊断座 T_c 和 E1 端子

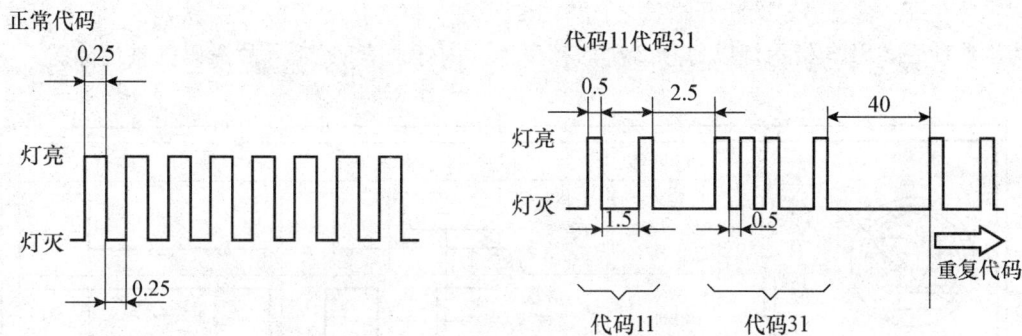

图 7-8 故障码的闪烁方式

表 7-1   丰田凌志安全气囊系统故障码及其内容

故障码	故障内容	故障码	故障内容
11	安全气囊点火线路到搭铁线路（D＋，D－）或前碰撞传感器内部线路短路（S＋，S－）或 SRS 电路搭铁不良	41	SRS 电脑曾记忆故障码
12	驾驶员安全气囊点火线路到电源线路；前碰撞传感器线路断路	53	前乘员安全气囊 P＋与 P－之间短路
13	驾驶员安全气囊	54	前乘员安全气囊点火线路断路
14	驾驶员安全气囊	63	左安全带收紧机构电路短路
15	前碰撞传感器线路断路	64	左安全带收紧机构电路断路
22	SRS 指示灯电路故障	73	右安全带收紧机构电路短路
24	安全气囊接线端子接触不良	74	右安全带收紧机构电路断路
31	SRS 电脑不良		

二、故障码的消除

排除故障后，应先消除除 41 号以外的故障码，此时 SRS 指示灯仍亮，需再次读取故障码，若故障码为正常码，表明故障已完全排除，最后再消除 41 号故障码。

（1）消除除 41 号以外的故障码，按下列步骤进行：

①将点火开关转到"OFF"位置。

②拔下熔断器盒内的 ECU－B（15A）熔断器，或拆下蓄电池负极搭铁线 10 s 或更长

的时间，除 41 号以外的故障码即被消除。

③将点火开关转到"LOCK"位置，插入熔断器盒内的 ECU－B（15 A）熔断器，或连接蓄电池负极搭铁线。

（2）消除 41 号故障码，按下列步骤进行。

①用两根跨接线分别与 DCL 乙诊断座的 T_C，AB 端子连接，如图 7-9 所示。

②将点火开关转到"ON"位置，等待 6 s 以上。

③先将 T_C 端子搭铁（1±0.5）s，然后中断搭铁并在 0.2 s 内将 AB 端子搭铁（1±0.5）s。

④在 AB 端子断开搭铁前的 0.2 s 内，将 T_C 端子第二次搭铁（1±0.5）s。

⑤在 T_C 端子第二次断开搭铁之前 0.2 s 内，将 AB 端子第二次搭铁（1±0.5）s。

⑥在 AB 端子断开搭铁前的 0.2 s 内，将 T_C 端子第三次搭铁（1±0.5）s。

⑦在 T_C 端子第三次断开搭铁之前 0.2 s 入内，将 AB 端子断开搭铁，T_C 端子保持搭铁，数秒后，SRS 指示灯以每秒 2 次的频率连续闪烁，表明 41 号故障码已被消除。

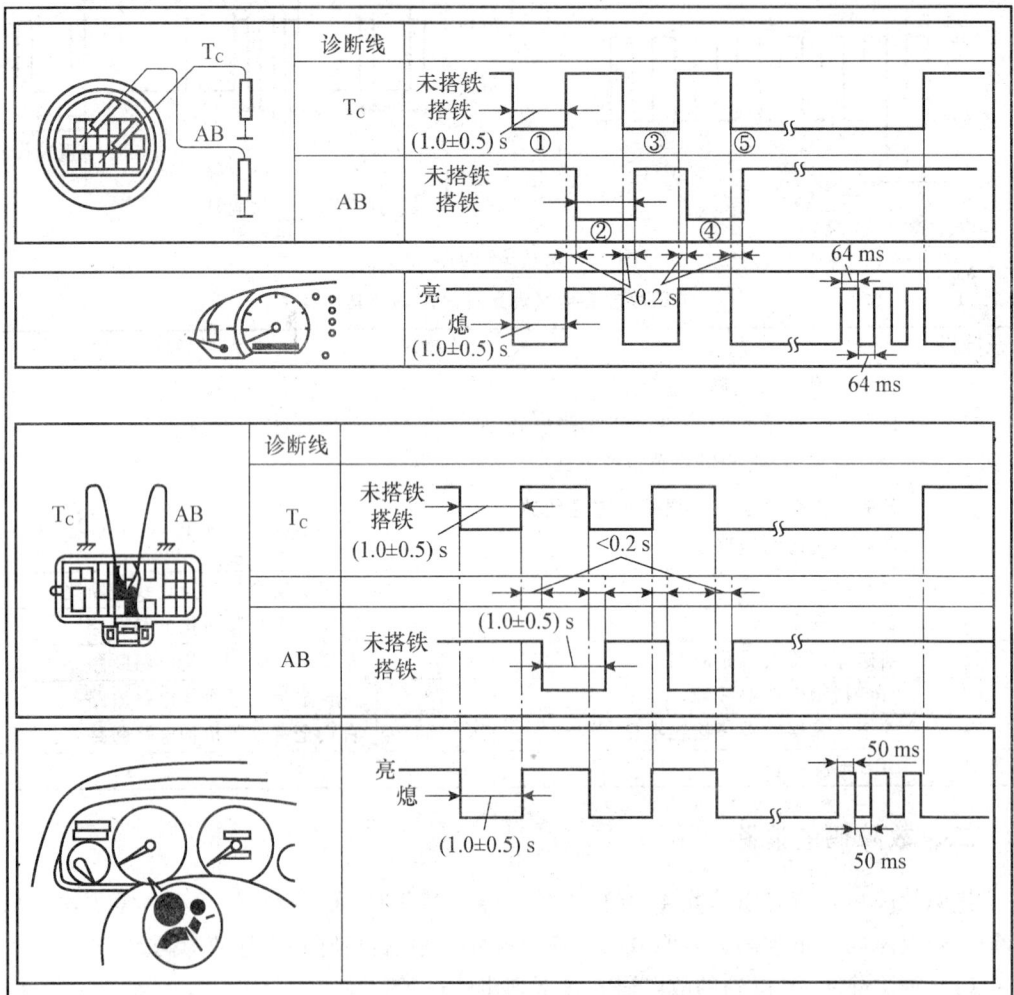

图 7-9　代码 41 的消除程序

第五节 安全气囊的维护与故障处理

一、安全注意事项

（1）安全气囊组件要采用原厂包装，用货仓装运，不得与其他危险品一起运输。

（2）对安全气囊系统的任何作业均应先拆下蓄电池搭铁线，拆下备用电源插座，等30 s以后再进行，以免造成气囊误爆。

（3）安全气囊组件和控制模块要避免受到磕碰和震动。存放气囊时应将缓冲垫方向朝上。

（4）对安全气囊的电气测试最好待系统安装好后由计算机自检，切不可用万用表测量引爆器电阻，以免造成气囊误爆。

（5）不得擅自改动安全气囊线路及元件。

二、安全气囊的拆卸与装复

对安全气囊系统进行检查或更换元件的作业应遵循下列程序：拆卸驾驶员方向盘上的气囊，按（1），（2），（3）步骤进行，拆卸乘客侧气囊，按（1），（4），（5），（6）步骤进行。

1. 安全气囊的拆卸步骤

（1）拆下蓄电池搭铁线，拔下备用电源插头。

（2）拆下气囊组件与方向盘的紧固螺母。

（3）拆下方向盘上的气囊组件插接器，此时螺旋弹簧线端插接器自动短接，系统保留自诊断功能。

（4）打开工具箱盖并完全翻下来。

（5）拔下乘客侧气囊插接器（线束侧气囊插头会自动短接）。

（6）重新接上蓄电池负极搭铁线。

2. 完成检查修理后，按下列程序装复

（1）重新确认拆下蓄电池搭铁线未接上或拆下蓄电池。

（2）接上方向盘气囊插接器，并将气囊装到方向盘上，调准位置，并加以固定。

（3）接上乘客侧气囊插接器。

（4）合上工具箱盖。

（5）接上蓄电池搭铁线。

（6）查验气囊故障报警灯是否工作正常。

三、更换安全气囊部件

安全气囊系统元件不允许拆开和修理，拆下的旧件不允许再使用，更换元件一定要是新的。如因撞车事故使安全气囊已被引爆，为安全起见，不能只更换气囊，而要更换系统所有元件。汽车使用10年后气囊未被引爆，也必须更换气囊总成，有些汽车贴有更换日期标签。

思考与练习

7-1 简述汽车安全气囊系统的作用。

7-2 简述汽车安全气囊系统的基本类型。

7-3 简述汽车安全气囊系统的组成及功能。

7-4 简述汽车安全气囊系统的工作过程。

7-5 如何进行汽车安全气囊系统的维护与故障处理?

第八章 中控门锁和防盗系统

现代汽车盗窃事故已是全球性的问题，可以说是在反盗窃的斗争中发展了汽车的防盗技术。为提高汽车的安全防盗性能，现在不仅在高级轿车上装置有防盗系统，就连普通的货车和摩托车上大多都安装了防盗装置。买了车之后，最关心的就是汽车的防盗性能了，尽管现在一般的轿车上都有原配的汽车防盗装置，但细心的车主还会给自己的爱车装上第二个守护神。

第一节 汽车中控门锁与防盗系统的普及和发展

汽车中控门锁与防盗系统伴随着社会治安问题的日益严重而引起人们的注意，随着科学技术的发展而越来越科学和严密。

一、汽车防盗装置法规

为了有效防止盗车事件，必须从法律的实施和引进汽车防盗报警装置两个方面来解决。现在美国已有要求车辆装备防盗报警系统的法律通告。在美国，从法律上分为3类：

（1）"FMVSS"（美国联邦汽车安全标准），其内容规定：当车主未拔出点火钥匙，而开启车门，则会立即向车主报警。其中包括声音报警。

（2）对于盗车高发地区和高被盗车种，其车辆的保险金采取高保险率。

（3）按照从1986年起实施的汽车防盗法令，即"对于盗车率超过规定的车种，汽车制造公司必须对特定部件予以明显标记"，涉及65个车种。由此提高了制造成本，但是，由于安装防盗报警装置，减少了盗车率。防盗效果被美国高速公路交通局（NHTSA）（National Highway Traffic Safety Administration）认可的车种，可以免除特种标记，从而增加了防盗报警装置作为工厂标准装备数量。

澳大利亚安全法规规定：防盗装置必须阻止发动机正常工作，并阻止非法使用车辆，防盗车辆处于防盗位置时，车辆既不能转向，也不能挂上前进挡，或者不能解除制动，除非拆除或破坏防盗锁装置。

我国对车辆防盗产品实行了市场准入制度和管理，2000年国家质量技术监督局和公安部联合发布了第12号令《安全技术防范产品管理办法》，有的地方政府也发布了地方性管理规定（如1999年北京市人民政府发布了第47号令《北京市安全技术防范管理规定》），因此对车辆防盗产品的生产、销售、安装与服务的条件、资质、监管都有法可依。

二、中控门锁与防盗系统的应用和发展

汽车盗窃已成为世界一大公害。为解决汽车失窃问题，各国竞相研制出各种附加的汽车防盗器。现在市场上出售的国产车如奥迪 A6、帕萨特 B5、桑塔纳 3000、桑塔纳世纪新秀、一汽大众宝来、新款捷达以及进口车型包括奔驰、宝马、捷豹、VOLVO 等都带有防盗系统。汽车防盗装置已经由初期的机械控制，发展成为电子密码、遥控呼救、信息报警等高科技产品。早期的防盗装置主要用于控制门锁、门窗、启动器、制动器、切断供油等联锁机构，以及为防止盗贼拆卸零件而设计的专用套筒扳手。随着科技的发展，汽车防盗装置日趋严密和完善，向着智能程度更高的芯片式和网络式发展。

1. 钥匙防盗技术

美国得克萨斯仪器公司下属的一家子公司利用无线电射频技术，研制成功一种"汽车识别钥匙"。其原理是：将射频发射应答器嵌入汽车钥匙中，在此应答器中储存有与特定车辆相吻合的特别识别码；当把识别钥匙插入电源开关并转动时，安装在点火锁内部的转发器就读入钥匙中的识别码，然后与汽车内的识别码识别器之间产生一种无线电信号。如果钥匙中的识别码与识别器的编码相一致，汽车就可以发动。否则，就不会接通电源，并且锁定点火系和供油系统，汽车无法启动。此技术现已被福特汽车公司所采用。

2. 变密码防浇技术

这种汽车装配有"电子开门钥匙"红外线遥控器。发射出肉眼看不见的多次变换密码的光信号。它由微型计算机与发动机的电子控制单元（ECU）相连。当车门锁闭时，能切断全部功能。这种防盗装置之所以能绝对防盗。就在于密码的随时变换，只有与之相应的遥控器才能使用和识别密码。德国梅塞德斯一奔驰公司于 1994 年 12 月 1 日开始生产首批绝对防盗豪华轿车。

3. 电子追踪防盗技术

澳大利亚一家公司发明的电子追踪防盗技术是电子标识和追踪雷达系统的结合，能在 14 m 之内对行驶的汽车进行监视和识别。每个标识都有一个硅集成电路和发射装置。标识可发射车主要求的密码电波，出厂时装在车内。追踪雷达系统则装在道路的交通标志灯上，接收和识别每一辆行驶过的车辆电波，警察据此扣留改配车辆。

4. 感应式汽车防盗技术

以前的汽车防盗器是盗贼触动点火开关、转向盘等地方才会报警。现在最新式的汽车防盗器是利用传感技术防盗的。

5. 法国的代码防盗技术

法国雪铁龙和标致汽车公司研制成功一种用代码防止汽车启动的装置。该装置很有效率又有约束性，因为每次启动汽车前，必须输入代码才行。这一技术已为新型雷诺车采用。

6. 防盗自动车门锁

韩国开发了一种不用钥匙而用遥控器的新型自动外关车门装置，有遥控器的驾驶员接近自己的汽车约 1 m 时，就可以自动打开车门。同样，驾驶员在发出关门信号的 1 s 内，车门即时自动锁闭。对于不带遥控装置的任何人，若想移动车门或强制开门，报警器就会连续鸣叫 20 s，并切断点火系电路。另外，如果因汽车需别人移动时，只要按下车内的开关，该系统就停止工作。

7. 生物特征式电子锁

美国的克莱斯勒公司与法国的尼曼公司合作研制一种生物特征式电子锁。它是将声音、指纹等人体生物特征作为密码输入，由电脑进行识别，控制开锁。因此电子锁的智能化程度相当高。这也是汽车防盗电子锁的一种发展趋势。

8. 汽车条码防盗器

汽车条码防盗器是在总结了现有诸多防盗装置的特性后，发明的一种汽车防盗装置。条码内电脑编排后再加工，同品牌、同类型、同型号、同排气量汽车条码各异，互不通用。此条码技术的最大特点是采取控制汽车中枢神经的方式进行防盗。不论大车、小车，还是高、中、低档车均可采用。使用此项技术的车辆，可保证即使盗贼进入汽车内，启动发动机后也不能开走。

9. 车用安全智能芯片研制

近日，Excel 微电子公司成功研制出了世界第一种工业变码接触安全芯片（sure lock），目前该芯片已用于汽车锁具、控制门锁、点火开关等相关的场合。该芯片成对工作，芯片的密码系统采用极为复杂的变码技术，每次被识别后就会改变其 32 位字母，要想仿制一个芯片并与密码匹配需用 40 亿次试验，约 13 年时间。

芯片的安装形式多样，可为表面安装，也可为单独的模式。前者可直接装在车内的电路中。后者安装在锁芯内部。当钥匙插入锁孔时，孔内的 3 个金属刷接触器就与主芯片接通，钥匙上的芯片就能"复活"并与主芯片进行数字"对话"，检查钥匙是否正确。

我国汽车防盗措施也在迅速发展，许多机构正积极努力研制新型汽车防盗装置。比如，已研制成功的一种无线遥控汽车防盗系统，采用国际先进的电子密码技术，具有 2000 万个不重复的编码程序，通过遥控起到防盗、防劫，同时还具有遥控熄火及伺机报警等功能。随着交通公路网络的发展，又有一种防盗措施——CJLS 系统，它由报警发射、网络接收、监控中心三部分组成。监控中心对入网的车辆实行不停的监测服务，当发生盗窃时 CA5 系统能在 15 s 内将移动目标的报警信息传给监控中心，中心在电子地图上准确地显示出案件发生地点、时间、移动方向以及有关车辆的牌照、颜色等信息，并将信息传到"110"指挥中心。

下面介绍奇瑞轿车防盗装置。该装置主要由防盗器控制单元、接收和发射器、带送码器的钥匙、发动机控制单元、点火控制器以及发动机控制单元或起动机与点火控制器之间传递信息的线束等组成（如图 8-1 所示）。其工作原理如下：

（1）当把带有送码器的钥匙插入装备有接收和发射器的锁腔内时，带送码器的钥匙在锁腔的电磁场中获得能量。

（2）防盗器控制单元通过调整发射器的电流来调节电磁场的负荷，从而向送码器传递数据，提出质询。

（3）送码器通过内部预置的算法计算出应答值，再传送给防盗器控制单元。

（4）防盗器控制单元接收到传送应答值后，调整电磁场的负荷，使送码器（钥匙）和防盗器控制单元之间进行相互识别。在上述过程中，如果带送码器的钥匙与防盗器控制单元能够相互识别，防盗器控制单元再与发动机控制单元进行通讯，解除防盗功能，发动机被启动工作。否则，发动机将无法进行工作。在没有发动机控制单元的化油器式发动机上，则是通过起动机和点火控制器来实现防盗作用的。

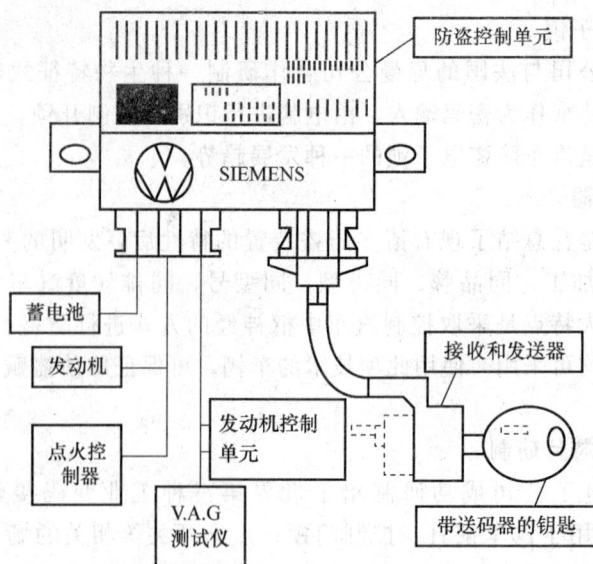

图 8-1 奇瑞轿车防盗系统的组成

第二节 汽车防盗系统

汽车防盗器就是一种安装在车上，用来增加盗车难度，延长盗车时间的装置，是汽车的保护神。它通过将防盗器与汽车电路配接在一起。从而可以达到防止车辆被盗、被侵犯、保护汽车并实现防盗器各种功能的目的。

一、汽车防盗装置的分类

随着科学技术的进步，为对付不断升级的盗车手段，人们研制出各种方式、不同结构的防盗器。目前防盗器按其结构可分四大类：机械式、机电式、电子式和网络式。

1. 机械式防盗器

早期的汽车防盗器材主要是机械式的防盗锁。机械锁发展至今经过了数次技术升级，钩锁、转向盘锁和变速挡锁等基本属于机械式防盗器，它主要是通过锁定离合、制动、油门或转向盘、变速挡来达到防盗的目的，只防盗不报警。其优点是价格便宜，只需几十元至几百元，且安装简便，可以在一定程度上吓阻盗车贼，或增加盗贼被发现的可能性。缺点是防盗不彻底。每次拆装比较麻烦，不用时还得找地方放置。主要有转向盘锁、可拆卸式转向盘、排挡锁、制动器锁及车轮锁等。

目前市场上推出了一种护盘式方向盘锁。这种锁较为隐藏，有一层防锯防钻钢板保护，材质比传统的拐杖锁坚固，锁芯也设计得更加精密。因而可靠性更高，但是车主必须找一个空间藏这个拆下的转向盘。排挡锁是目前车主最欣赏的防盗装置之一，这种防盗装置简便又坚固。材质采用特殊高硬度合金钢制造，防撬、防钻、防锯，且采用同材质镍银合金锁芯和钥匙，没有原厂配备的钥匙极难打开。如果钥匙丢失，可用原厂电脑卡复制钥匙。

2. 机电式防盗装置

随着科学的进步，出现了机电一体式的防盗装置（中央门锁）。中央门锁是以电来控制门锁的开启或锁止，并由驾驶员集中控制所有车门门锁的锁止或开启。中央门锁系统具有下列功能：当锁住（或打开）驾驶员侧车门门锁时，其他几个车门及行李厢都能锁止（或打开）；如钥匙锁门（或打开）也可锁好其他车门和行李厢；在车内个别门锁需要打开时，可分别拉开各自门锁的按钮。

3. 电子式防盗器

为了克服机械锁只防盗不报警的缺点，电子报警防盗器应运而生。汽车电子防盗系统是在原有中央门锁的基础上加设了防盗系统的控制电路，以控制汽车移动的同时并报警。电子防盗是目前较为理想的防盗装置。如果有行窃者盗窃汽车或汽车上的物品，防盗系统不仅具有切断启动电路、点火电路、喷油电路、供油电路和变速电路、将制动锁死等的功能。同时，还会发出不同的求救的声光信号进行报警，给窃贼一个精神上的打击，以阻止窃贼行窃。

插片式、按键式和遥控式等都属于电子式防盗器。遥控式汽车防盗器的特点是可遥控防盗器的全部功能。可靠方便，可带有振动侦测门控保护及微波或红外探头等功能。随着科技的快速发展，遥控式汽车防盗器还增加了许多方便实用的附加功能。如遥控中控门锁、遥控送放冷暖风、遥控电动门窗及遥控开行李舱等。现在市场上已有双向功能的电子防盗器，这种防盗器不仅能由车主遥控车辆，车辆还能将自身状态传送给车主，例如车门被开启或车窗玻璃被破坏等。但是电子防盗器普遍存在误报警现象，而且也没有根本上解决车辆丢失问题。下面主要介绍遥控式汽车防盗器。

4. GPS卫星定位汽车防盗系统

GPS卫星定位汽车防盗系统（或其他网络系统），将报警信息和报警车辆所在位置无声地传送到报警中心，具有车辆定位、遥控熄火、网络查询及跟踪、车内监听、路况信息查询、人工导航等多种功能，是全方位的防盗系统。GPS卫星定位汽车防盗系统属网络式防盗器，它主要靠锁定点火或启动达到防盗的目的。同时还可通过GPS卫星定位系统，将报警信息和报警车辆所在位置无声地传送到报警中心。可以在全国范围内实时监测车辆位置，还可以通过车载移动电话监听车内声音。必要时可以通过手机关闭车辆油路、电路并锁死所有门窗。如果GPS防盗器被非法拆卸，它会自己发出报警信息。由于这些系统要构成网络，消除盲区（少数接收不到信号的地区），要靠政府的支持，社会各方面的配合，要有完善的配套设施等，同时价格较为昂贵，所以目前车主选用的为数尚不多。

二、汽车防盗系统技术原理

（一）防盗系统的功能构成

图8-2为防盗系统功能构成简图。由图可见，防盗电控单元ECU接收各种传感器（防盗传感器、车速传感器、各种门的开关以及电机的位置等）发送的信号，根据电控单元ECU中预先存储的数据和编制的程序，通过数学计算和逻辑判断，确定车门是否锁定、车辆是否非法移动、被盗，以便控制各个执行器（门锁电机、发动机电控单元ECU、启动继电器、喇叭、灯光等），从而使汽车处于报警状态。

输入 →　　　　　　　　　　　　　　　　　　　　→ 输出

| 启动功能 |
| 车门关闭 |

| 报警功能 |
| 喇叭鸣叫
前照灯闪光 |

| 输入车厢检测功能 |
| 车门开关 |

| 盗车报警控制回路 |

| 阻止车辆移动功能 |
| 起动机断开
燃油切断 |

| 附加检测功能 |
| 车门锁止开关
点火键筒保护开关
发动机盖开关
行李厢盖开关 |

| 报警接除 |
| 车门锁至开关
点火开关 |

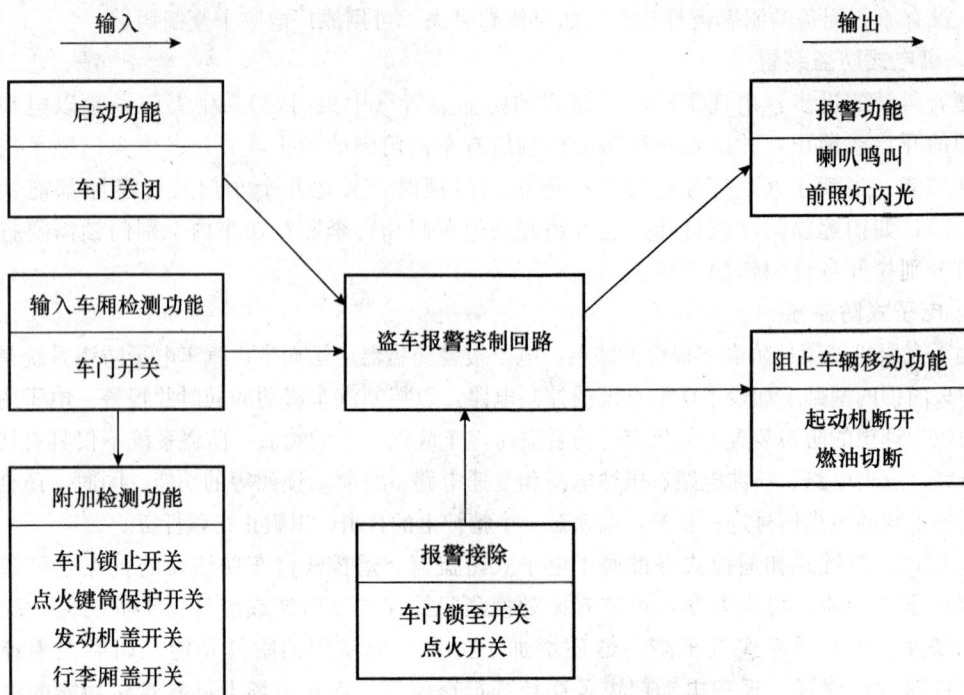

图 8 - 2　防盗系统功能构成简图

（二）防盗系统的基本组成

如图 8 - 3 所示，汽车防盗系统一般由报警调置/解除装置、传感器（或称为检测器）、防盗电空单元（ECU）、报警装置、防止汽车启动和移动装置等组成。

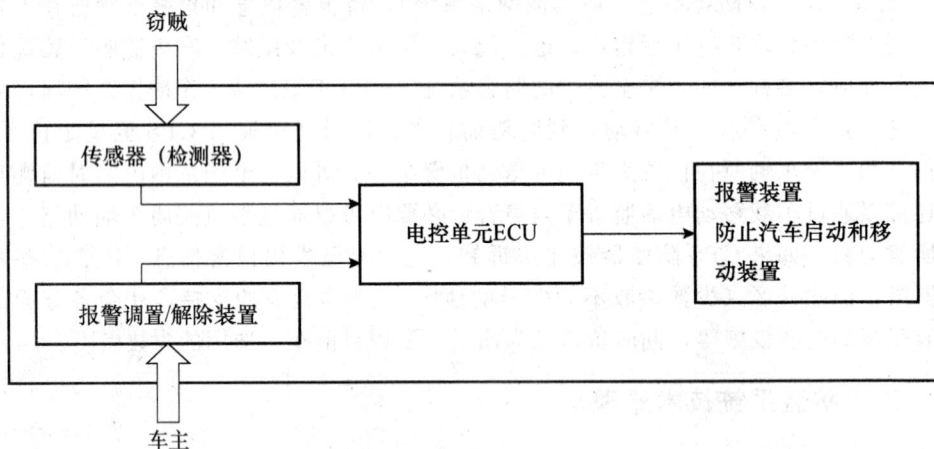

窃贼

| 传感器（检测器） |

| 电控单元ECU |

| 报警装置
防止汽车启动和移动装置 |

| 报警调置/解除装置 |

车主

图 8 - 3　汽车防盗系统的组成

1. 报警调置/解除装置

当所有的车门、发动机底部及行李厢关闭时，车主通过报警调置/解除装置使所有的车门进行锁止，汽车防盗报警系统进入预警状态；当汽车防盗报警系统启动时，设在车内可见位置的工作显示灯开始工作，以保证防盗报警系统正确无误地开始工作，对小偷也是一种心理威慑。

调置方法可分为主动式与被动式两种。主动式是指用于装置启动的特别操作方式，具有暗号开关或密码电源开关板，其典型的方式是无线电或红外线遥控方式，目前市场上这种产品较多。这种方式的优点是在安装上有通用性；缺点是，容易忘记调置，发生疏漏。被动方式则是对驾车者不要求特别操作。当车门关闭后，防盗报警装置能自动进行工作，不会发生忘记装置启动的疏漏，能够提高其防盗效果。通过保险金贴现，商品附加价值增加。目前的高档轿车一般都采用了这种方式。

2. 传感器（检测器）

（1）传感器（检测器）的功用

当防盗报警系统工作时，传感器检测汽车有无异常情况的发生。当汽车被移动或车门被打开时，传感器将检测到的信号传送给防盗电控单元 ECU，防盗电控单元 ECU 根据其内部储存的数据进行比较，判断汽车是否正在被盗。如汽车被盗，防盗电控单元 ECU 输出信号，控制报警装置发出声光报警信号，阻止汽车启动，切断燃油供给。

（2）传感器的类型

汽车防盗系统用传感器按结构可以分为两种类型，一种是机械传感器，另一种是电子传感器。其主要工作原理是当车辆受到震动，或车内有物体移动，或车内有人体热释红外信号产生，传感器首先检测到信号，然后输出一个低电平给系统主机，主机根据此低电平信号的有无，来识别有否盗窃行为发生，以便执行相应的动作。

机械式传感器现在主要安装在早期的车辆上，目前广泛安装的是电子传感器。电子传感器主要有震动式电子传感器、超声波电子传感器和人体红外电子传感器三种类型。机械传感器工作原理简单，本文介绍比较通用的机械传感器、电子震动传感器工作原理，以便读者对其有个基本的了解。

①机械式传感器的结构

机械震动式传感器的内部结构如图 8-4 所示。传感器共有两个接线端子，一端接报警系统主机的防盗行为检测端子（低电平有效），另一端直接搭铁（兼做固定传感器的金属部件），其实机械震动传感器就是一个受震动后而瞬间闭合的开关。在平时，弹性钢片在重锤的作用下与弹性钢片有一定的距离，两个银接触点接触不上，相当于开关断开；当汽车受到震动时，弹性钢片上下抖动，两个银触点相碰一次，就相当于开关闭合一次，也就是给报警系统主机防盗检测端子一个低电平。灵敏度调整螺钉可以改变弹性钢片的位置来改变静态时两个银接触点间的距离，距离越小，则检测灵敏度越高。

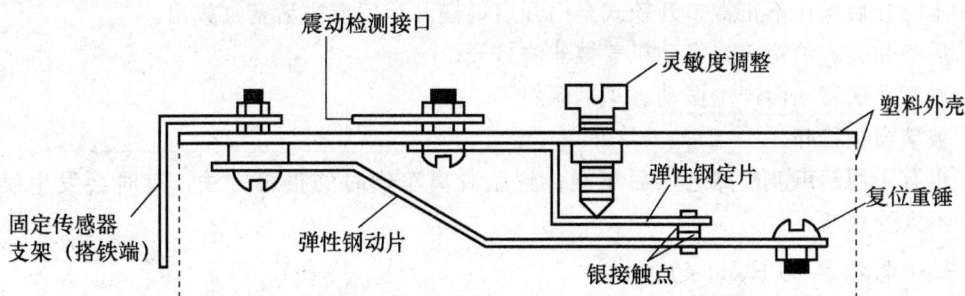

图 8-4 机械震动式传感器的内部结构

②电子震动传感器的应用

该系统以二运放 HA17358（LM358，D358，KA358）芯片为核心电路，以压电陶瓷片或电感线圈为检测器件。电子震动式传感器应用最为广泛，该模式被众多的防盗系统厂家所采用。图 8-5 是"MONSTER"（威龙）汽车防盗系统用电子震动传感器电路原理图。整机电路由机械震动拾取、放大器、电压比较器、电平变换电路等组成。HD 为机械震动拾取元件，是在直径 20 mm 的压电陶瓷片上加焊一段长度为 20 mm 的螺旋状背景簧，其作用是既提高了震动灵敏度又抑制了音频信号的误触发。当汽车受到震动时，HD 将机械动能转换为微弱的电信号，IC1（HA17358）的 A 运放组成的电压放大器进行放大后，由①脚输出，经 VTR1、R4 加在 Q1 的基极。其中 VTR1、R4 组成了 Q1 的静态偏置电路，调整 VTR1 的阻值，可以调整传感器的检测灵敏度。在平时，Q1 在截止状态，其集电极为高电平（约为电源电压），即电压比较器（HA17358 的 B 运放）的反相输入端⑥脚为电源电压，由于其同相输入端⑤脚的电压为 R5 与 R6 分压后获得，此时比较器反向输入端⑥脚电压高于同相输入端⑤脚电压，比较器输出端⑦脚输出低电平，Q2 截止，其集电极为高电平，传感器没有输出。当 HD 检测拾取到机械震动能时，A 运放输出幅度较大的交流信号电压，经 VTR1、R4 加在 Q1 的基极，其交流信号的正半周使 Q1 导通，其集电极电压（B 运放的⑥脚电压）降低，当运放 B 的⑥脚电压低于⑤脚电压时，比较器输出高电平，Q2 由截止变为导通，其集电极变为低电平，相当于输出一个低电平。同时，由于 D1 的负极电位变低，有电流经过 R9 和 D1，D1 发光，作传感器工作有效指示。

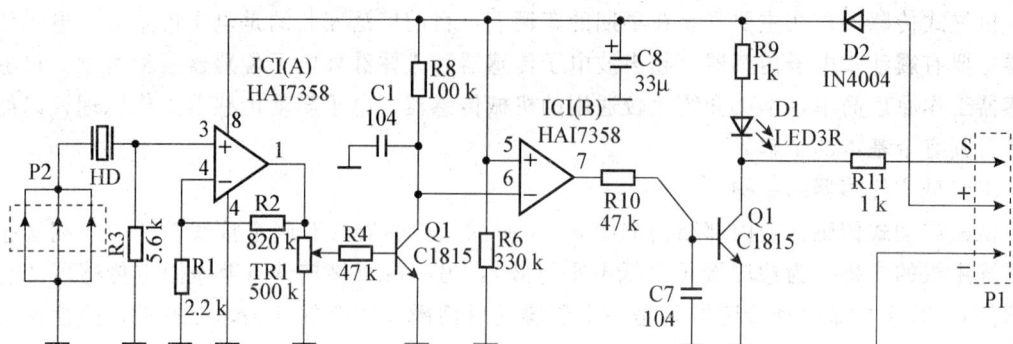

图 8-5 威龙汽车防盗系统用电子震动传感器电路原理图

（3）盗车检测方法

汽车是否被盗，传感器主要通过以下方式进行检测：

①车门开启操作不正常，开锁式车门开启，撬开车门或主活塞缸拔出。

②后备厢盖、油箱盖或发动机盖被非法打开。

③汽车非法移动而产生振动、车辆倾斜。

④玻璃窗被打碎。

⑤也有采用超声波检测进入后车厢、轮胎脱离车辆时的报警方法，有时会发生误动作，并不太受欢迎。

（三）电控单元 ECU 的组成

防盗电控单元 ECU 的基本构成如图 8-6 所示：它主要由输入回路、微型计算机、输出网路、A/D 转换器等组成。

1. 输入回路

从传感器来的信号，首先进入输入回路。在输入回路里，对传感器信号进行预处理，包括检波或滤波、限幅、波形变换等。如车速传感器输入计算机的信号，其幅值是随车速变化的，车速升高时，输出的电压幅值增大；车速降低时，输出的电压幅值减小，电压信号较弱，为了使信号能够输入计算机并被采用，必须在输入回路中将其信号放大、整形。

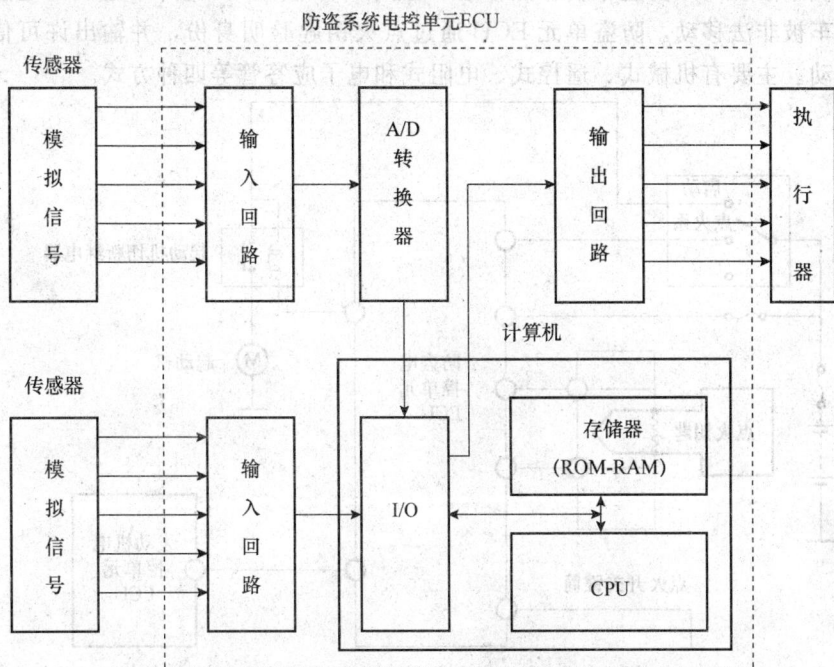

图 8-6 防盗系统单元 ECU 的基本组成

2. A/D 转换器（模拟/数字转换器）

在汽车电控系统中，传感器采集的信号有两种：一种是模拟信号，例如车速信号；另一种是数字信号，如车门开关的输入信号。信号形态不同，输入计算机的处理方法也不同。对于数字信号可直接输入计算机，而对于连续变化的模拟信号，则必须经 A/D 转换器（模拟/数字转换器）转换成计算机能够识别的数字信号后才能输入计算机。

3. 微型计算机

微型计算机是防盗控制系统的神经中枢。它能根据需要把各种传感器送来的信号用内存的程序和数据进行运算处理，并把运算结果（如报警信号）送往输出回路。微型计算机主要有中央处理器（CPU）、存储器、输入/输出口（I/O）等部分组成。

4. 输出回路

输出回路是计算机与执行器之间的中继站，其功能是根据计算机发出的指令，控制执行器动作。由于计算机输出的控制信号是数字量，电压一般为 5 V，不能直接驱动执行器，因此需要输出回路进行放大。如果执行器需要模拟量驱动，那么还需要经过 A/D 转换器转换后，才能控制执行器动作。

（四）报警装置

报警方法通常采用喇叭鸣叫和灯光闪亮的方式，也可采用专用喇叭与普通喇叭进行组合报警方法。

（五）防止汽车的启动和移动装置

作为阻止车辆启动的防盗措施，主要通过切断发动机的启动电路以及通过发动机电控单元间接切断点火系和燃油供给系统来实现。另外也有 ECU 直接切断启动电路、切断点火系和燃油供给系统，以防止车辆非法移动（如图 8-7 所示）。此外，还可以通过点火钥匙来防止汽车被非法移动。防盗单元 ECU 通过点火钥匙验明身份，并输出许可信号，进行发动机启动。主要有机械式、遥控式、电阻式和电子应答管等四种方式。

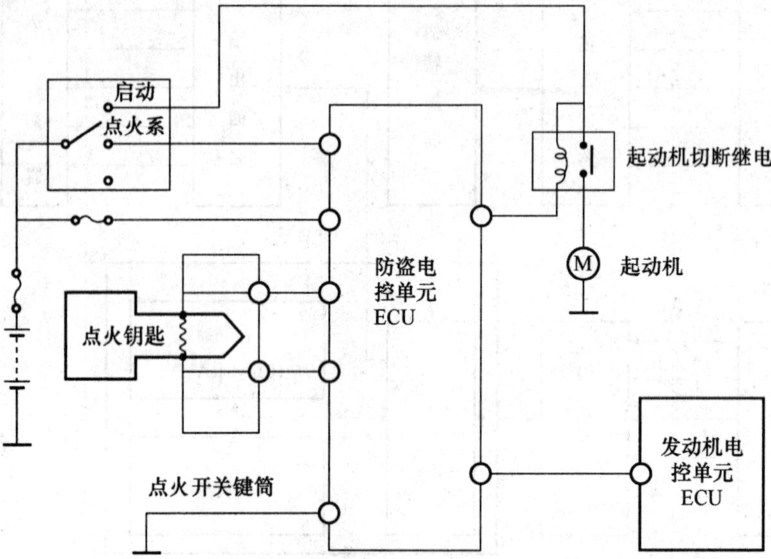

图 8-7　防止汽车非法启动和移动装置

（六）防盗系统组成原理

图 8-8 为汽车防盗装置图，图 8-9 为电子防盗系统的电路图。防盗装置的各个输入信号可以从车门、发动机盖、行李箱接通/断开检测用开关、车门关闭和开启用检测开关、门键筒和保护开关和点火开关获得，大部分则利用原有车辆的开关。但检测出异常情况时，报警喇叭隔一段时间发出鸣叫声；或者用前照灯的闪烁来报警，与此同时处于断开启动电机继电器的状态。

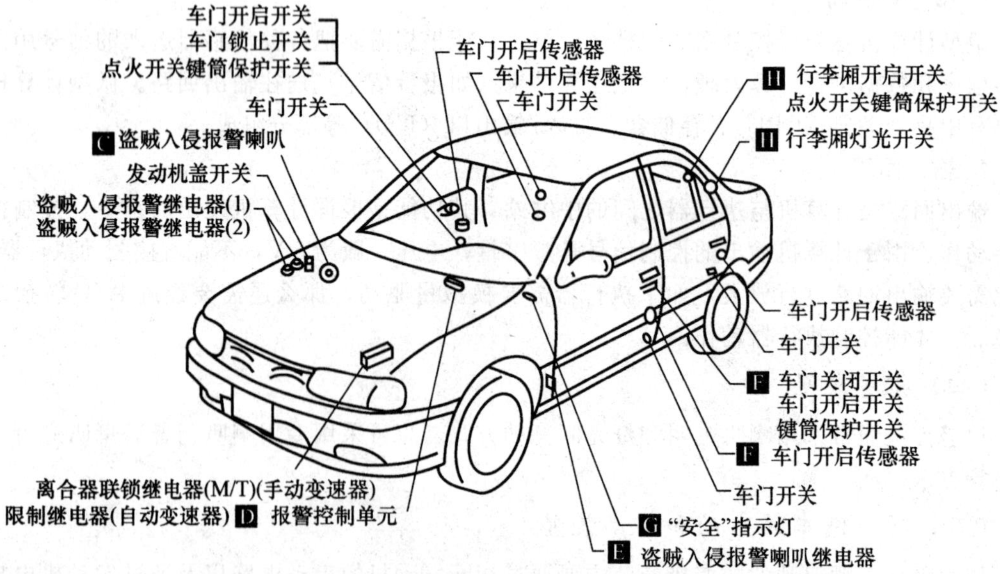

图 8-8　防盗装置在车辆上的布置图

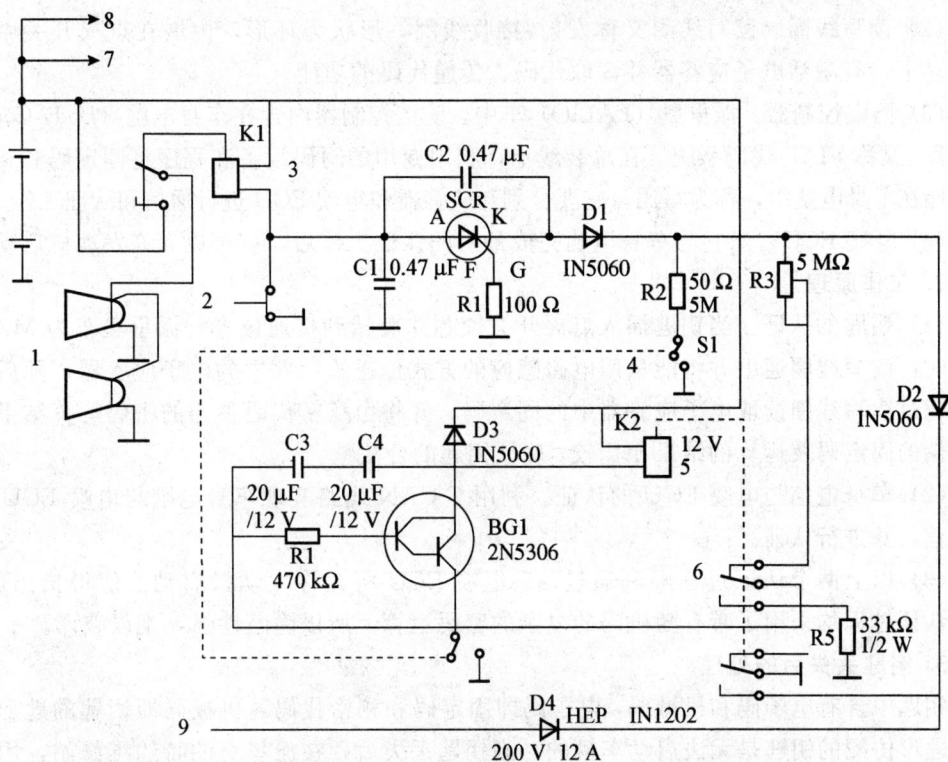

1—电喇叭；2—喇叭按钮；3—喇叭继电器；4—开关；5—继电器；6—触点；
7—至充电系统及电气设备；8—至启动系统；9—至点火断电器触点

图8-9 电子防盗系统电路图

三、典型汽车防盗系统分析

这里主要介绍钥匙识别码防盗系统和遥控门锁声光报警防盗系统原理。

（一）钥匙识别码防盗系统

这种防盗器主要采用控制点火装置的模块，对点火系统进行控制，在车主离开汽车并打开防盗系统后，如有人非法进入车内，并试图用非法配制的点火钥匙启动车辆。这时，点火电路受控制模块防盗装置的作用，拒绝提供发动机运转所需的点火功能，同时也可防止点火开关的线路短接，并通过音响报警装置向车主或车场保管人员通报。以南京-菲亚特生产的派里奥（PALIO）和西耶那（SIENA）为例，原理框图如图8-10所示。

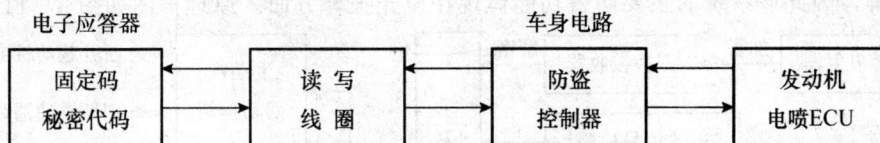

图8-10 识别码防盗系统原理图

1. 主要部件的功能

（1）电子应答器。由一个电子芯片和一个细小的线圈组成的电子应答器封装在钥匙柄中，芯片中写有固定码和秘密代码。每把钥匙的固定码都不相同，所以又称钥匙码。对于同一辆车来说，每把钥匙的秘密代码是相同的。电子应答器采用无源工作方式，所以无需电池。

（2）读写线圈。读写线圈又称发射/接收线圈，形状为环形，内嵌在点火开关中并套在锁芯上。有激活电子应答器并读取代码、传递代码的功能。

（3）防盗控制器。派里奥（PALIO）车中，防盗控制器内含在车身电脑（Body Computer）里，又称 FIAT 代码系统。在总装线上，利用专用的写码设备和程序将固定码和秘密代码存储在车身电脑中，称为写码。它要分别与应答器和电喷 ECU 进行通信和认证工作。

（4）电喷 ECU。当它与车身电脑完成最后的认证工作后，就可以允许发动机启动了。

2. 工作原理

（1）钥匙的认证。当钥匙插入点火开关锁芯并旋转到接通位置（派里奥车为 MAR 位置）时，读写线圈通电并将能量用电磁感应的方式传送给钥匙中的电子应答器，随后车身电脑通过读写线圈读取电子应答器中的固定码，并将由秘密代码参与的密码运算结果与本身存储的固定码及运算的结果相比较，确认钥匙的合法性。

（2）车身电脑与电喷 ECU 的认证。利用 C-CAN 线路实现车身电脑与电喷 ECU 之间的通信，并进行认证。

（3）以上两个认证过程顺利通过后，电喷 ECU 将允许发动机启动。值得指出的是，两个认证过程均采用了带有随机码的复杂的密码运算，所以隐蔽性强，难以破译。

3. 钥匙丢失后的处理

钥匙中含有电子码和机械码，电子码即固定码和秘密代码，机械码即钥匙的匙形。只按照匙形仿配的钥匙是无法启动车辆的。当钥匙丢失后，在派里奥的特约维修站，用专有设备可进行重新编程，将丢失钥匙的固定码列入禁用表中，该钥匙即失效。当配制新钥匙时，需根据用户档案查到车辆的秘密代码，按照相同的秘密代码以及新的固定码配制，当然机械码是相同的。然后还需将该把钥匙的固定码存入车身电脑才可使用。车身电脑中最多可以存有 8 个钥匙码。

从以上介绍可以看出，钥匙识别码防盗系统是相当可靠的，其作用尤其体现在防止非法启动车辆上。

（二）遥控门锁声光报警防盗系统

该系统主要由以下部分组成：电子控制单元、声光警示单元、无线电遥控发射接受单元、编解码单元、门锁启闭单元、开关类信号检知单元以及发动机抑制启动单元等组成。由于该系统通常由没有配备钥匙识别码防盗系统的整车厂选用或者由购车者自行请修理厂加装，其发动机抑制启动单元与电喷 ECU 无法进行数据通讯，所以发动机抑制启动功能易被破解，因此该系统的主要防盗功能体现在声光报警方面。原理框图如图 8-11 所示。

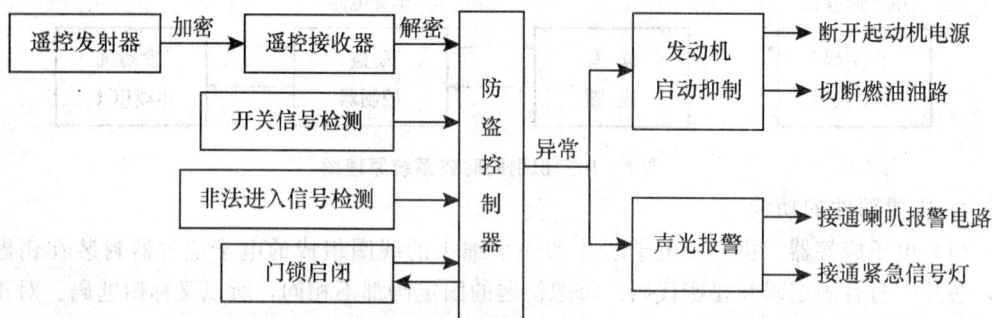

图 8-11　遥控门锁防盗器原理框图

1. 无线发射和接收单元

遥控器发射的加密信号经接收器解密后送到防盗控制器，输出相应信号。

为提高保密性，防止盗码，通常采用跳码技术。每按一次按键，发射器发射出的数字码都不相同，且该数字码是经过运算后得出，毫无规律可循。码长度为数十位，组合数目巨大，几乎不可能通过捕捉后复制或扫描所有的组合来破解密码，防盗系统的保密性和安全性较高。

密码产生：密码由工厂代码和系列码经运算后产生。其中工厂代码是区分不同制造厂商的标志，一般同一制造商使用唯一的工厂代码，而系列码是同一制造商区分不同发射器的标识，不同的遥控器其系列码也不相同。

解密过程：首先将接收的加密数据取出进行解密运算，将结果与防盗控制器上一次记录的数值进行比较，若一致即认为解密成功，同时储存新的同步数值，以备下次按键发射解码使用。

无线发射和接收单元是实现远距离遥控的重要组成部分，其频率应符合无线电管理委员会的规定，我国通常为 315 MHz。对于功率也有限制，根据不同的电路方式和工作电压，其遥控距离约为 6～15 m。

2. 开关类信号检测单元

防盗系统中，车门、引擎盖、行李厢等都没有打开/关闭检测开关。当它们状态发生改变时，防盗系统控制器能检知其变化，并根据是否处于预警状态，而输出相应的控制信息。

3. 非法进入检测单元

该功能通过装在门顶灯附近或车门柱上的超声波传感器实现。

4. 发动机抑制启动单元

当车子处于预警状态时，若出现异常因素（如非法开门等）防盗系统应能做出反应，输出相应的声光信息告警，同时能切断诸如启动马达电源、油路等以阻止车辆发动。甚至可以通过无线传呼或车载免提电话通知车主。

5. 门锁启闭单元

防盗系统应包含遥控和手控中央控制门锁功能，在进入遥控防盗预警设定同时，门锁启动器动作，由防盗系统控制器输出正脉冲，车门全部上锁。若通过非法方式将门打开，则防盗系统控制器输出相应的控制信号。遥控防盗预警解除时，门锁启动器同时动作，由防盗系统输出负脉冲，车门全部开锁。门锁同时动作，声光警示单元输出相应的信息提示操作的有效性。

6. 防盗系统控制单元

防盗系统控制单元是防盗系统的控制中枢。所有收集到的信息和发出的控制命令都通过该单元完成。

防盗系统控制器的信号处理部分一般由微处理器组成，包含开关类电信号转换电路、车辆振动检测电路（因经常发生误报警，所以该功能已被部分防盗报警器弃用）、输出执行信号转换电路，例如门锁启动器驱动电路、喇叭音频输出电路、方向灯闪烁驱动电路等。

7. 声光警示单元

该单元用于对操作过程的确认和车子状态的警示。声警示功能一般采用单独安装的喇叭。为兼顾环保的要求，其每次动作时间不宜超过 30 s，动作次数不宜超过五次，这些都由电子控制单元控制。光警示功能可采用原车的左右方向灯兼任。

8. 遥控门锁防盗器

主要功能如下：

（1）防盗警戒设定，警戒解除，设定异常警示。

（2）遥控和手控中央门锁系统。

（3）静音警戒，静音设定。

（4）寻车提示。

（5）振动检测。

（6）非法进入检测。

（7）发动机启动抑制。

其他还有二次上锁、10 km 自动上锁、电动窗自动关闭、警报紧急解除和振动灵敏度调整等。不同类型防盗器采用不同的微处理器，电路原理和实现方式上差别较大，但主要功能都应具备。某些防盗功能的增加或减少仅通过软件部分的修改就能实现。

四、汽车防盗系统的应用

1. 汽车防盗系统的设定与设定后的作用

（1）将点火钥匙转至转向盘锁定"LOCK"位置后抽出。

（2）驾乘人员全部下车。

（3）关闭并锁定所有的车门、行李舱盖及发动机罩。

完成以上 3 个步骤后，车中的安全指示灯 SECURITY 发亮（不闪烁）。两道前门被锁定后，防盗系统将在设定之前有 30 s 的检查时间，因为在此过程中，后门、行李厢盖和发动机盖可能还有某一道开启着。在 30 s 内，若想起车内未完成的事又用钥匙或遥控器开启某一道前门，系统的防盗功能将被解除。

（4）看清安全指示灯开始闪烁时，说明防密系统已经自动调节，人可以走开。如果行李厢或发动机罩在系统设定前未关紧，系统的设定将会中断，除非重新将它们关紧和锁定。

2. 汽车防盗系统警报信号的重新激活与截止的方法

警报信号停止后，驾驶员总是将所有车门、行李舱盖和发动机罩重新关闭。防密系统一旦再设定，也就自动地让警报装置复位。

将点火钥匙从锁定"LOCK"位置转至附属设备"ACC"位置，则警报信号截止，但启动回路仍处于断路状态。此时即使开启任何一道车门、行李舱盖或发动机罩，警报信号将不再激活。

3. 汽车防盗系统的中断与解除方法

防盗系统设定过程中，若用主匙开启行李舱，则防盗系统暂时中断——既不能激活，也不能解除；行李舱盖开启的同时，若再将车门和发动机罩打开，这样，防盗系统唯有拆下电池电接头才能使其激活。

为了重新恢复防盗系统的设定过程，应关闭和锁定所有的车门、行李舱盖和发动机罩。而且要注意，必须拔出主匙后行李舱盖才能闭锁，即关闭行李舱盖时，钥匙不能插在锁孔中。

用点火钥匙开启其中一道前门，此为防盗系统全部解除方式，与此同时，启动回路立即受激导通。

4. 汽车防盗系统安全指示灯的使用

安全指示灯在防盗系统的使用中给出 3 种指示：指示灯闪烁，说明防盗系统已经设定，此时若开启车门、行李舱盖或发动机罩，必须用主匙；指示灯常亮，说明防盗系统进入预定的自动设定时期，此期间内车门和发动机罩用副匙也能开启。该指示灯在警报信号触发声响时也发亮；指示灯灭（如汽车在正常行驶中），说明防盗系统不起作用，可按常规操作开启任何一道车门等。

五、汽车防盗系统功能的检测

检测防盗系统的功能是否有效，按以下 5 个步骤进行：

（1）开启全部车窗。

（2）按上述方法设定防盗系统，锁定前门时用点火钥匙，稍待至安全指示灯闪烁。

（3）伸手从车内开启一道车门，防盗系统将激活警报信号。

（4）用点火钥匙开启其中一道前门，解除防盗系统。

（5）重复以上操作，检测其他车门和发动机罩。检测发动机罩的同时，也检测电池电接头拆下又装上后系统的激活反应。

必须注意的是，拆卸蓄电池电接头可能会丢失存入计算机存储器中的信息，如激光唱机防盗码消失导致不能"开锁"，收音机预置电台资料消失等。因此，重新装上蓄电池电接头后，应检查存储器中的数据，若数据已消失，应再输一次给计算机。

第三节　中控门锁

中控门锁是中央控制车门锁的简称，它是指通过设在驾驶座门上的开关可以同时控制全车车门关闭与开启的一种控制装置。配有中控门锁的汽车当锁闭驾驶座车门时，其他车门也跟着锁闭。但其他车门独自锁闭时，驾驶座车门和其他车门则不会跟着锁闭。中控门锁采用一个开关去控制另一些开关，它用电磁驱动方式执行门锁的关闭与开启。中控门锁执行机构分两种形式：一种是电磁线圈形式，另一种是直流电动机形式。两种形式都是通过改变直流电的极性来转换物体运动方向，从而执行锁闭或开启动作。

目前，轿车的中控门锁多是电磁线圈式。锁门时给电磁线圈正向电流时，衔铁带动连杆向左移动，扣住门锁舌片。开门时给电磁线圈反向电流时，衔铁带动连杆向右移动，脱离门锁舌片,连杆驱动力由可逆转的直流电动机提供,利用电动机的正转和反转来完成锁门和开门的动作。现在国产轿车中稍上档次的车都有中控门锁。如果原车上没有,还可以到汽车装饰店去安装,在许多中高档轿车上还配置一种车速感应的中控门锁。当汽车达到一定速度时,它便自动将所有车门锁上。

一、中控门锁的分类与发展

汽车电子锁的分类方法很多,既可以按照控制部分中主要元件的异同进行分类,也可以按照编码方式的异同进行分类。在此按照输入密码方式的异同对汽车电子门锁进行分类。

1. 按键式电子锁

按键式电子锁采用键盘或组合按钮输入开锁密码,操作方便。内部控制电路常采用电子密码专用集成电路 ASIC,如具有四位密码的 LS7220 和 IS7225。此类产品包括按键式电子锁和按键式汽车点火锁。

2. 拨盘式电子锁

拨盘式电子锁采用机械拨盘开关输入开锁密码。很多按键式电子锁可以改造成拨盘式电子锁。

3. 电子钥匙式电子锁

电子钥匙式电子锁使用电子钥匙输入或作为开锁密码,电子钥匙是构成控制电路的重要组成部分,它可以由元器件构成的单元电路组成,做成小型手持单元 CAE 形式。它与主控电路的联系,可以是光、声、电或磁等多种形式。此类产品包括各种遥控汽车门锁、转向锁和点火锁以及电子密码点火钥匙。

4. 触摸式电子锁

触摸式电子锁采用触摸方式输入开锁密码,操作简单。相对于按键开关,使用寿命较长,造价较低,优化了电子锁控制电路。装有这种锁的车门上没有一般的门把手,代之以电子锁和触摸传感器。

5. 生物特征式电子锁

生物特征式电子锁的特点是将声音、指纹等人体生物特征作为密码输入,由计算机进行模式识别,控制开锁。因此,生物特征式电子锁的智能化程度相当高。已知世界上最早运用汽车电子点火锁的例子是美国克莱斯勒公司使用的联合按键操作汽车点火。从 20 世纪 70 年代开始,国外一些高级轿车陆续采用了电控、电子门锁和电子密码点火开关。

20 世纪 70—80 年代,世界上汽车电子锁多采用按键式和拨盘式;80～90 年代,汽车电子锁大多采用钥匙式。近年来触摸式汽车电子锁已见报道,它是汽车电子门锁值得注意的一个发展方向。由于声控电话已在国外汽车上进入使用阶段,加之汽车生物特征式电子锁技术的成熟,有理由认为,生物特征式电子锁和声控门锁必将加入汽车电子锁的行列。

二、电控门锁的一般结构

汽车电子门锁通常是由控制部分和执行机构两部分组成。

1. 控制机构的组成

控制部分包括输入器、存储器、鉴别器、编码器、驱动级、抗干扰电路、显示装置、保险装置和电源等部分。其中编码和鉴别是整个控制部分的核心，而电源则是电子控制部分和执行机构都必不可少的。

（1）编码器

编码器的实质就是人为地设定一组几位二进制数或几位十进制数。设定该组数的原则是所编的密码不易被别人识破。对密码电路的要求是容量大、换码率高，保密性、可靠性好，换码操作简单，便于日常管理。

（2）输入器和存储器

它们的作用是经输入器输入。

（3）鉴别器

鉴别器的作用是对来自输入器和编码器的两组密码进行比较，仅当两组密码完全相同时，鉴别器才输出电信号，经抗干扰处理后送至驱动级和显示装置。若用户有特殊要求，鉴别器还可以发出报警和封锁行车所需的电信号。

（4）驱动级

由于鉴别器选出的电信号通常很微弱，故加设驱动级。

（5）抗干扰电路

为了抑止来自汽车内外的电磁干扰，保证在恶劣电磁背景下电子门锁不会自行误动作而设置了抗干扰电路，由此提高汽车电子门锁的可靠性和安全性。通常采用延时、限幅和定相等手段来达到抗干扰的目的。

（6）显示器和报警器

这部分是电子门锁控制部分的附加电路，用于显示鉴别结果和报警的功能。

（7）保险装置

其一，速度传感器和车门锁止器，这是汽车电子门锁的独特组成单元，当汽车运行超过一定时速时，车门锁止器根据来自速度传感器的信号将锁体锁止；其二，紧急开启接口，当控制电路万一失灵，可通过紧急开启接口直接控制锁体的开启。

（8）电源

电源相当于电子锁的"血液"。设计理想的不间断电源对于电子锁来讲，仍是一个至关重要的课题。

2. 执行机构

汽车电子门锁的执行机构一般采用电磁铁或微型电动机控制。对于汽车电子密码点火锁，则是利用执行电器触点的通断来控制点火线路的开启。

（1）电磁铁式自动车门锁

这种汽车电控门锁的开启和锁闭均由电磁铁驱动，其电磁铁结构如图 8 - 12 所示，它内设两个线圈，分别用来开启、锁闭门锁钡。门锁集中操作按钮平时处于中间位置，用手按压即可开启或锁闭车门。这种车门锁的优点是结构简单，内部摩擦力小，动作敏捷，操作方便；缺点是耗电量大，电磁铁质量大且动作时有撞击声。

（2）电动机式自动车门锁

该锁由可逆式电动机、传动装置及锁体总成构成。其工作原理为：由电动机带动齿轮齿条副或螺杆螺母副进而驱动锁体总成，驱动车门的锁闭或开启。其门锁执行机构如图8-13所示。这种锁的优点是体积小、耗电少以及动作较迅速；不足之处在于，打开或关闭车门之后，若因疏忽通了电，易把电机烧损。电磁铁式和电动机式自动车门锁都可以配用速度传感器和车门锁止器，从而提高汽车行驶时的安全性。

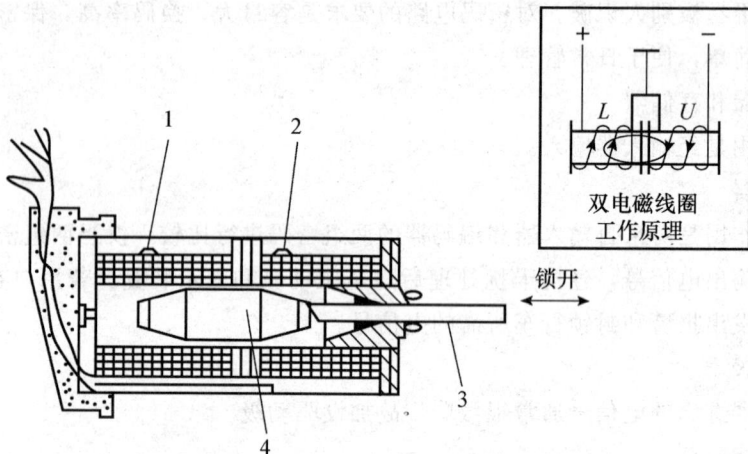

1—锁门线圈；2—开门线圈；3—锁扣连杆；4—衔铁

图8-12　电磁铁式门锁执行机构

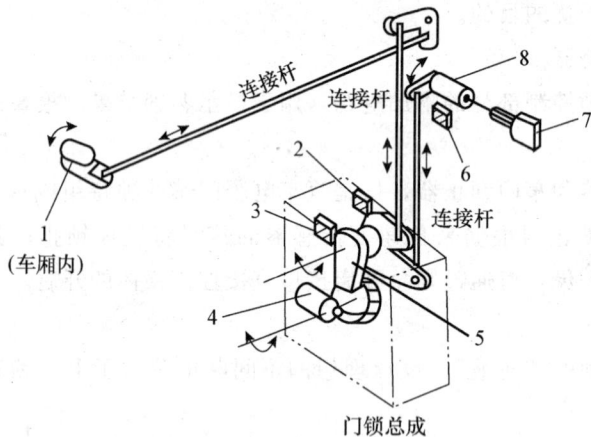

1—门锁按钮（车厢内）；2，6—门锁开关；3—位置开关；
4—门锁电动机；5—锁杆；7—键（钥匙）；8—门键筒体

图8-13　电动式门锁执行机构

三、汽车中控门锁控制

1. 电控门锁基本工作原理

电控门锁的作用是通过电磁铁机构锁止或打开车门锁。它由门锁电磁铁及联动机构、门锁控制开关、门锁控制继电器等主要部分组成。按其功能不同，分为有自动门锁和无自动门锁两种,前者在可以手动控制门锁开闭的基础上,还可以根据汽车车速自动锁死车门。

电控门锁的布置如图 8-14 所示,其控制电路如图 8-15 所示。当门锁开关置于锁止(LOCK)位置时,门锁继电器线圈通电,触点闭合,门锁电磁铁中门锁线圈通电,电磁铁芯杆缩回,操纵门锁锁止车门;当门锁开关置于开启(UNLOCK)位置时,开启继电器线圈通电,触点闭合,门锁电磁铁中开启线圈通电,电磁铁芯杆伸出,操纵门锁开启。在带自动门锁的汽车上,设有速度传感器和电子控制线路,当汽车车速达到设定数值时,电子控制电路使门锁继电器线圈通电,而自动锁止车门。

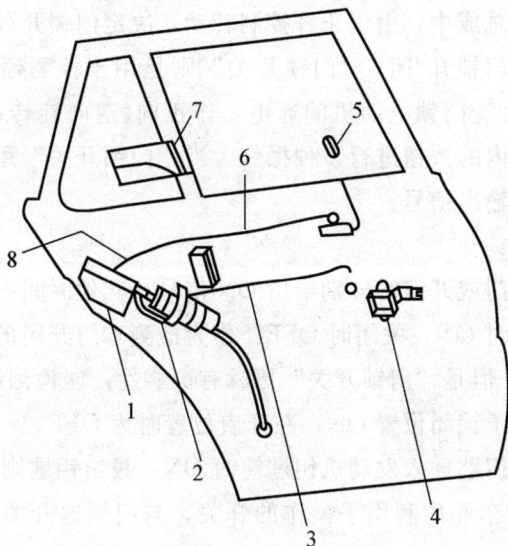

1—车门锁;2—电磁铁机构;3—内开锁拉杆;4—内拉手;
5—锁止柄;6—锁止杆;7—外拉手;8—外开锁拉杆
图 8-14 电控门锁布置图

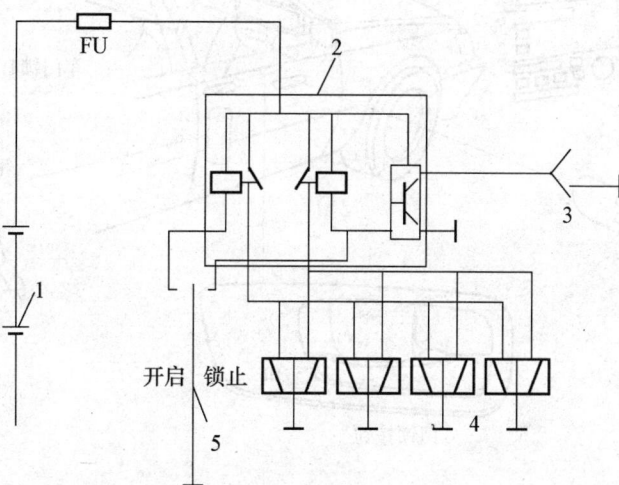

1—蓄电池;2—门锁控制继电器;3—开关;4—门锁电磁铁;5—门锁开关
图 8-15 电控门锁电路

2. 车门的闭锁与开启

在车门开启和闭锁的操纵机构中，通常采用动力车门锁定装置，即应用电动机或电磁线圈进行电气控制。为了能使用一次性开关控制车门的开启或闭锁，也可以增加其他多种功能。

（1）门锁机构

门锁的闭锁机构有多种设计方案，而且机构复杂。这里考虑到电气控制的必要知识，作了相应的说明。图8-16（a）所示为零件构造图。图8-16（b）所示为门锁零部件的工作原理和过程。在门锁总成中，由锁止杆控制转动，决定门锁开/闭状态。"位置开关"用于测定锁止杆是否进行门锁开/闭；"门锁开关"则是用于检测锁止机构是否进行门锁的开/闭。此外，锁止杆随着门锁电动机的通电，作正向/逆向旋转；或把钥匙插入锁孔中，用于操作。也可按车厢内的按钮进行多种操作。当"门锁开关"用于操作钥匙，使它向开启关闭方向转动时才能输出信号。

各开关的工况如下：

门钥匙开关：当锁门或开门时分别给出ON信号，其他时间一概OFF。

门锁开关：当打开时ON，关闭时OFF。作为检测车门开闭的开关，有直接检测车门开闭的"车场门开关"，但是"门锁开关"更具有可靠性，能检测锁止的离合状态。

位置开关：锁杆位于锁闭位置ON，在开启位置时为OFF。

钥匙插入开关：当钥匙插入发动机钥匙筒时ON，拔出钥匙则为OFF。

门锁控制开关：在车厢内利用手操作的开关，与门钥匙开关具有相同的开关工况。

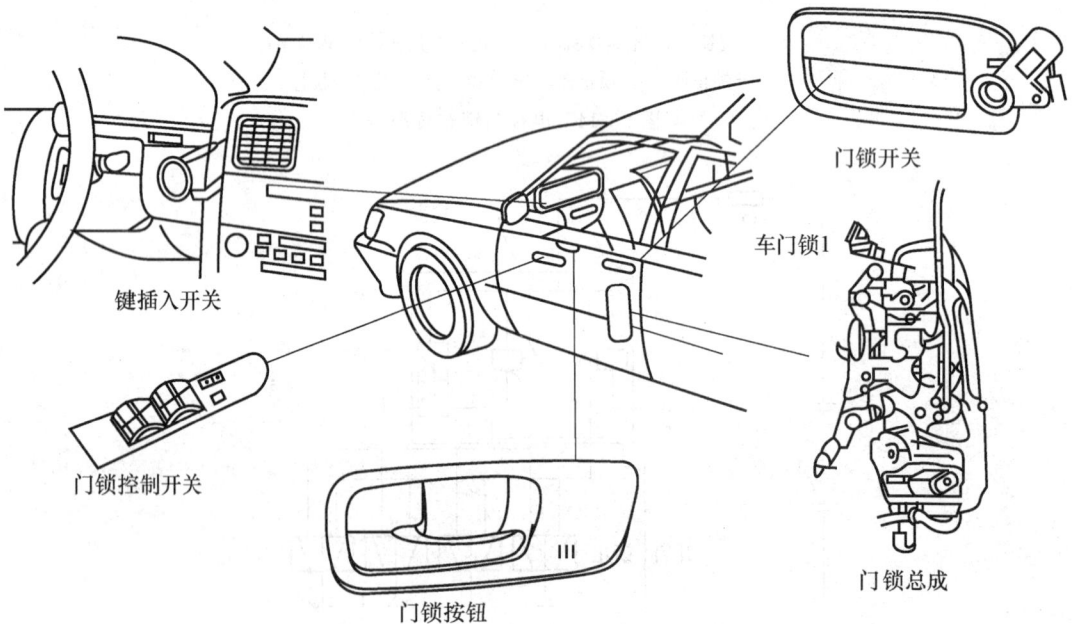

（a）门锁机构零部件

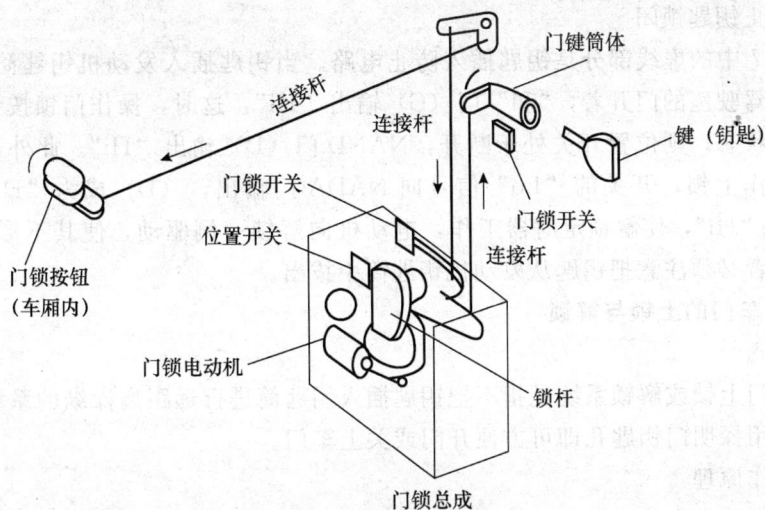

（b）门锁工作原理

图8-16　电动机式门锁执行机构示意图

（2）锁/开锁动作

图8-17是门锁控制系统的控制电路图。进行门锁电动机的正转、反转的交替控制。为避免电动机通电时间过长引起发热，利用定时器限制通电时间。利用门钥匙开关或门控制开关使触点位于开锁侧，则向"或"门（A）输出"Hi"，开锁定时器进行工作，约0.2s晶体管TRA处于接通状态，所有门锁电动机电流向下方流动，被开锁（处于脱开状态）。"和"门（E）的输出，只要不把钥匙插入发动机钥匙筒中，则处于"Lo"位置，所以与"或"门的输出无关。

由于门钥匙开关或门控制开关的作用，进行上锁操作，则向"或"门（B）输出"Hi"，锁闭定时器工作，约0.2s晶体管TRB接通，所有门锁电动机电流如图中所示向上方流动，处于锁闭状态。

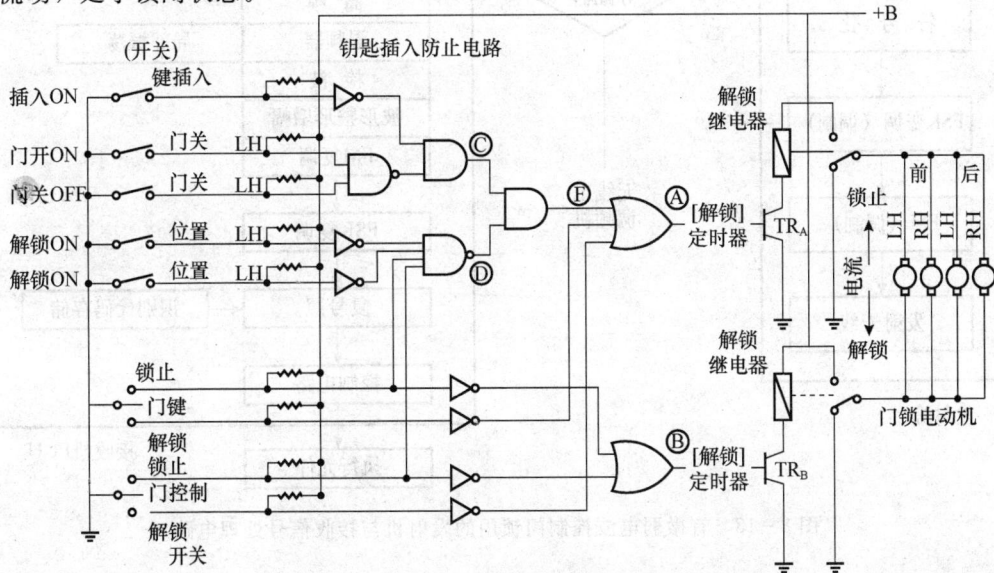

图8-17　门锁控制系统的控制电路

（3）防止钥匙锁闭

图 8-17 中的虚线部分是钥匙插入防止电路。当钥匙插入发动机钥匙筒没有拔出时，驾驶座或副驾驶座的门开着，"和"门（C）输出"Hi"，这时，操作门锁按钮，使门锁机构处于上锁状态，则位置开关处于断开，NAND 门（D）输出"Hi"。此外，利用门控制开关即使操作上锁，开关的"Lo"信号向 NADA 门输出，（D）成为"Hi"。所以，从（E）门输出"Hi"，使解锁定时器工作，电动机向解锁一侧驱动，使其不形成闭锁状态。这时，驾驶者必须注意把钥匙从发动机钥匙筒中拔出。

3. 远控车门的上锁与解锁

（1）概念

远控车门上锁或解锁系统是指不把钥匙插入钥匙筒进行远距离操纵的系统。在夜间或黑暗中，不用探明门钥匙孔即可方便开门或关上车门。

（2）工作原理

从车主身边发出的微弱电波信号由车辆天线接收，ECU 识别送信代码，使上锁/解锁的执行元件（电磁线圈或电动机）进行工作。所谓微弱电波是在发射时不需要无线电管理部门特别批准的电波。

图 8-18 所示也为发射机与接收机动作框图。从发射机利用次载波方式 FM 调制发出识别代码。把次载波的频率，按照数字识别代码信号进行频率偏移调制（FSK），FM 波由汽车无线电的 FM 天线进行接收，利用分配器进入接收机的正 ECU 的 FM 高频增幅处理后，进行调解。与被调解的识别代码互相对比，如果是正确的代码，就输入控制电路并使执行元件工作。

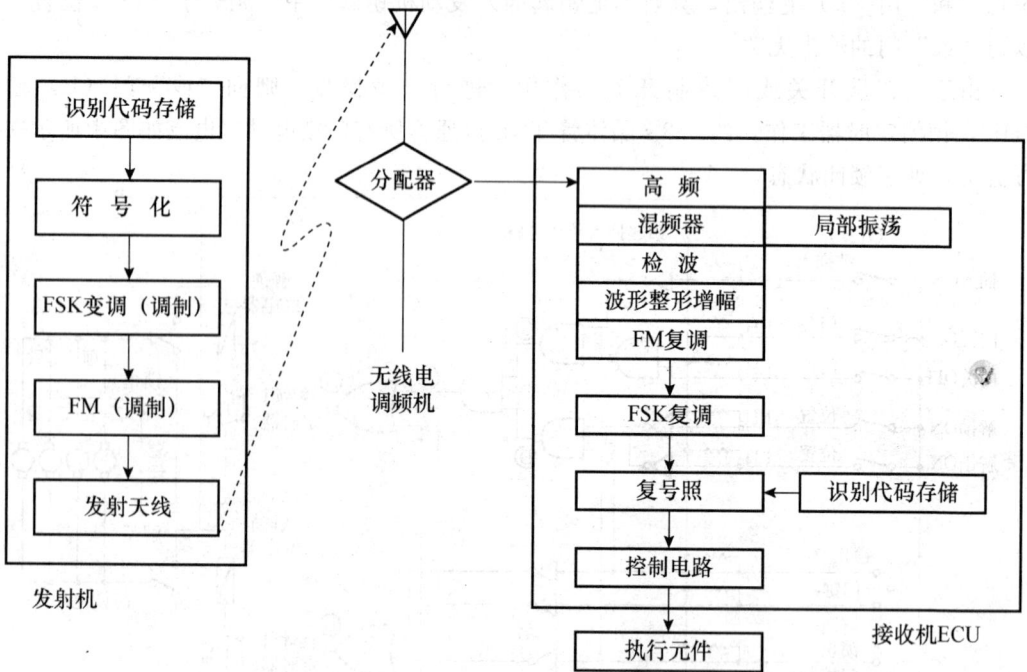

图 8-18　有微弱电波控制门锁用的发射机与接收信号处理电路

（3）发射机

如图 8-19 所示，在钥匙板上与送信电路组成一体。从识别代码存储回路到 FSK 调制回路，由于采用单芯片集成电路而使体积小型化，在电路部的相反一例装有一般市场上出售的钮形锂电池。应注意发射开关每按一次，就进行一次发送，在接收机一侧，接收一次上锁或解锁指令。发射频率按照使用图的电波状况进行选择，可使用 27 MIh，40 MIh，62 MIh 频带。电池寿命以通常频率使用一般为两年以上。

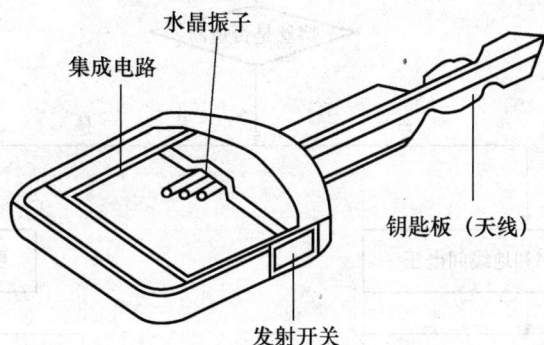

图 8-19 发射机（与钥匙板组成一体）

（4）保险装置

对于误动作或防盗，可采取下述①～④项安全对策：

①采用次载波方式的 FM 调制，识别代码被模拟的概率极低。

②识别代码数由数十位的串行代码构成，所以码数千万种，出现同一代码的概率极低。

③对本车专用的代码以外的代码在一定的时间中接收数次以后，就不能再接收任何代码。这时只有利用正确的手动操作解锁后，才能恢复正常。

④操作发射开关进行解锁后，在一定时间内如不能打开车门，则又自动恢复到上锁状态。

第四节　中控门锁和汽车防盗系统故障检测

一、电动中央门锁控制系统检查流程

中控门锁不能工作主要的故障原因可能是继电器无电流输入、开关失灵或继电器损坏。图 8-20 所示为电动中控门锁故障检查流程。

故障检查的注意事项：

无论中央门锁系统出现什么故障，应先通过检查，使故障可能存在的部位缩小到一定范围以内，然后再拆下车门内饰，露出门锁机构。最好先将拨动门锁开关后的情况列出图表，然后和维修手册中的故障诊断图表相对照，以便分析故障原因和部位。在测试电路前，应结合故障诊断图表，先弄清线路图，然后再试加蓄电池电压或用欧姆表测量。如果盲目地测试，就会损坏昂贵的电子元件。那些由集成电路片组成的器件，测试时更应小心。

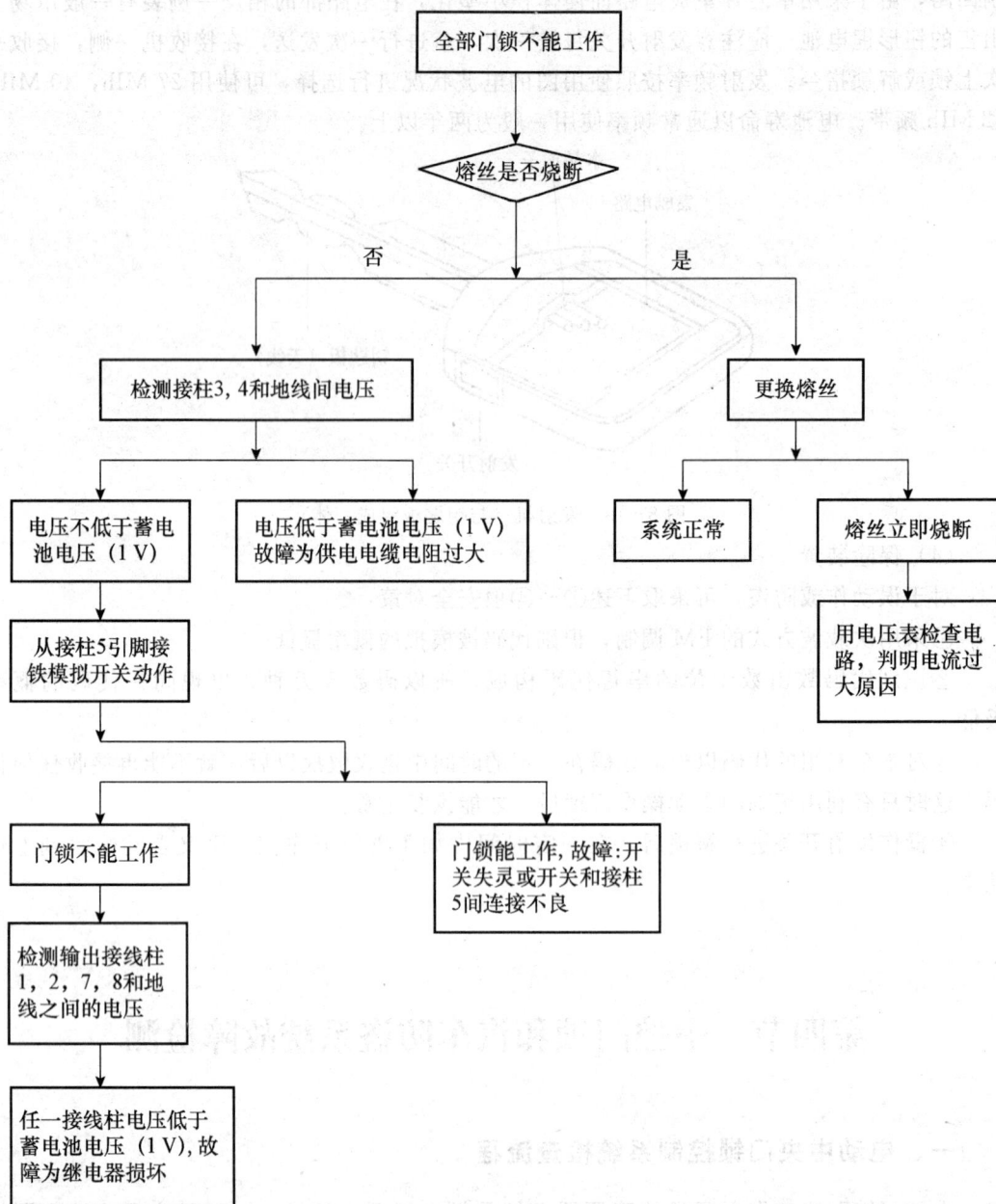

```
                    ┌─────────────────┐
                    │  全部门锁不能工作  │
                    └────────┬────────┘
                             │
                       ◇─────────────◇
                       │  熔丝是否烧断  │
                       ◇──────┬──────◇
            否    ┌───────────┴───────────┐    是
       ┌─────────┴─────────┐       ┌───────┴───────┐
       │  检测接柱3,4和地线间电压  │       │    更换熔丝    │
       └─────────┬─────────┘       └───────┬───────┘
          ┌──────┴──────┐            ┌──────┴──────┐
  ┌───────┴───────┐ ┌────┴────────┐ ┌─┴──────┐ ┌───┴────────┐
  │ 电压不低于蓄电 │ │ 电压低于蓄电池电压（1 V）│ │ 系统正常 │ │ 熔丝立即烧断 │
  │ 池电压（1 V）  │ │ 故障为供电电缆电阻过大 │ └────────┘ └───┬────────┘
  └───────┬───────┘ └─────────────┘                    │
          │                                   ┌─────────┴─────────┐
  ┌───────┴───────┐                           │  用电压表检查电路，│
  │ 从接柱5引脚接  │                           │  判明电流过大原因  │
  │ 铁模拟开关动作  │                           └───────────────────┘
  └───────┬───────┘
     ┌────┴────────────────────┐
  ┌──┴──────────┐        ┌──────┴──────────┐
  │ 门锁不能工作  │        │ 门锁能工作,故障:开 │
  └──┬──────────┘        │ 关失灵或开关和接柱 │
     │                   │ 5间连接不良       │
  ┌──┴──────────┐        └─────────────────┘
  │ 检测输出接线柱 │
  │ 1,2,7,8和地  │
  │ 线之间的电压   │
  └──┬──────────┘
  ┌──┴──────────┐
  │ 任一接线柱电压低于│
  │ 蓄电池电压（1 V）,故│
  │ 障为继电器损坏    │
  └─────────────┘
```

图 8-20　中央门锁故障检查流程图

二、汽车防盗系统故障检测

电子防盗系统的故障以电气方面为主，对其检查的难度比较大，一般采用分块（分部分）的检查方法。可分为电源部分、感应电路（或接收部分）部分、开关电路部分、继电器部分等，遥控式的还要加上发射器部分。具体检查方法如下：

1. 电源部分

它包含蓄电池、开关、电源部分的电路等。对它的检查应先从蓄电池查起，由于电子防盗系统的电源都直接利用原车的蓄电池，故可利用原车上的喇叭、转向灯等用电器来检测，只要这些用电器能正常工作，就说明蓄电池无故障。检查开关可用万用表 R1 挡测量，导通时电阻应为零，断路时电阻应为无穷大，否则说明有故障。蓄电池和开关检查完毕应检查电源电路，可用测试灯在防盗系统大电源正、负极处进行测试，测试灯光亮度应正常，否则说明电路有故障。再将电源引线断开，用测试灯直接对电源引线测试，对比上述看有无区别。如有区别则其线路有故障，如无区别则是电源部分电路有故障，可逐部分检查电源电路。

2. 开关电路部分

电源部分无故障后，接着应检查开关电路部分。检查时应检测电子元器件的有关参数，并与标准值相比较，以判断这些元器件是否有故障。测量时应断开元器件与电路的连接，以免影响测量的准确性。

3. 继电器部分

检查继电器主要包括检查继电器铁芯线圈是否断路，对外的连接电路是否脱落，开关触点上的电路能否随着吸片的吸下而连通，同时也必须检查其外接电路是否畅通。

4. 感应（接收）电路部分

首先检查接触感应电路（或遥控接收电路），可先用直观方法检查导线有无断路、短路，各元件焊点是否牢固、可靠，有无异常情况等。然后接通电源，通过电路上的触点（或通过发射器的操纵），看感应电路有无工作。由于开关电路和继电器已检查无误，故感应电路部分如无故障，应能带动继电器工作，也就是继电器吸片应吸下，把电路接通。

5. 发射器部分

发射器的检测可用场强计进行，通过场强计的接收来判断发射器的工作情况。发射器有故障，应从其电源开始检查，然后再对各元件逐个进行检查。

三、防盗器自诊断系统

随着汽车电子技术的进步，微机控制系统在汽车上所占的比重越来越大，越来越复杂，要查找这些复杂的电控系统上的故障部位和原因，或对其系统进行某种设定或调整也越来越困难。有鉴于此，在大众汽车特约维修站，为了方便检测，配备了一系列成套专用仪器、仪表和专用工具。故障诊断仪 V. A . G1551 和轿车系统测试仪 V. A. G1552 都是维修现代轿车不可缺少的仪器。通过故障诊断仪 V. A. G1551 和轿车系统测试仪 V. A. G1552，可以实现与轿车控制单元之间的信息传递。这种信息传递是双向的，即测量仪器不仅可以直接接收数据，还可以将指令或数据输送到控制单元。这里主要对 V. A. G1552 型汽车测试仪进行讲述。

V. A. G 1552 型汽车系统测试仪是近几年在 V. A. G 1551 型成功的基础上改进的产品，其体积为 190 mm×140 mm×55 mm，质量仅 185 kg，约为 V. A. G 1551 型故障诊断仪的 1/10，相当于一本随身携带的英汉词典，价格 9 000 元，与同类仪器相比，价位是较低的。与 V. A. G 1551 型相比，其使用范围基本相当，除了不能将显示结果打印出来外，其他功能基本相同。此机工作电压 9～16 V，消耗电流约为 400 mA，使用温度在−10 ℃～45 ℃，贮存温度为−20 ℃～60 ℃，采用耐冲击塑料外壳，经各特约维修站长期使用，其可靠性、灵敏度均属优良。

（一）V. A. G1552 故障诊断仪的组成

1. 键盘

V. A. G1552 测试仪的下半部是由塑料膜覆盖的触摸式键盘，这避免了突出式按键易受油泥灰尘的污染，也便于操作。灵敏度、准确性很高，键盘上有 16 个键。

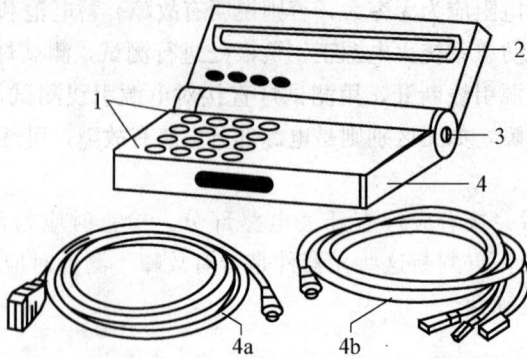

1—键盘；2—显示器；3—插座；4—程序插槽

图 8-21　V. A. G1552 型汽车系统测试仪及其诊断电缆

0～9 用于输入数字。

C 键为清除键，用以清除输入的字符，返回到以前的操作项目，或中断运行中的程序。

Q 键用以确认或强化输入指令，如对地址码、功能码、测量数据显示组代码予以确认，执行输入，均以此键表示。

→键，用以移动到当前程序或条文的前方。

↓和↑键，在功能"10 - 匹配"中，改变适配值；在功能"04 - 基本设定"中和功能"08- 读测量数据块"中改变显示组号（加 1 或减 1），进行上、下翻页。

HELP 键，按此键可以得到其他附加的操作信息，帮助解决此时测试中的困难。

2. 塑料中轴

在 V. A. G1552 测试仪的中间部分是一个直径约 55 mm 的塑料中轴，它与下半部成为一体；上半部用两端环状结构可以绕此中轴旋转 0°～180°，从而将显示屏打开或合上。在此轴右端，有一个直径为 16 mm 的 5 端子圆形插座，其下端有定位键槽，外围是金属护套，护套末端有限位凸缘，凸缘的两缺口与诊断电缆 V1A1G1551/ 3 或 V1A1G1551/ 1 的 5 端子插头相接，插入后再旋转 90°，可以保证不会松动脱落。

3. 连接电缆线

诊断电缆 4a（标志为 V. A. G1551/ 3）用 16 端子标准插座，该电缆长约 3 m，一端接 V. A. G1552 测试仪插座，另一端接车上的诊断插座，该插座的位置是：捷达、高尔夫轿车在仪表盘下方、油门踏板上方的角落里，桑塔纳轿车在变速杆下方的盖板下。

诊断电缆 4b 接汽车诊断插座的插头为 3 个，其中一个黑色插头中的 2 端子是接车上电源的，蓝色单端子插头接照明线；白色 2 端子插头为信号线，其中一个端子为 K 线，另一个端子为 L 线，3 个插头的断面形状各不相同，不会插错。该电缆也有 3 m 长，用于扁插头车辆，如奥迪轿车。

4. 程序卡的安装槽

在 V. A. G1552 测试仪键盘盒的右侧，有一块长 61 mm、宽 27 mm 的塑料盖板，打开此盖就可以看到测试仪的程序卡，它是一个类似电话 IP 卡大小的一块印刷电路板，上面焊有集成电路芯片。测试仪的所有功能、地址及工作模式都由这个程序卡控制。当新车一批又一批进入市场，车上配置的电控系统会有新的增加，测试仪的软件在兼容原来车型的基础上，必然会有一定程度的校对、修改、更新换代，使其功能愈来愈完善，界面更友好，语言也由原来的德语扩展到英语，据说也出现了汉字化的 V.A.G1552 测试仪。

（二）V.A.G1552 电子防盗系统的操作

1. 连接 V.A.G1552 故障阅读仪，选择防盗器电子系统

（1）在蓄电池电压大于 11V，点火开关打开的情况下，打开车内变速器杆前自诊断插口盖，将 V.A.G1552 故障阅读仪的插头与车内自诊断插口连接，如图 8-22 所示。

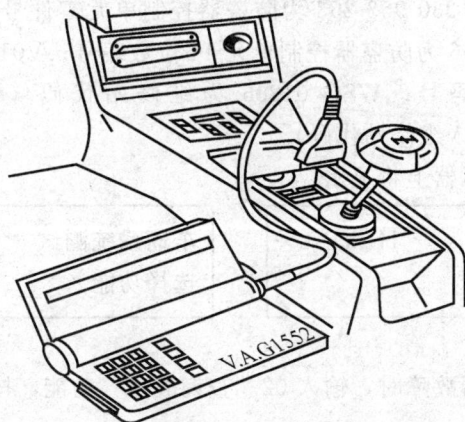

图 8-22　连接 V.A.G1552 故障阅读仪

此时显示器显示（注：左边图框内为显示器显示原文，为方便理解，右边图框给出汉语解释）：

Test of vehicle systems　　　　HELP Insert address word	车辆系统测试　　　　　　帮助 输入地址词 ××

在这种工作模式下，诊断仪等待着两位数字地址码的输入，主要指控制单元所控制的轿车不同控制系统。常用的地址码见表 8-1。

表 8-1　　　　　　　　　　V.A.G1552 型汽车系统测试仪的地址码

地址码	代表的电控系统	地址码	电表的电控系统
00	自动测试（查询和显示所有系统的故障记忆）	26	电动车顶控制系统
		34	自动水平悬挂系统
01	发动机电喷控制系统	35	中央门锁电控系统
02	自动变速器电控系统	36	驾驶员座椅调整电控系统
03	ABS 防抱死制动电控系统	37	巡航系统
08	全自动空调/暖风电控系统	41	柴油泵电控系统
12	离合器电控系统	45	内部扫描系统
14	车轮减震电控系统	51	电驱动
15	安全气囊电控系统	55	前照灯视野控制系统
16	动力转向电控系统	56	收音机与音响
17	仪表板插入	61	蓄电池控制
18	停车加热辅助电控系统	65	轮胎气压检测
24	驱动防滑控制系统	66	座椅/后视镜调整
25	防盗控制系统	71	蓄电池充电系统

（2）输入防盗器地址指令 25，显示器上将显示：

Test of vehicle systems Q25 —immobiliser	车辆系统测试 帮助 25—防盗器

（3）按"Q"键确认，大约 5 s 后，显示器将显示：

330 953 253IMMO   VWZ6ZOTO123456 VO1→ Coding 0000   WSC 01205

显示器内容说明如下：330 953 253 为防盗器控制单元零件号；IMMO 为电子防盗系统缩写；VWZ6ZOT0123456 为防盗器控制单元 14 位数编号；V01 为防盗器控制单元软件版本；Coding 0000 为编码号；WSC 01205 为维修站代码（修理电子防盗器使用 V. A. G1552 时，必须先输入维修站代码）。

（4）按"→"键，显示器上将显示：

Test of vehicle systems HELP Select function××	车辆系统测试 帮助 选择功能××

2. 查询故障

（1）当需要查询防盗器故障时，输入 02"查询故障"功能，按"Q"键确认，此时显示器将显示：

XFault recognized →	X 个故障发现 →

（2）按"→"键，可以逐个显示故障代码和故障内容，直到全部故障显示完毕为止。如果没有故障，显示器将显示：

No fault recognized →	没有故障发现 →

（3）按"→"键，退回功能主菜单，显示器将显示：

Test of vehicle systems HELP Select function××	车辆系统测试 帮助 选择功能××

在查询故障时应注意：所有存在的故障或偶然故障都存在故障记忆中；识别一个存在的故障至少 2 s 的时间；如果一个故障目前已不存在，作为偶然故障出现时在显示器右下角将出现/ SP；50 次驱动循环（每个循环点火开关至少 2 s 后），偶然故障将被自动清除。防盗器故障表，如表 8 - 2 所示。

表 8 - 2 防盗器故障表

V. A. C155 屏幕显示	故障的原因	产生的后果	故障的排除
65535 Control unit defective 控制单元损坏	控制单元 J362	发动机不能启动，警告灯亮	更换控制单元

续表

V. A. C155 屏幕显示	故障的原因	产生的后果	故障的排除
00750 Fault lamp 警告灯故障 对地短路/开路 对正极短路	线路损坏 线路开路 警告灯－K117 损坏 线路损坏	警告灯亮 警告灯不亮 警告灯不亮 警告灯不亮	修理线路损坏 修理线路开关 更换警告灯 修理线路损坏
01128 Reader coil for immobilizer 防盗识读线圈	读写线圈－D2 损坏 线路开路 短路	发动机不能启动，警告 灯闪	更换识读线圈 修理线路开路 修理线路损坏
01176 Key 钥匙 Signal too weak 信号太弱 Not authorised 非法钥匙	转发器损坏 钥匙不匹配 识读线圈－D2 损坏	发动机不能启动，警告 灯闪	配置新钥匙；完成汽车所有钥匙匹配程序；更换读线圈
01177 Engine control unit not adapted 发动机控制单元没有匹配	更换发动机控制单元 发动机控制单元与防盗器控制单元连接线开路或短路	发动机不能启动，警告灯闪 发动机不能启动，警告灯闪	完成发动机控制单元与防盗控制单元匹配程序；检查发动机控制单元与防盗器控制单元连接线
01179 Key programming Incorrect 配钥匙程序错误	配钥匙程序不正确	警告灯快速闪烁 （每秒 2 次）	查询故障 清除故障存储 完成所有钥匙匹配程序

3. 清除故障存储

清除故障存储这一功能用于在查询故障后，清除防盗器控制单元的故障存储。输入 05 "清除故障存储"功能，按"Q"键确认，此时显示器将显示：

Test of vehicle systems HELP Fault memory is erased	车辆系统测试 帮助 故障存储已被清除

4. 结束输出

输入 06 "结束输出"功能，按"Q"键确认，此时显示器将显示：

Test of vehicle systems HELP Enter address word xx	车辆系统测试 帮助 输入地址词××

完成这一功能后，V. A. G1552 将退出防盗器自诊断程序。

思考与练习

8-1 简要介绍汽车防盗装置的种类及相应原理。

8-2 简述汽车防盗系统的基本组成。

8-3 简述钥匙识别码防盗系统和遥控门锁声光报警防盗系统的原理。

8-4 如何进行汽车防盗系统功能的检测？

8-5 简述汽车电控门锁的组成。

8-6 简述汽车电控门锁的基本工作原理。

8-7 如何进行电动中央门锁控制系统的检查？

8-8 简述汽车防盗系统的故障检测方法。

第九章　常用辅助电气系统

为了提高汽车行驶的安全性、可靠性及舒适性，减轻驾驶员的劳动强度，现代汽车安装有一些辅助电器，如电动汽油泵、电动刮水器、电动洗涤器、电动车窗、电动后视镜、电动座椅、音响设施、中央门锁等。随着汽车的发展，辅助电器所占的比重将越来越大，性能也越来越完善。

第一节　电动刮水器及洗涤器

一、电动刮水器的组成

刮水器是擦拭汽车前风挡玻璃水污的装置，在清除风挡玻璃上的灰尘及污垢时，还需与洗涤器共同工作，其功能是将玻璃上的雨水、尘埃、泥污刮净，以获得清晰的视野，保证行车安全。电动刮水器由刮水电动机、涡轮、涡杆、拉杆、摆杆、刷架和刮水片等组成，如图 9-1 所示。电动机是电动刮水器的动力源。通过传动机构，刮水片在风窗玻璃外表面上往复摆动，以扫除风窗玻璃上的雨水、积雪或灰尘。刮水器在使用中应能根据雨雪的大小来调整刮水片的刮水速度，在雨雪小时低速刮水，雨雪大时高速刮水，因此电动机应能够改变速度，来调整刮水片的刮水速度。

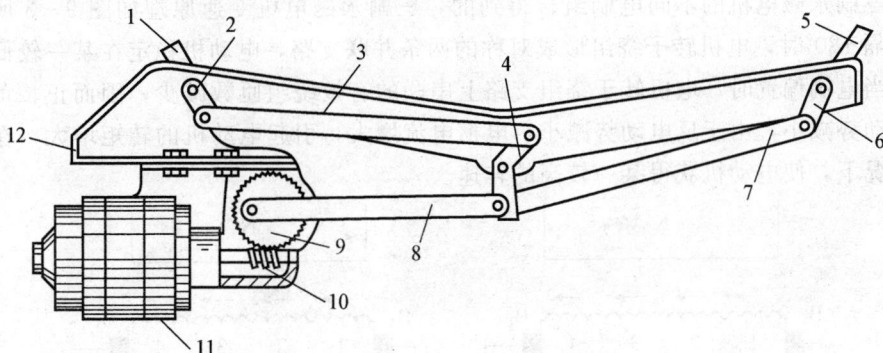

1，5—刷架；2，4，6—摆杆；3，7，8—拉杆；9—涡轮；10—涡杆；11—电动机；12—底板

图 9-1　电动刮水器

二、电动刮水器的结构与原理

（一）永磁式刮水电动机的结构

目前应用于汽车上的刮水电动机基本上都是永磁式直流电动机。其定子磁场是由锶钙

153

铁氧体（或其他永磁材料）制成的一组永久磁场。它具有结构简单、比功率大、耗电省、机械特性较硬等优点。

15～80 W 的刮水电动机一般都具有双速自动回位功能。若系统需要，只需在线路中增加间歇继电器、洗涤器等附件及控制开关，即可扩充电机的工作能力。

永磁式刮水电动机呈封闭型结构（图 9-2），其旋转部位的支撑一般都要用铜基含油轴承和球轴承，在出厂前已贮有足够的机油或润滑脂。减速器内的齿轮和蜗杆用两种抗咬合材料制成。减速器内贮有足够的润滑脂，在一定的运行期间（约 500 h）内不必加油。

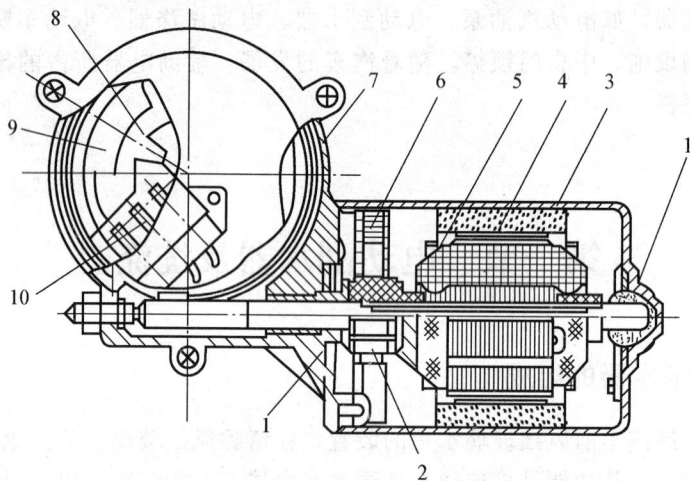

1—球轴承；2—换向器；3—壳体；4—磁极；5—电枢；6—电刷及弹簧；
7—减速器；8—钢环；9—涡轮；10—触点臂

图 9-2　永磁式刮水电动机结构

（二）永磁式刮水电动机的变速原理

刮水器的不同工作速度通过控制电动机的高低转速实现。刮水电动机的高低转速通常是利用三刷永磁电机的不同电刷组合得到的，三刷永磁电机变速原理如图 9-3 所示。当电刷相隔 180°时，电机转子绕组形成对称的两条并联支路，电动机稳定在某一较低转速下运行；当电刷偏置时，电机转绕组支路上串联的有效绕组匝数减少，因而正、负电刷间的反电动势减小，由于反电动势减小，电枢电流增大，引起电动机的转矩增大，在负载不变的情况下，使电动机获得某一较高的转速。

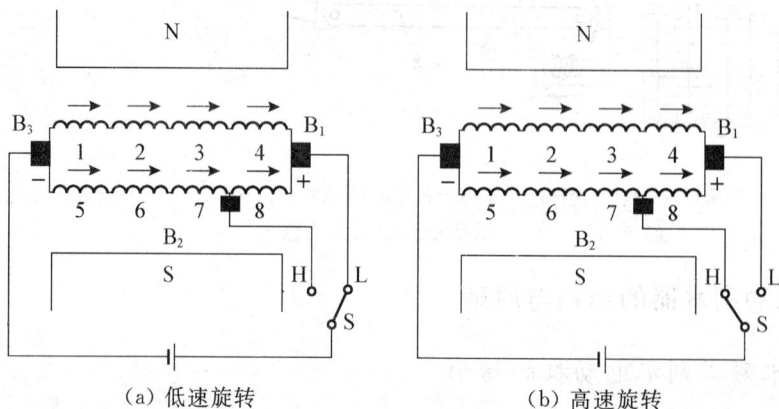

（a）低速旋转　　　　　　（b）高速旋转

图 9-3　永磁式刮水电动机的变速原理

（三）刮水电动机的控制电路

图 9-4 是双速刮水电动机的控制电路，当电源开关接通，刮水器变速开关接到"Ⅰ"挡时，电刷 L 与电刷（＋）通电。两电刷之间的八个电枢绕组构成两条并联支路，每个支路中各绕组的反电动势相加，两支路的反电动势相等。当反电动势与电机内部电压降之和与电源电压相等时，电机进入稳定运转状态。此时转速较低，刮水片每分钟刮动约 33～55 次。当刮水器变通开关接到"Ⅱ"挡时，电刷（＋）与电刷 H 通电。两电刷之间的八个绕组形成不对称的两个并联支路。一路是五个绕组串联，另一路是三个绕组串联。而第一个支路中有一个绕组与另四个绕组反电动势方向相反，相互抵消。所以实际上每个支路仅有三个绕组相串联，反电动势减小。由于电源电压基本恒定不变，只有提高反电动势，才能进入新的平衡状态。而反电动势与转速成正比，所以电动机转速必将上升，即刮水片高速运动，约 51～72 次/min（同一刮水电动机高、低速差大于 10 次/min）。

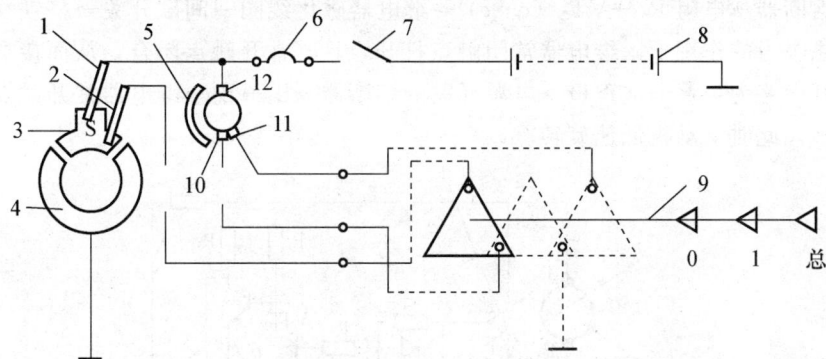

1—外自动复位触片；2—内自动复位触片；3—短自动复位触片；4—长自动复位触片；5—永久磁铁；
6—保险器；7—总开关；8—蓄电池；9—刮水器变速开关；10—电刷（L）；11—电刷（H）

图 9-4　双速刮水器控制电路

电动机自动停位机构的工作原理如图 9-4 所示。自动停位机构的短滑片与长滑片固定于减速器涡轮的侧平面，随涡轮运转。内触片与外触片固定于减速器盖内侧，外触片距涡轮中心较远，运转过程中只能断续地与短滑片的凸出部分接触。内触片位于长短滑片的半径处，运转过程将先后与长短滑片接触。当刮木器开关关断瞬间，若刮水片未到达停放的位置时，自动停位机构的内触片必然与长滑片接触，外触片处于开路状态。此时电动机仍将运转，电路如下：蓄电池正极→保险器→电刷（＋）→电枢绕组→电刷 L→刮水器开关空挡→内触片→长滑片→搭铁→蓄电池负极。此时刮水器以低速运转。当刮水片运动至停放位置（一般是挡风玻璃的下沿）时，外触片与短滑片的凸起部位接触，内触片也与短滑片接触，电动机无搭铁回路停止运转。而且电刷（＋）与 L 又通过自动停位机构相连，产生电磁制动，使刮水片准确停位。所谓电机电磁制动即：电动机搭铁回路断开后，惯性的作用使电机转子继续转动，此时转子绕组产生了感应电动势，由于电动机外电路沟通，形成感应电流，动能转换为电能，电动机迅速停止运转。另一方面，感应电流又反向流过转子绕组，产生制动转矩，加速了电机的停止。

（四）间歇式刮水器

汽车在小雨或雾天行驶时，若仍按上述刮水速度刮水，风窗上的微量水分和灰尘会形成一层发黏的表面，不能将风窗玻璃刮拭干净，却使玻璃模糊不清。为此现代汽车刮水器都装有电子间歇控制系统，使刮水器能按照一定的周期停止和刮水，即每动作一次停止2～12 s，以使驾驶员获得更好的视线。间歇式刮水器按照间歇时间是否可调分为可调节型和不可调节型。

1. 不可调节间歇控制电路

刮水器的间歇控制是利用自动复位装置和电子振荡电路或集成电路实现。

（1）同步间歇振荡电路

图9-5所示，当刮水器开关置于间歇挡位置（刮水器开关处于0位，且间歇开关闭合）时，电源将通过自动复位开关向电容器C充电，其电路为：蓄电池正极→电源开关→熔断器→自动复位开关常闭触点（上）→电阻R_1→C→搭铁→蓄电池负极。随着充电时间的增长，C两端的电压逐渐升高。当C两端的电压升高到一定值时，晶体管VT_1和VT_2先后相继由截止转为导通，从而接通继电器磁化线圈的电路，其电路为：蓄电池正极→电源开关→熔断器→电阻R_5→VT_2（e→c）→继电器磁化线圈→间歇开关→搭铁→蓄电池负极。在电磁吸力的作用下，继电器常闭触点打开，且其常开触点闭合，从而接通刮水电动机电路，其电路为：蓄电池正极→电源开关→熔断器→B_3→B_1→继电器常开触点→搭铁→蓄电池负极。此时电动机低速旋转。

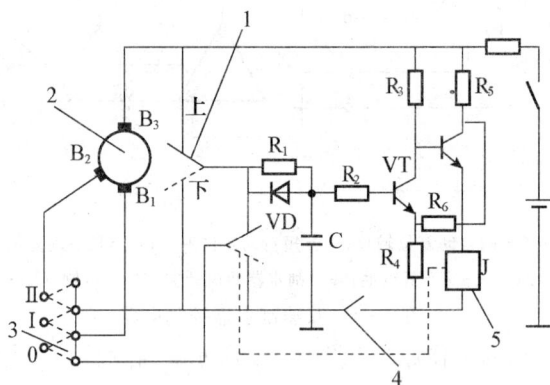

1—自动复位开关；2—电动机；3—刮水器开关；4—间歇开关；5—继电器

图9-5 同步间歇振荡电路

当复位装置将自动复位开关常开触点（下）接通时，C通过二极管VD、自动复位开关常开触点迅速放电，此时刮水电动机的通电回路不变，电动机继续转动。随着放电时间的增长，VT_1基极的电位逐渐降低。当VT_1基极的电位降低到一定值时，VT_1和VT_2由导通转为截止，从而切断了继电器磁化线圈的电路，继电器复位，常开触点打开，常闭触点闭合。此时，由于自动复位开关常开触点处于闭合状态，电动机仍将继续转动，其电路位：蓄电池正极→电源开关→熔断器→B_3→B_1→继电器常闭触点→自动复位开关常开触点→搭铁→蓄电池负极。只有当刮水片回到原位（即不影响驾驶员视线位置），自动复位开关常开触点打开且其常闭触点闭合时，电动机才停止转动。继而电源将再次向C充电，重复以上过程。如此反复，实现刮水片的间歇动作，其间歇时间的长短取决于R_1，C电路充电时间的大小。

（2）集成间歇振荡电路

如图9-6所示，当闭合间歇刮水器开关时，集成电路将输出高电位，使继电器磁化线圈通电，在电磁吸力的作用下，常闭触点打开，常开触点（虚线）闭合，刮水电动机运转，电路位：蓄电池正极→电源开关→熔断器→B_3→B_1→刮水器开关→继电器常开触点→搭铁→蓄电池负极。同时自动复位开关的常闭触点打开，常开触点（虚线）闭合。经过一定时间后，电路输出低电位，继电器磁化线圈断电，继电器复位，常开触点打开，常闭触点闭合。此时由于自动复位开关的常开触点处于闭合状态，电动机仍将继续转动，其电路位：蓄电池正极→电源开关→熔断器→B_3→B_1→刮水器开关→继电器常闭触点→复位开关的常开触点→搭铁→蓄电池负极。只有当刮水片回到原位（即不影响驾驶员视线位置），自动复位开关的常开触点打开且常闭触点闭合时，电动机才停止转动。然后重复上述过程。

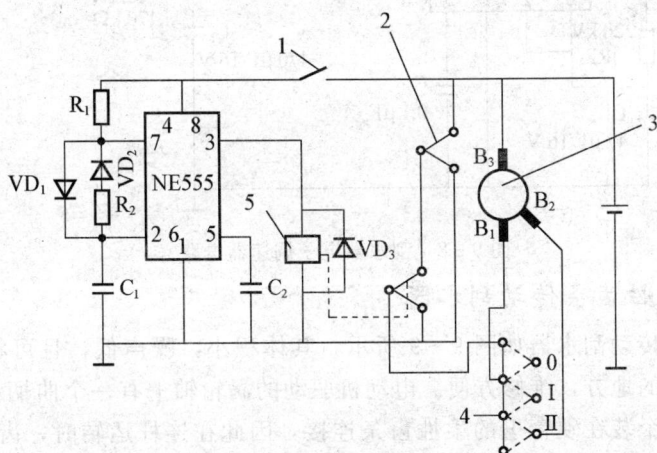

1—间歇开关；2—自动复位开关；3—电动机；4—刮水器开关；5—继电器

图 9 - 6　集成间歇振荡电路

2. 可调节间歇控制电路

能使汽车刮水器根据雨量大小自动开启或关闭，并自动调节间歇时间。如图 9 - 7 所示，S_1，S_2 和 S_3 是安装在风窗玻璃上的流量检测电极，雨水落在两检测电极之间，使其阻值减小，水流量越大，其阻值越小。

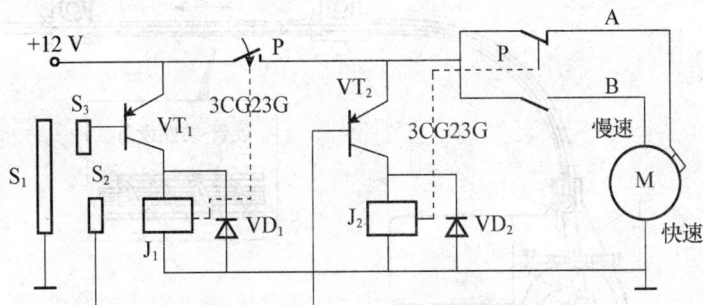

图 9 - 7　自动开关与调速控制电路

S_1 与 S_3 之间的距离较近（约 2.5 cm），因此晶体管 VT_1 首先导通，继电器 J_1 通电，在电磁吸力的作用下，开关 P 闭合，刮水电动机低速旋转。当雨量增大时，S_1 与 S_2 之间的电阻减小到使晶体管 VT_2 也导通，于是继电器 J_2 通电，在电磁吸力的作用下，开关 A 断开，开关 B 接通，刮水电动机转为高转速旋转。雨停时，检测电阻之间的阻值均增大，VT_1，VT_2 截止，继电器复位，刮水电动机自动停止工作。

刮水器电子调速器电路如图 9 - 8 所示，该调速器可根据雨量的大小或雾天的实际情况，自动调节刮水片的摆动速度，使风窗玻璃的清晰度提高，且能自动接通或关闭刮水器，以实现无级调速。

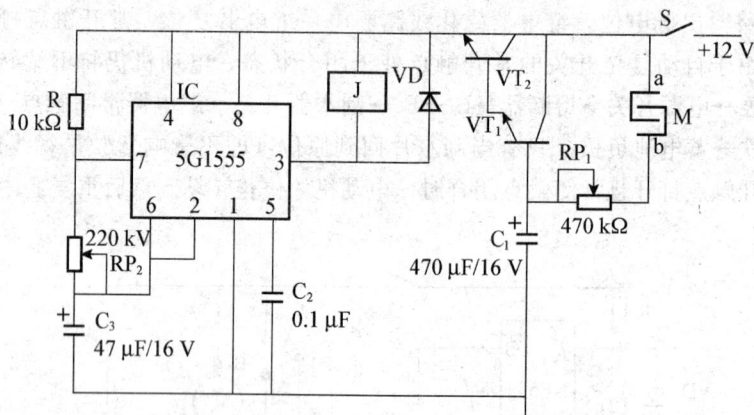

图 9-8　刮水器电子调速器电路

（五）新型柔性齿条传动刮水器

新型柔性齿条传动刮水器如图 9-9 所示，其体积小，噪声低，且可将刮水电动机总成安装在空间较大的地方，维修方便。电动机驱动的涡轮轴上有一个曲柄销，它驱动连杆机构，而连杆和一个装在硬管里的柔性齿条连接，因此在连杆运转时，齿条作往复运动，带动齿轮箱中的小齿轮作往复运动，从而驱动刮水片往复摆动。

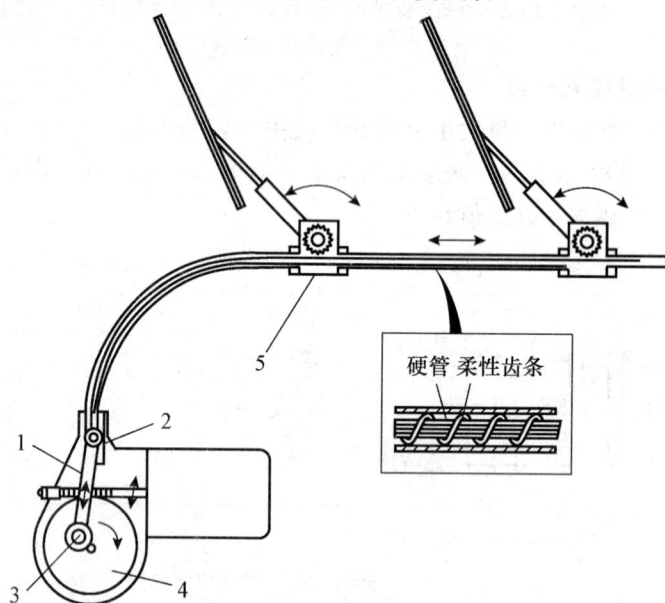

1—连杆；2—滑块；3—曲柄销；4—涡轮；5—齿轮箱

图 9-9　新型柔性齿条传动刮水器

三、电动风窗洗涤器

汽车在灰尘较多的环境中行驶时，会有一些灰尘飘落在挡风玻璃上，遮挡驾驶员的视线。汽车风窗洗涤装置的作用为：在需要的情况下向风窗表面喷洒专用洗涤液或水，在刮水片配合工作下，保持挡风玻璃表面的清洁。

（一）风窗洗涤器的组成

风窗洗涤器主要由储液罐、洗涤泵、输液管和喷嘴等组成，如图9-10所示。洗涤泵由永磁直流电动机和离心叶片泵组装成一体，喷射压力可达70~88 kPa。

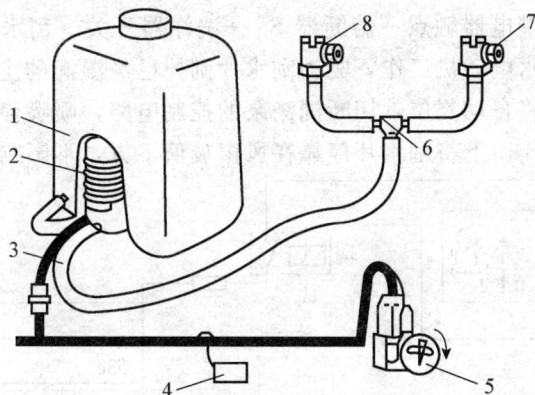

1—储液罐；2—洗涤泵；3—软管；4—熔断器；5—刮水器开关；6—三通接头；7，8—喷嘴

图9-10 洗涤器的组成

洗涤泵直接安装在储液罐上，有的也安装在管路内，在离心叶片泵的进口处设置有滤清器。洗涤泵喷嘴安装在风窗玻璃下面，其喷嘴方向可根据使用情况调整，如图9-11所示。喷水直径一般为0.8~1.0 mm，能够使洗涤液喷射在风窗玻璃的适当位置。洗涤泵的连续工作时间不应超过1 min，对于刮水和洗涤分别控制的汽车，应先打开洗涤泵，再接通刮水器。喷水停止之后，刮水器应继续刮动3~5次，以达到良好的清洁效果。

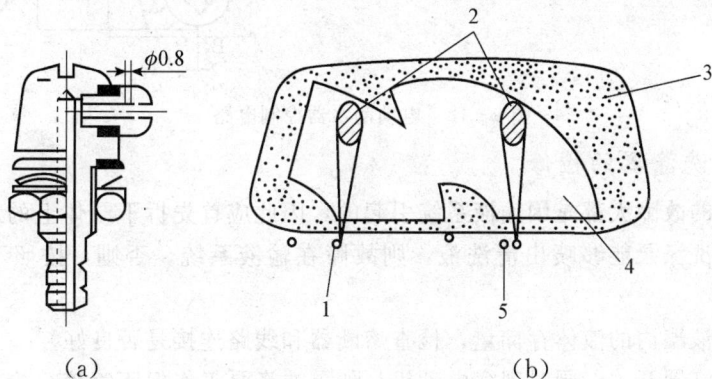

(a)　　　　　　　　　　　　　(b)

1—右喷嘴；2—喷水器；3—风窗玻璃；4—刮水片刮过的面积；5—左喷嘴

图9-11 喷嘴的构造与调整位置

常用的洗涤液是硬度不超过$205×10^6$的清水。为了能刮掉风窗玻璃上的油、蜡等物，可在水中添加少量的去垢剂和缓蚀剂。强效洗涤液的去垢效果好，但会使风窗密封条和刮水片胶条变质，还会引起车身喷漆变色以及储液罐、喷嘴等塑料件的开裂。冬季使用洗涤器时，为了防止洗涤液的冻结，应添加甲醇、异丙醇、甘醇等防冻剂，再加少量的去垢剂和缓蚀剂，即成为低温洗涤液，可使凝固温度下降到$-20℃$以下。如冬季不用风窗洗涤器时，应将风窗洗涤器中的水倒掉。

（二）风窗洗涤器的工作原理

风窗洗涤器与刮水器配合工作，二者采用同一控制电路见图9-12所示。当接通洗涤器开关时（将刮水器开关向上扳动），洗涤泵控制电路接通，其电流为：蓄电池正极→中间继电器触点→熔断器 S_{11} →洗涤器开关→洗涤泵 V_s →搭铁→蓄电池负极。位于发动机盖上的两个喷嘴向风窗玻璃喷射清洗液，同时接通刮水器间歇继电器的控制电路，其电流为：蓄电池正极→中间继电器触点→熔断器 S_{11} →洗涤器开关→刮水器间歇继电器→搭铁→蓄电池负极，于是刮水电动机工作，驱动刮水片刮掉已经湿润的尘土和污物。当驾驶员松开控制手柄时，开关将自动复位，切断洗涤泵的控制电路，喷嘴停止喷射清洗液，刮水电动机在自动复位开关作用下将刮水片停靠在风窗玻璃下方，不影响驾驶员视线。

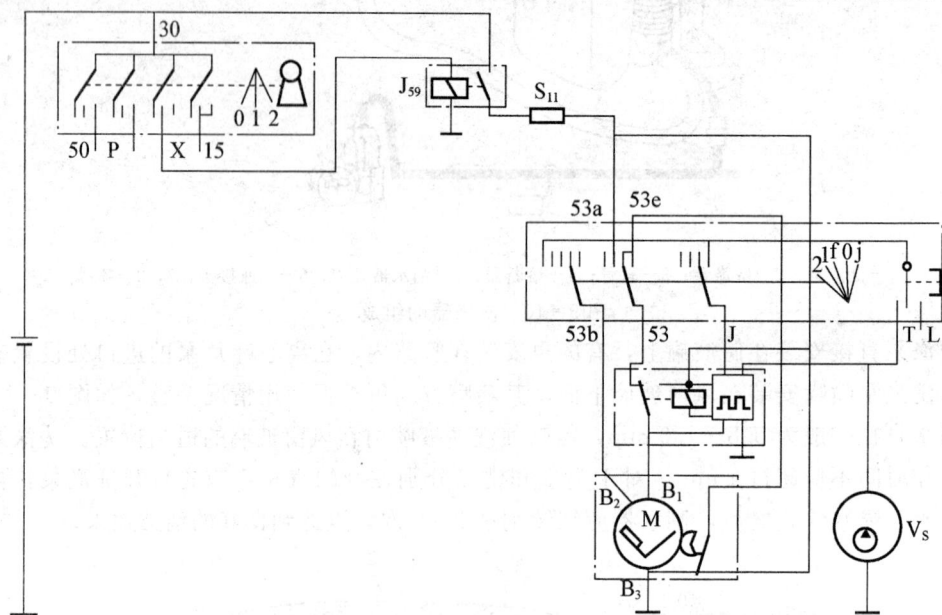

图9-12 电动刮水器控制电路

（三）风窗洗涤器的检修

风窗洗涤器的故障大都是因输液系统引起的，因此应首先拆下泵体上的水管然后使洗涤泵工作。如果洗涤泵能够喷出清洗液，则故障在输液系统。否则，按照下列步骤查找故障：

（1）目测储液罐内的液体存储量，检查熔断器和线路连接是否良好。

（2）打开洗涤器开关，同时观察电动机。如果洗涤泵工作但不喷液，检查泵内有无堵塞，去除泵体内的任何异物；如果没有堵塞，需要换洗涤泵。

（3）如果洗涤泵不运转，用电压表或试灯检查开关闭合时洗涤泵电动机上有无电压。若有电压，用欧姆表检查搭铁回路，若搭铁回路良好，需更换洗涤泵。

（4）在上一步中，若电动机无电压，需沿线路向开关查找，检测开关工作是否正常。如果开关有电压输出，但无信号输出，需更换开关。

（四）电动洗涤器使用注意事项

（1）洗涤器连续工作时间不能过长，每次接通时间不超过3～6 s，两次间歇10 s以上，储液罐内无洗涤液时，不得接通洗涤器，以防损坏电动机。

（2）使用洗涤器时，应使刮水器配合工作。先接通洗涤器，后接通刮水器。

（3）洗涤液应保持清洁，以免堵塞喷嘴。

（4）要经常检查和补充洗涤液。冬季应加注防冻添加剂，以免冻裂储液罐。

四、电动刮水器的典型故障及维修

电动刮水器出现故障时，既有机械原因，又有电器线路原因。表 9-1 所示列出一些典型故障产生的原因，供判断故障时参考。

表 9-1　　　　　　　　　　　　电动刮水器典型故障及修理

故障现象			修理方法
刮水器不工作	电机	电机的转子断线	电流不能流过电机	更换电机或转子
		电机的碳刷磨损		更换碳刷
		电机轴烧坏	通电 4～5 min 电机过热	更换电机
		电机内部短路或暂时短路及烧损	刮水器电路的保险丝立刻熔断	更换电机或修理短路
	电源和电路接线	由于刮水器的其他元件损坏而熔断保险丝	检查其他元件的工作状况	更换损坏元件
		接线连接处松动、脱出或断线	检查电机附近的接线，检查接线柱的装置状态	修理
		错误接线	对照连接软线的颜色	修理
		接地不良	检查地线	修理
	开关	开关接触不良	电机不透电	更换开关
	连杆	连杆的其他元件和配线挂住，连杆脱落	检查连杆部分	修理
		摇臂烧坏，锈死	摇臂是否绕向前，向后移动	加油或更换
刮水器速度不够	电机	电机的转子局部短路	使摇臂立起来后电流增加（3～5 A）	更换电机或转子
		电机的碳刷磨损	用手轻轻推摇臂，摇臂则停止	更换碳刷
		电机有烧焦味	使摇臂立起来后检查电流（3～5 A）	更换电机或给轴承加机油
	电源和电沿线路	电源电压降低	测量电压或检查其他元件（灯光亮度等）	检查电源
	开关	开关接触不良	使开关工作 4～5 次，电压仍减低	更换开关
	连杆	有烧焦气味	电机在摇臂工作周期内有响声和气味	加润滑油和更换
	刮板	刮板粘在玻璃上	使摇臂立起来，在无负荷状态下工作正常	将刮板、玻璃表面擦净或更换刮板

故障现象			修理方法
刮水器的速度转换不正常	电机		低速或高速的一方碳刷磨损	与规定的低、高速的速度比（1∶1.4）原不相同，但在某一转速下电机工作不正常	更换碳刷
	停在某处	电路接线和开关	开关的 1 段、2 段间接触不良	拆开开关检查 OFF 位置如果不在 1 位、2 位间连接	更换开关
		电机	自动停止装置继电器的触点污损或有异物时触点接触不良	拆开自动停止装置检查触点	清理触点，注意不要使继电器弹簧变形
	不停止	电机	自动停止装置动作不灵活	拆开自动停止装置盖，检查工作情况	矫正继电器的簧片
间歇刮水不正常			间歇刮水继电器损坏或线路有故障	短路导线试验查线路	检查间歇继电器和线路

第二节　电动汽油泵

电动汽油泵，由汽车的直流电源供电，可以安装在远离发动机的位置，这就避免了由于发动机罩下的温度过高而造成的供油系统"气阻"现象，目前一些汽车把它当做辅助汽油泵使用，汽油喷射系统的汽车上也装有电动油泵。电动油泵结构有电动柱塞式和电动机式两类。

一、电动柱塞式汽油泵

常见电动柱塞式油泵属晶体管电动油泵，它由电路控制部分和机械泵油部分两大部分组成。

（一）电路控制部分

如图 9-13 所示，它由主线圈 W_1、副线圈 W_2（反馈线圈）、晶体三极管 VT、电容器 C 和电阻 R 组成。当电源接通时，三极管 VT 的发射极和基极之间通过偏流 I_b，在线圈 W_1 和二极管的发射极与集电极之间，使产生电流 I_c，这个电流是由小向大变化的。因而在线圈 W_1 和 W_2 中产生感应电动势，方向如实线箭头所示。

W_1 的感应电动势和 I_c 相反，W_2 的感应电动势加在三极管基极、发射极之间，产生正反馈作用，使三极管基极电位下降，基极电流 I_b 增大，进一步促使集电极电流 I_c 增大，直至饱和。

三极管导通达到饱和状态时，I_c 不再增大，在线圈 W_1 和 W_2 中的感应电动势也下降

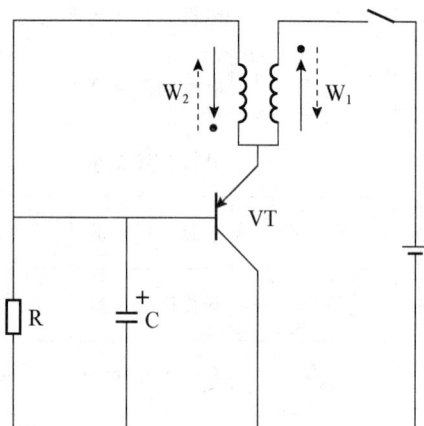

图 9-13　柱塞式电动油泵控制电路

为零。于是基极电位上升，I_c 减小，此时在线圈 W_1 和 W_2 中又产生与前相反的感应电动势，方向如虚线箭头所示。线圈 W_1 的感应电动势企图阻止 I_c 的减小，而线圈 W_2 的感应电动势则使基极电位更高，I_c 更小，直至截止。这是一个与前相反的反馈过程。

在基极电位升高的过程中（也就是 I_c 减小的过程），线圈 W_1、W_2 中的感应电动势叠加向电容器 C 充电，电容器的极性如图所示，当三极管完全截止时，基极电位不再升高，电容器充电停止，接着电容器储存的电荷便通过 R 放电，于是电容器的端电压下降，三极管的基极电位也下降。当基极电位低于发射极电位时，三极管又重新导通，重复上述过程。

综上所述，晶体管的导通与截止过程是通过反馈线圈 W_2 的作用来加速的，而导通与截止的间歇则由电容 C 和电阻 R 的乘积（时间常数）来决定的，通过主线圈 W_1 的电流及其所产生的磁场，以约 1 000 次/min 的频率进行交变，所以改变 C 和 R 的数值，就可以改变振荡频率。

（二）机械泵油部分

电动汽油泵的机械泵油部分基本结构如图 9-14 所示，在泵筒的外部绕有主、副线圈 W_1，W_2，当晶体管导通时，反馈线圈 W_2、电阻 R 和电容器 C 被短路。此时 W_1 中的电流最大，产生的吸引力大，吸引柱塞克服弹簧张力向下运动，使进油阀关闭，出油阀开启，将进入泵筒中的汽油经出油阀压入泵上室的出油管。

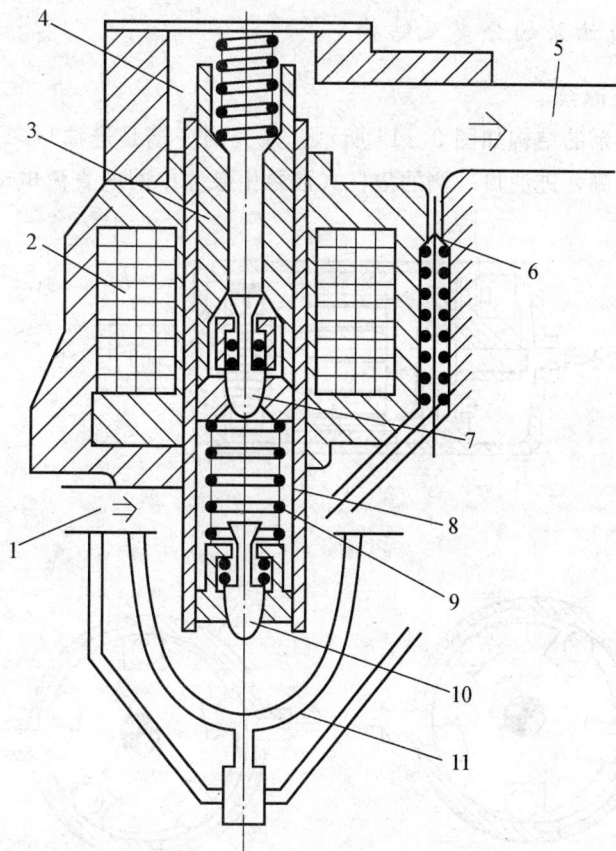

1—进油口；2—线圈；3—柱塞；4—泵上室；5—出油口；6—回油阀；
7—排油阀；8—泵筒；9—回油弹簧；10—进油阀；11—油泵下室

图 9-14 电动燃油泵的结构

当晶体管截止时，因 W_1 中的磁力消失，柱塞被弹簧向上拉回原位，这时出油阀关闭，进油阀打开，汽油即从油杯吸入两阀间的泵筒中。

由于控制电路不断地接通与切断，柱塞也不断地往复运动，使汽油不断地从油箱通过油管进入油泵，以后被压入油路，供给化油器或喷油器。

当汽车在怠速或部分负荷时，由于耗油量较少而出油阀排出的油量不变，致使汽油过剩压力升高。当压力达到一定数值时，回油球阀顶开使多余汽油流回油杯。调整 R，C 的参数可以改变柱塞往复运动频率，从而可调整供油量的大小。调节柱塞弹簧弹力可调整供油压力。

二、电动机式汽油泵

电子控制汽油喷射系统的电动汽油泵是一种由小型直流电动机驱动的油泵，它为汽油喷射提供所需的压力汽油。电动机和油泵做成一体，密封在一个泵壳内。有些车型的电动机式汽油泵安装在油箱外，但大部分车型的电动机式汽油泵安装在油箱内。还有少数车型在油箱内和油箱外各安装一个电动汽油泵，两者在油路上呈串联。电动机式汽油泵分滚柱式和转子式两类。

（一）电动式汽油泵的分类及结构

1. 滚柱式电动汽油泵

滚柱式电动汽油泵的结构如图 9-15 所示，泵壳的一端是进油口，另一端是出油口。电源插头在出油口一侧，进油口一侧的滚柱式油泵由泵壳中间的直流电动机高速驱动。当

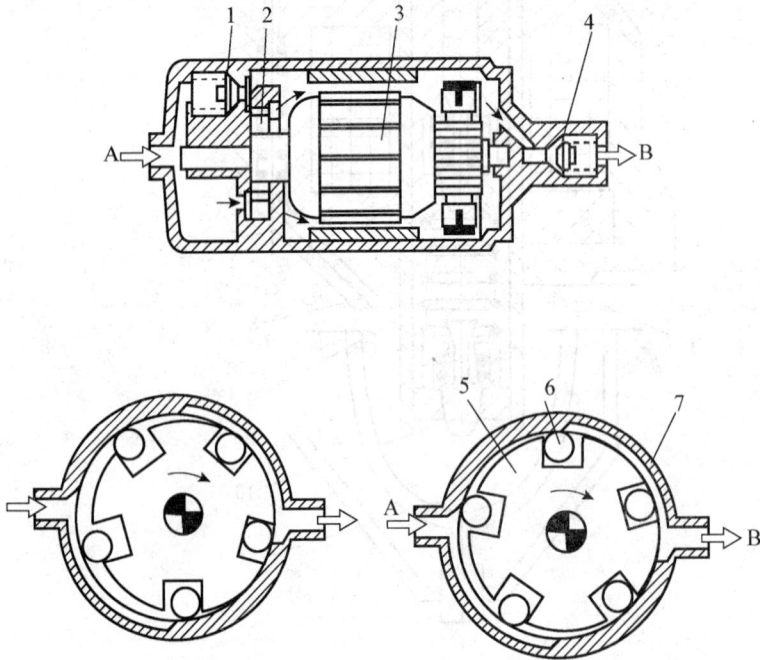

1—限压阀；2—滚子泵；3—电动机；4—出油单向阀；
5—转子；6—滚子；7—泵体；A—进油口；B—出油口

图 9-15 滚柱式电动油泵

油泵旋转工作时，由于离心力的作用，转子槽内的滚子向外移动，紧靠在偏心的泵体壁面上，该柱随转子一同旋转时，泵腔容积产生变化：汽油进口处容积较大，出口处容积越来越小，使汽油经过入口的滤网被吸入油泵，加压后经过电动机周围的空间由出口泵出，油泵出口处有一单向阀，在油泵停止工作时防止汽油倒流回油箱，以保持发动机停止后，管路内汽油具有残余压力，便于再次启动。出口处的缓冲器是用来减小出口处的油压脉动和运转噪声，这种油泵的最大压力可达 400 kPa 以上。泵中还设有限压阀，因汽油泵滤清器堵塞等原因使汽油泵压力超过规定值时，限压阀开启，部分燃油返回到进油口一侧，从而降低了燃油压力，以保护电动汽油泵。

2. 转子式电动汽油泵

转子式电动汽油泵的结构如图 9-16 所示，其转子是一块圆形平板，平板圆周有许多半圆型小槽，形成泵油叶片。油泵运转时，转子叶片的汽油随转子一同旋转，由于离心力的作用，汽油出口处油压升高。同时在进门处产生一定的真空，从而使燃油从进口被吸入并被转子叶片泵向出口。这种电动汽油泵优点是：最大泵油压力较高，可达到 600 kPa 以上。

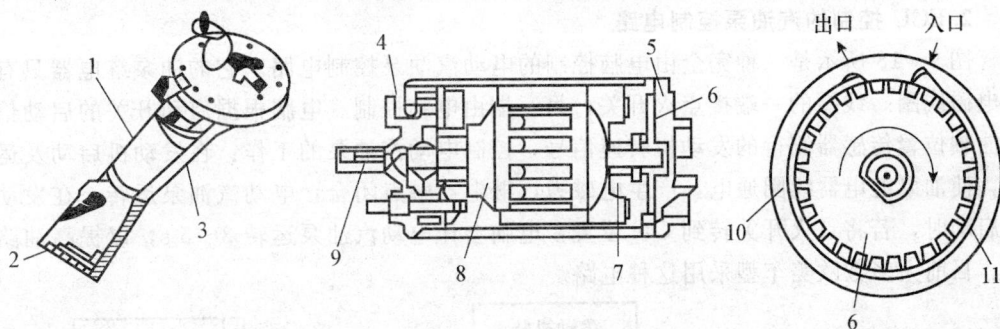

1—燃油泵；2—滤网；3—加强筋；4—溢流阀；5—泵盖；
6—叶轮；7—泵腔；8—电枢；9—止回阀；10—壳体；11—凹槽
图 9-16 转子式电动汽油泵

（二）电动汽油泵的控制

电控汽油喷射系统对汽油泵的基本要求：只有在发动机处于运转状态时，汽油泵才泵油；发动机不运转时，接通点火开关，汽油泵也不工作。电控汽油喷射系统的汽油泵控制电路有 4 种：电子控制单元 ECU 控制的电路、油泵开关控制的电路、具有转速控制的电路、点火开关与 ECU 共同控制的电路。

1. 点火开关与 ECU 共同控制的汽油泵控制电路

如图 9-17 所示，断路继电器的作用是在发动机运转时接通电源至汽油泵的电路。接通点火开关时，主继电器线圈中有电流通过，触点闭合，电源向燃油喷射系统供电，发动机收到点火开关闭合信号，但无转速信号输入，控制汽油泵工作 2 s，使供油管路的压力增高，为发动机启动做好准备。发动机启动时，断路继电器的 L_2 线圈通电，在电磁吸力的作用下，触点闭合，电源通过主继电器和断路继电器向汽油泵供电，汽油泵投入工作。发动机正常运转过程中，ECU 接收到转速传感器的输入信号，使晶体管 Tr 导通，断路继电器的 L_1 线圈通电，使触点保持闭合状态，汽油泵继续工作。

发动机停止运转时，主继电器线圈断电，触点断开，电源不再向燃油喷射系统供电，发动机 ECU 的晶体管 Tr 截止，断路继电器触点打开，油泵电路中断，汽油泵停止工作。

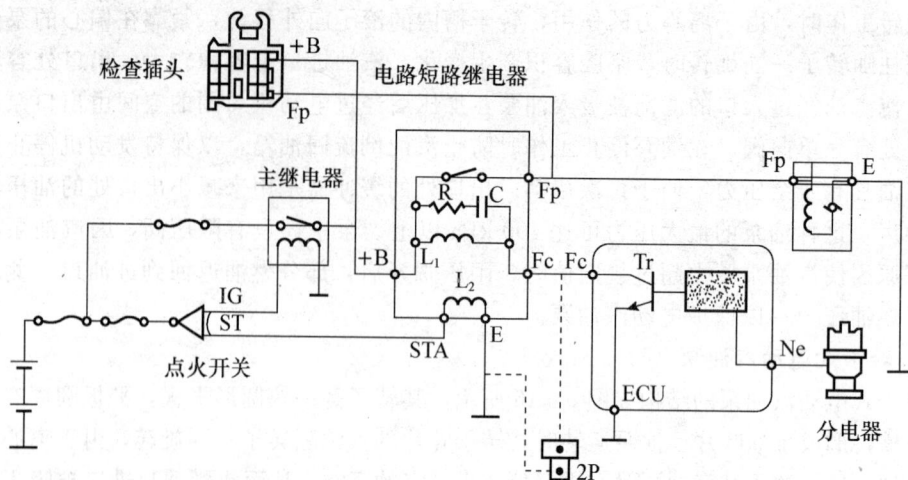

图 9-17　点火开关与 ECU 控制的汽油泵控制

2. ECU 控制的汽油泵控制电路

图 9-18 所示是一种完全由电脑控制的电动汽油泵控制电路。它的油泵继电器只有一组电磁线圈。线圈的一端接点火开关，另一端由电脑控制。电脑根据启动开关的启动信号及曲轴位置传感器测得的发动机转速信号，控制电动汽油泵的工作：在发动机启动及运转时，使油泵继电器线圈通电，产生电磁力，继电器触点闭合，电动汽油泵运转；在发动机未启动时，若将点火开关转到 ON 位置，电脑会让电动汽油泵运转 3～5 s，以提高油路压力。目前大多数欧美车型采用这种电路。

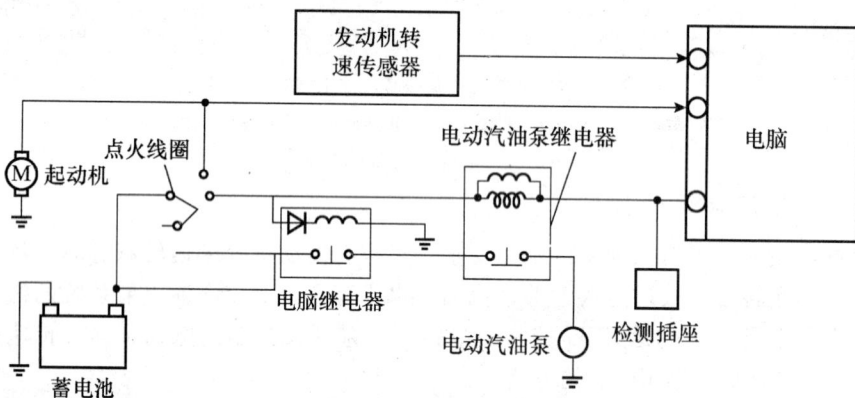

图 9-18　电脑控制的电动汽油泵

三、电动汽油泵的检测

1. 就车检查

（1）先用一根导线将检测插座内电动汽油泵的两个检测插孔短接，接通点火开关，但不启动发动机。

（2）卸下油箱盖，仔细倾听是否有电动汽油泵运转的响声。如听不清，可用手捏住进油软管，观察有无供油压力。若无，则作下一步检查。

（3）检查电动汽油泵电源保险丝是否熔断，继电器是否损坏，控制电路是否断路。如果没有上述故障，应检修或更换电动汽油泵。

2. 电动汽油泵的开路检测

（1）测阻法。用多用电表欧姆挡测量电动汽油泵两接线柱间的电阻，其电阻值应为 2～3 Ω。如果阻值过大，说明有断路或接触不良之处；如阻值过小，说明有短路或搭铁故障。

（2）加压观察法。用导线将蓄电池两极与电动汽油泵两接线柱连接，倾听电动汽油泵有无运转声。如听不到高速运转声，说明汽油泵未工作。

3. 电动汽油泵控制电路检测方法

（1）检查油泵的电源供给电路。油泵电源供给电路一般受 EFI 主继电器及熔断器的控制，当熔断器断路或主继电器出现故障时，接通点火开关，汽油泵控制的＋B 端将无供电电压输入。

（2）油泵控制电路的检查。油泵电路的工作主要受油泵继电器的控制，油泵继电器又受 ECU 的控制。首先检查油泵继电器和 ECU，再检查油泵调速附加电阻，最后检查各端子间电压。

（3）主继电器的检测（以广州本田发动机为例，如图 9－19 所示）。拆下主继电器，连接蓄电池正极与主继电器的 1 号端子，检查主继电器的 4 号和 5 号端子之间是否导通。如果不导通，则更换主继电器重新检查。

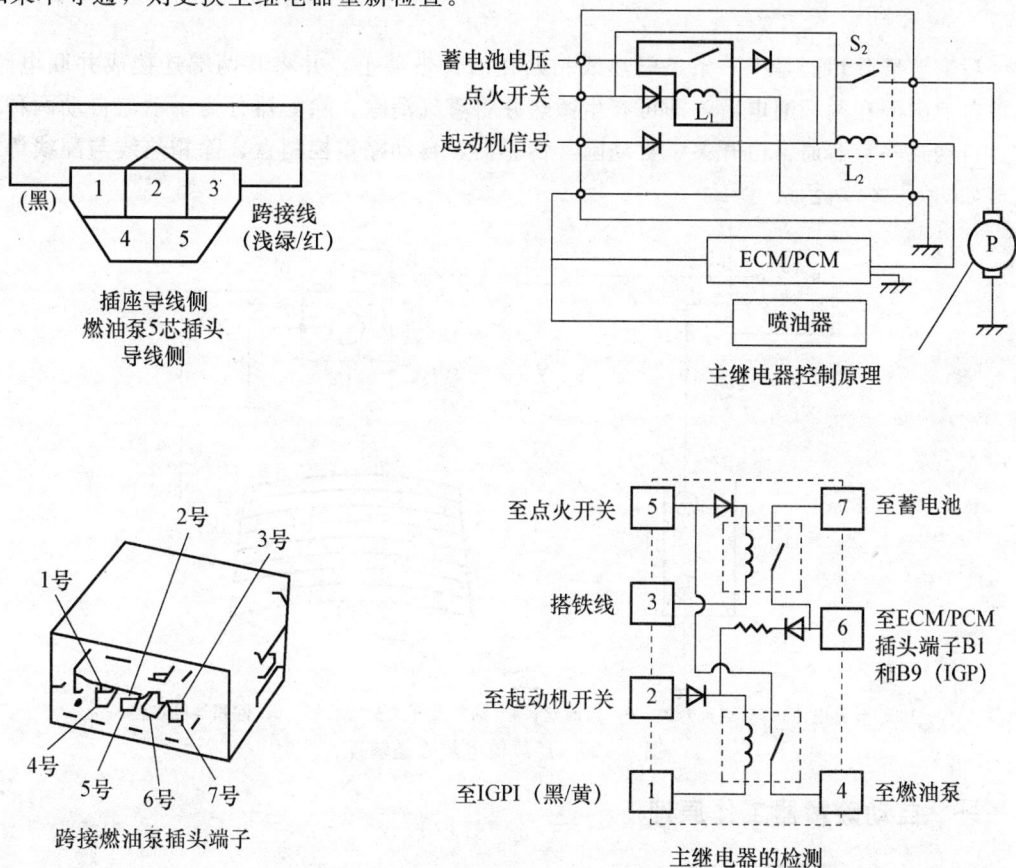

图 9－19 广州本田发动机主继电器的检测

4. 电动汽油泵的检修

电动汽油泵不能正常工作，多是由子线路连接不良、输油管渗漏、燃油泵继电器损坏等原因造成的。检修方法如表9-2所示。

表9-2   电动汽油泵的检修

故障现象	产生原因	检修方法
电动汽油泵不工作	点火开关损坏	检修或更换点火开关
	电动汽油泵继电器损坏	用短接法检测继电器工作情况
	油泵熔断丝断路	检查更换熔断丝
	控制电路短路	用仪表检测断路部位
	支流电动机损坏	检修更换直流电动机
电动机油泵工作不正常、供油量少	蓄电池电压不足	检查或补充充电
	汽油滤清器堵塞	更换滤清器
	油箱输油管渗漏	检查油路
	直流电机工作不良	从汽油箱里取出直流电动机并检修

第三节 后窗玻璃除雾（霜）器

后窗玻璃除霜器是把一条条电热线粘贴在后窗玻璃上，并将其两端连接成并联电路，以蓄电池电源在两端通电后，即可产生微热并将雾气消除。除雾器分为手动与自动两种型式。自动式除雾器通常由开关、自动除雾传感器、自动除霜控制盒、除霜热线与配线等组成（如图9-20所示）。

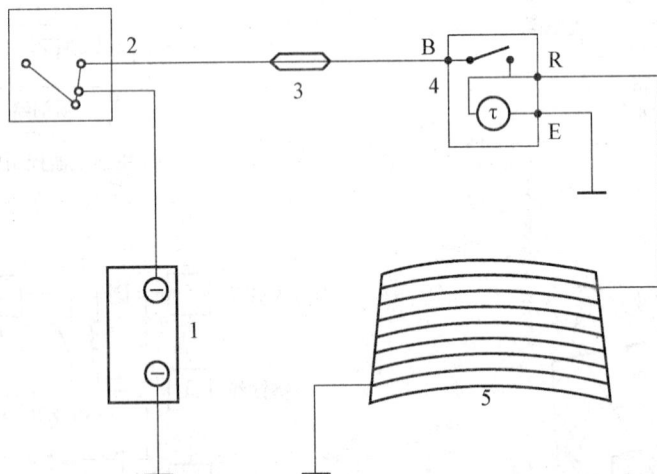

1—蓄电池；2—点火开关；3—熔断丝；4—除霜器开关及指示灯；5—除霜器电热丝

图9-20 后风窗电热除霜装置

一、自动除霜器工作原理

1. 开关处于"自动"位置

（1）后窗下方装有一个传感器，用来确认后窗玻璃是否存有雾气。

（2）传感器电阻因雾气增加而阻值减小到一定程度时，控制电路就可测知，使继电器线圈电流经控制电流而搭铁，继电器动作。

（3）此时，电源经继电器到除雾线完成回路。

（4）同时，分路电流可使指示灯发光，表示正在除雾中。

（5）当雾气逐渐消除，特使传感器电阻升高；继电器搭铁电路切断，指示灯也同时熄灭。

2. 开关处于"手动"位置

此时，继电器线圈可经"手动"接点搭铁，电热线与指示灯都可发生作用。

3. 开关处于"关闭"位置

控制电路不作用，继电器线圈无电流，除霜器不工作。

二、故障判断与排除

如果清洁后窗时不注意，很容易损坏电栅。如果线断裂处很短，可用以环氧树脂为基料的导电材料进行修理。如断裂的地方不止一处或长度超过 3.8 cm，就需要更换后窗玻璃，才能恢复除霜功能。

电栅导线的电阻在温度降低时，减小，温度升高时，增大。因此，除霜器具有一定的自调节功能。当气温降低时，电流增大，除霜功能自动加强。

1. 故障诊断方法

（1）去雾器不工作

首先检查一下熔断丝是否熔断、去雾器开关是否出现故障或插头是否接触不良，检查一下线路是否出现断路的地方，然后再检查一下后窗供暖栅格是否有断裂的地方。

（2）指示灯不工作

检查灯泡是否烧坏、熔断丝是否熔断、线路是否有断路处或插头是否接触不良。

2. 测试方法

（1）汽车后窗去雾系统的测试方法

首先要保证熔断丝和开关没有问题，然后打开点火开关和控制开关，几分钟后，车窗玻璃摸起来应该有热的感觉。如果车窗玻璃摸起来不热，就要用测试灯检查供暖栅格电源线的蓄电池电压。如果没有电压，就要检查供暖栅格的电源线、线束、控制开关熔断丝盒。

（2）电热丝的测试方法

后窗除霜器可用测试灯或电压表进行检测。若在后窗上测不出电压，再在开关、继电器总成上检测。如果电栅搭铁不良，也能使除霜器不工作。由于大多数除霜器电路中装有继电器，因此有可能开关指示灯发亮而后窗电栅实际不通电。要检测电栅导线情况，可将电压表负极引线和车身金属部分连接，将正极探针在电栅导线上由供电侧向搭铁侧移动，此时电压值应降低。

为了确定供暖栅格内电热丝烧断的位置，要把测试灯的负极导线连接在供暖栅格内的搭铁线上，然后用测试灯的探针搭接在供暖栅格内正极线端一侧。

这时如果测试灯亮了，就说明栅格内的电热丝没有问题。当测试灯的探针朝着供暖栅格内搭铁线一侧移动时，测试灯的灯光就会暗淡下来。

如果测试灯没有发亮，就说明供暖栅格内的线路断了。检查时，用测试灯的探针顺着线路朝着供暖栅格内搭铁线的方向移动，直到测试灯亮了，就表明找到断路的地方。

在后窗无霜的情况下，要检测电栅全部导线的情况，比较困难。此时可以用呵气的方法，使后窗蒙上霜，再接通除霜器，就可较快地了解所有导线的工作情况。

第四节　电动车窗、后视镜及电动座椅

一、电动车窗

（一）电动车窗工作原理

由电动机驱动的玻璃升降器称为电动车窗。电动车窗由玻璃升降器、电动机、开关等装置组成。车窗电动机分为永磁式和双绕组串励式两类。电动车窗系统装有两套控制开关。一套为总开关，可由驾驶员控制每个车窗的玻璃升降，另一套分别装在每个车窗中部为分开关，可由乘客进行操纵。总开关与分开关的关系是总开关与分开关互不干涉，均可独立地控制车窗玻璃的升降。

永磁式直流电动机是通过改变电枢电流的方向来改变电动机的旋转方向使车窗玻璃升或降的。上海桑塔纳轿车的电路如图 9-21 所示，车窗组合开关布置在前排左右座椅之间的中央通道面板上。当点火开关接通在 ON 挡时，通过它可以控制四扇车窗玻璃；当点火开关切断时，延时断开继电器自动延时 50 s 后切断所有的电动车窗内搭铁端。黄色的按钮为后窗安全开关，左前窗电动机采用特殊控制，点其控制按钮，自动继电器会自动保持接通约300 ms的时间，将玻璃升降到底。如果中途想让它停下来，只要点一下反向按钮即可。

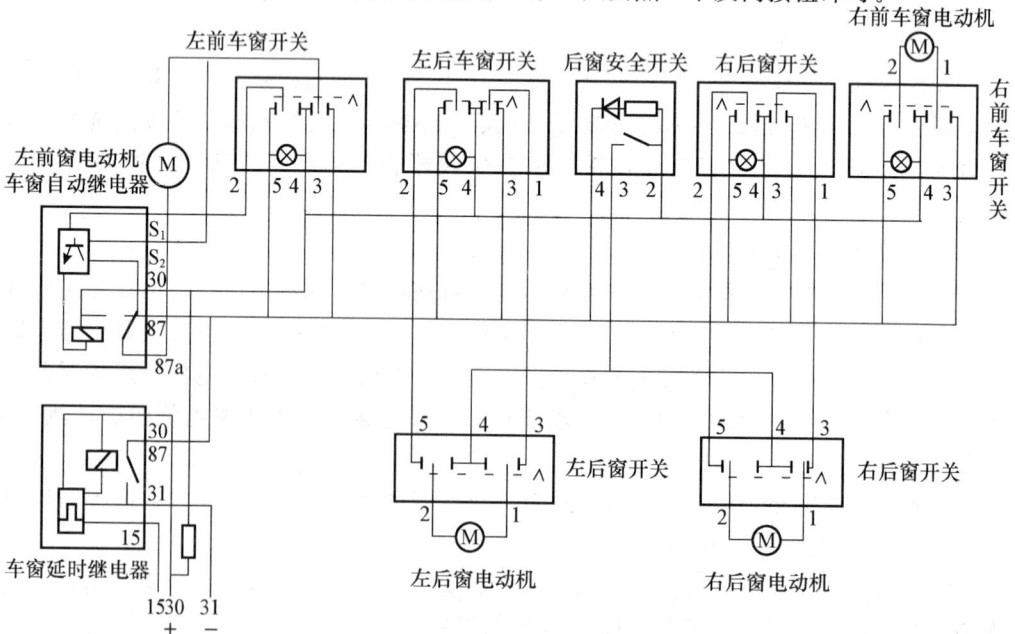

图 9-21　永磁电动机电动车窗电路图

双绕组串励直流电动机有两个绕向相反的磁场绕组，一个称为"上升"绕组，一个称为"下降"绕组，通电后产生相反的方向的磁场即可改变电动机的旋转方向，使车窗玻璃上升或下降，典型的控制电路如图9-22所示。各电动车窗电路中，均有断路保护器，以免电动机因超载而烧坏。断路保护器触点臂为双金属结构，当电动机超载电路中的电流过大时，双金属片因温度上升，产生翘曲变形并张开多功能触点，切断电路；电流消失后，双金属片冷却，变形消失，触点再次闭合。如此周期动作，使电动机电流平均值不致超过规定值，以致过热损坏。

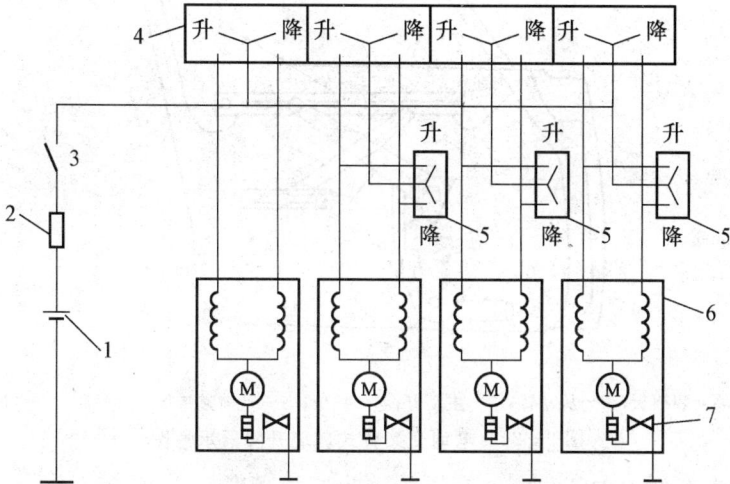

1—蓄电池；2—熔体；3—点火开关；4—总控制开关；5—门开关；6—电动机；7—断路开关

图9-22 双绕组串励直流电动机控制车窗电路

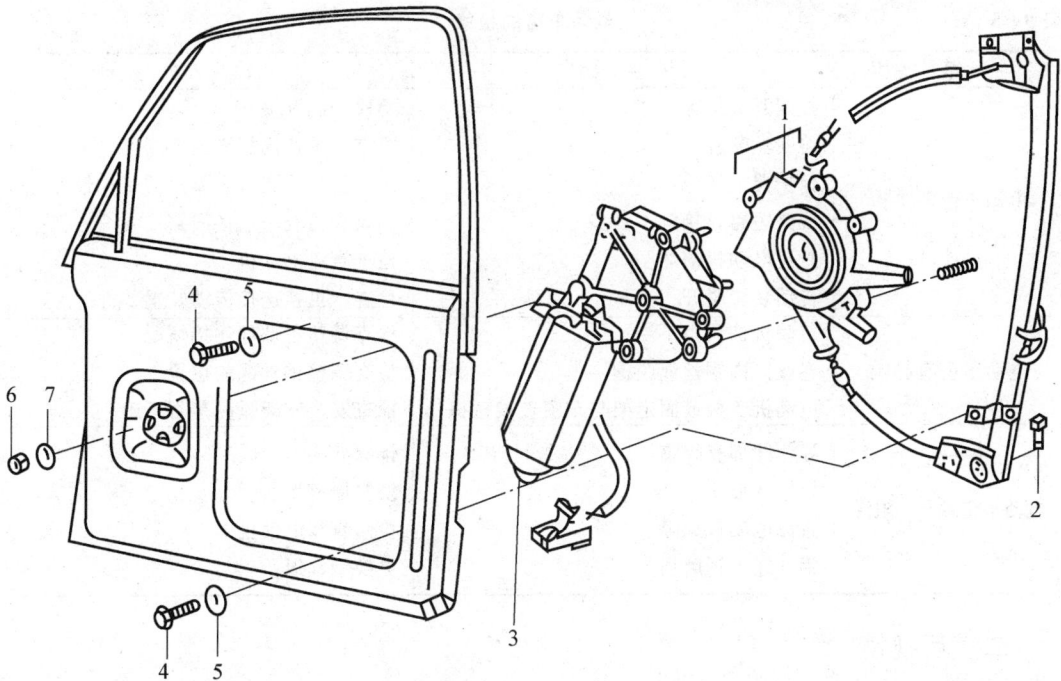

1—升降器总成；2—橡胶缓冲块总成；3—电动机；4—六角螺栓；5—垫圈；6—六角螺母；7—蝶形弹簧垫圈

图9-23 电动门窗升降器

常见的电动车窗玻璃升降器传动机构有绳轮式和交叉臂式两种，分别如图 9－23、图 9－24 所示。德国大众型轿车常用交叉臂式，日本轿车则常用绳轮式。

实质上电动玻璃升降器就等同于同类型的手动玻璃升降器加上电动机和减速器的组合，因此安装手动玻璃升降器的轿车配装相应的电动机和减速机构组件后，可以改成电动玻璃升降器。

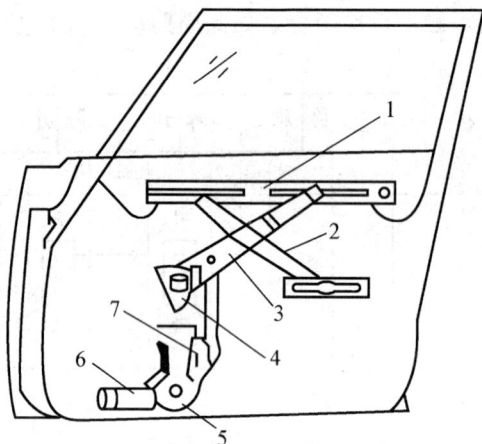

1—玻璃安装槽板；2—从动臂；3—主动臂；4—托架；5—平衡弹簧；6—电机；7—扇形齿轮

图 9－24 电动交叉臂式玻璃升降器示意图

（二）电动车窗的检修

电动车窗的检修如表 9－3 所示。

表 9－3　　　　　　　　　　　　　　　电动车窗的检修

故障原因	产生原因	检测方法
电动车窗不工作	控制开关损坏	检修控制开关
	熔断丝断开	检查、更换同标准的熔断丝
	保护器损坏	用短接法检查双金属片的工作情况
	线路短路，接触不良	用仪表检查、连接线路
	直流电动机损坏	检查直流电动机
	传动装置脱开	检查、更换连接传动装置部件
电动车窗有异响	传动机构调整不当	检查调整各部件连接情况
	卷丝筒内铜丝绳脱槽	检查调整钢丝绳的位置
	电动机盖板或固定架与车窗玻璃碰擦	检查安装支架弧度是否正确
电动车窗发卡、阻滞	导轨凹部有异物	排除异物
	导轨变形	恢复原有形状
	直流电动机故障	检修直流电动机
	钢丝绳生锈磨损	更换钢丝绳

二、后视镜

1. 电动后视镜的构造

每个电动后视镜均由两个永磁直流电动机、连接件、传递机构、组合开关、镜面玻璃等组成。两个永磁直流电动机的其中一个能使后视镜作上下偏转，另一个能使后视镜作左右偏转。电动后视镜由组合开关控制，组合开关由旋转开关、摇动开关、线束组成。选择左右后视镜电路后，该开关可以控制相应后视镜上下，左右伸缩动作。

2. 电动后视镜的检修

电动后视镜的检修如表 9 - 4 所示。

表 9 - 4　　　　　　　　　　　　　电动后视镜的检修

故障原因	产生原因	检修方法
组合开关在任何位置电动后视镜都不能工作	点火开关损坏	检查点火开关
	组合开关损坏	修复或更换组合开关
	搭铁不良	检修电路、重新连接
	直流电动机损坏	检修直流电动机
	熔断丝断开	更换同一标准的熔断丝
一侧电动后视镜不能上、下运动	组合开关损害	恢复或更换组合开关
	直流电动机（控制上、下运动）损坏	检修直流电动机
	传动装置损坏	检修传动装置

三、电动座椅

汽车座椅的主要功能是为驾驶员提供便于操作、舒适而又安全的驾驶位置，为乘员提供不易疲劳、舒适而又安全的乘坐位置。其应满足以下要求：

（1）座椅在车厢内的布置要合适，尤其是驾驶员的座椅，必须装于最佳的驾驶位置。

（2）按人体工程学的要求，座椅必须具有良好的静态与动态舒适性。其外形必须符合人体生理功能，在不影响舒适性的前提下，力求美观大方。

（3）座椅应采用最经济的结构，尽可能地减少重量。

（4）座椅是支撑和保护人体的构件，必须十分安全可靠，应具有充分的强度、刚度与耐久性，对可调的座椅，要有可靠的锁上机构，以保证安全。

（5）座椅应有良好的震动特性，能吸收从车厢地板传来的震动。

（6）座椅应具有各种调节机构，为适应不同驾驶员、乘员在不同条件下获得最佳驾驶位置与提高乘坐舒适性所不可缺少的手段。

作为人和汽车之间联系部件的座椅已经发展为多功能动力调节座椅。

1. 座椅的调节

座椅调节的目的就是使驾驶员和乘员乘坐舒适。通过调节还可以变动坐姿，减少乘员长时间乘车的疲劳。

座椅的调节正向多功能化发展，使座椅的安全性、舒适性、操作性日益提高。其种类很多，还可以有不同的组合方式。如具有八种调节功能的电动座椅，其动作方式分为座椅的前后调节、侧背支撑调节、腰椎支撑调节以及靠枕上下、前后调节。

电动座椅前后方向的调节量一般为 $100 \sim 160\,mm$，座位前部与后部的调节量约为 $30 \sim 50\,mm$。全程移动所需时间约为 $8 \sim 10\,s$。

2. 电动座椅的构造及工作原理

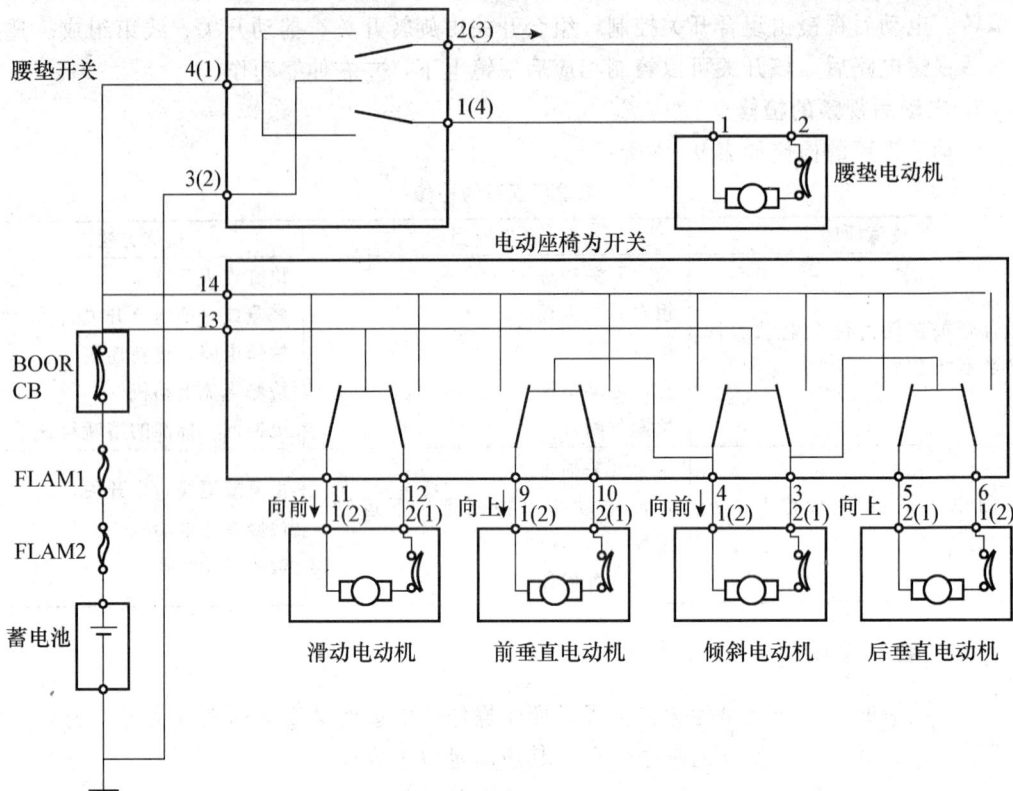

图 9-25   凌志 LS400 电动座椅

电动座椅一般由双向电动机、传动装置和座椅调节器等组成。电动机的数量取决于电动座椅的类型，通常两向移动座椅有两个电动机，四向移动的座椅装有四个电动机。大多数电动座椅使用永磁式电动机，通过开关来操纵电动机按不同方向运转。为防止电动机过载，大多数永磁式电动机内装有短路器。图 9-25 是凌志 LS400 轿车驾驶员电动座椅控制线路图。

通过电动座椅开关，即可完成不同的调节功能，如靠背的前倾调节，按下电动座椅开关中的前倾调节开关。其电路为：蓄电池→熔断器→门锁电路断路器→开关 14 接点→前倾调节开关→开关 4 接点→倾斜电动机→开关 3 接点→开关 13 接点→蓄电池负极，形成回路，倾斜电动机工作，座倚靠背向前倾斜。

电动座椅的传动装置包括变速器、联轴装置和电磁阀。

座椅调节器是由螺旋千斤顶和齿轮传动机组成，电动机和变速器之间装有联轴器，传动装置和座椅调节器之间用软轴连接。

3. 带存储功能的电动座椅

带存储功能的电动座椅采用了微机控制，它能将选定的座椅调节位置进行存储，只要按指定的按键开关，座椅就会自动地调节到预先选定的座椅位置上。带存储功能电动座椅的控制如图 9-26 所示。

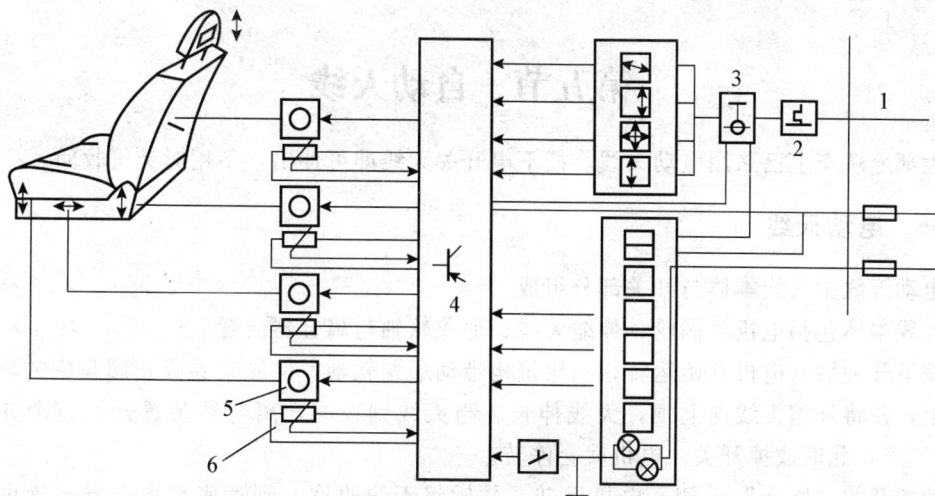

1—蓄电池；2—过载保护装置；3—主继电器；4—电子控制装置；5—电动机；6—电位计

图 9-26　带储存功能电动座椅示意图

该系统有一个存储器，存储装置通过四个电位计来控制座椅的调定位置。只要座椅位置调定后，驾驶员按下存储器的按钮，电子控制装置就把这些电压信号存储起来，作为重新调整位置时的基准。使用时，只要一按按钮，就能按存储的座椅位置的要求调整座椅位置。

四、电动座椅的故障检查常识

1. 操纵系统不工作或出现噪声

操纵系统不工作或出现噪声应做如下检查：

（1）检查电磁阀与车身搭铁情况。若搭铁情况不好，操纵系统也不可能工作。

（2）使用测试灯在熔断器板上检查断路器，指示灯发亮与开关状态无关。如座椅继电器有吸合声，断路器工作正常，故障可能出在电动机和继电器上。

（3）在检测继电器和电动机之前，还应检测开关上的电压，故障也可能出现在开关上。

2. 座椅电动机运转，但座椅不能移动

检查电动机和变速器之间的橡胶联轴节是否磨损或损坏。

3. 座椅继电器有接合响声，但电动机不工作

检查电动机以及电动机与继电器之间的线路。双磁场绕组型电动机搭铁不实也容易引起这类故障。

4. 电动座椅的维修

如果维修电动座椅时，因空间所限，不便在车内修理，可将座椅的某一部分卸下。

第五节　自动天线

大部分轿车上已采用电动天线，按下电开关天线即可伸出，不用时又可收回。

一、电动天线

电动天线由天线本体与开关部分组成。

天线本体包括电机、涡轮、伸缩天线、尼龙软轴与离合器装置。

按下开关后，电机开始运转，涡轮机构带动尼龙软轴，使原来卷收在团盘中的软轴伸直向上，并将伸缩天线向上顶，天线伸长。当天线到顶时，离合器装置开始打滑并发出"咯咯"声，此时放掉开关，电机就会停转。

如按开关"降下"一侧，电机反转，软轴将天线收回，到达底部离合器装置也会打滑，并发出"咯咯"声。

二、全自动天线

图9-27为全自动天线电路简图。只要打开收音机，天线便可自动伸长，关收音机时又会自动收回天线。全自动天线工作原理如下：

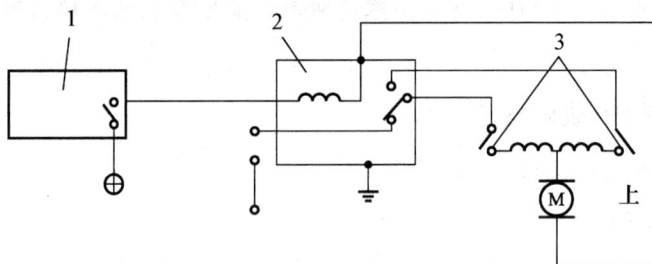

1—收音机；2—继电器；3—无线电机接点

图9-27　全自动天线电路简图

（1）电源开关打开后，电流从正极经收音机开关进入继电器电磁线圈后搭铁，可使电流通过接点到达天线电机并形成回路，电机转动，天线伸出。

（2）天线伸到顶时，电机处的"上"接点分开，使电路中断，电机停转。

（3）收音机关掉时，继电器线圈失去磁力，使电源B电流经电机"下"接点流入电机反转线圈，于是天线降下。

（4）天线到达底端，"下"接点断开，电路中断，电机停转。

第六节　柴油机启动预热装置

为保证低温条件下可靠地启动发动机，在多数柴油机和少数汽油机上设有低温启动预热装置，以提高进入气缸空气（或可燃温合气）的温度。

进气预热的类型有集中预热和分缸预热两种。集中预热式预热装置安装在发动机的进气管上,分缸预热装置安装在各气缸内或进气管上。集中式预热装置常用于汽油机及部分柴油机上,分缸式预热装置一般用在柴油机上。

一、进气预热装置的分类及结构

1. 电热塞

电热塞安装在柴油机的预热塞内或进气口处,通电 10～15 s,电热丝温度将达到800 ℃,最高温度可达 1 000 ℃～1 100 ℃,功率为 70～120 W。电热塞的结构如图 9-28 所示。

五十铃 N 系列汽车启动预热系统电路如图 9-29 所示(用于五十铃 NKR,NHR 型汽车上),其功能如下:

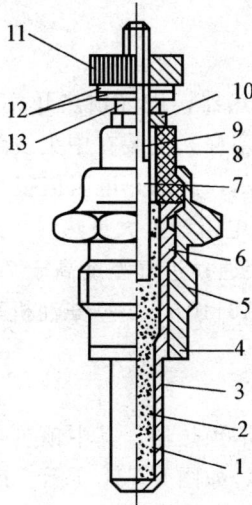

1—发热缸套;2—电阻丝;3—填充物;4—密封垫圈;5—外壳;6—垫圈;7—绝缘体;
8—胶合剂;9—中心螺杆;10—固定螺母;11—压线螺母;12—垫圈;13—弹簧垫圈

图 9-28 封闭式电热塞的结构

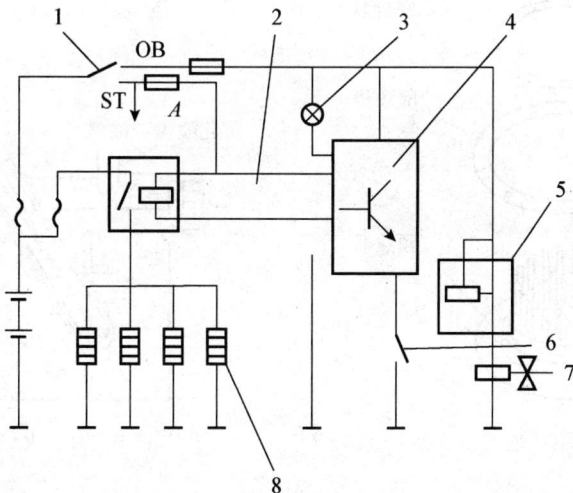

1—点火开关;2—继电器;3—预热指示灯;4—定时器;5—继电器;6—温度开关;7—电磁阀;8—电热塞

图 9-29 五十铃 N 系列汽车启动预热系统

在发动机冷却液温度低于 0 ℃时，温度开关断开。当点火开关处于 ON 挡时，预热定时器开关三极管导通，电热塞继电器触点闭合，电热塞通电发热，与此同时，仪表上的预热指示灯亮，表示正在预热，大约 3.5 s 后，预热指示灯熄灭，表示可以启动。接通点火开关 ST 挡，定时器继电器继续维持预热，继电器通电，电热塞达到最高温度时，启动继电器线圈通电，起动机带动曲轴旋转，使发动机顺利启动。自点火开关至 ST 挡约 18 s 之后，定时器自动切断预热电路。

若冷却液温度高于 0 ℃，温度开关接通，电源启动开关至 ON 挡（或 ST 挡）时，预热塞继电器不通电，电热塞不发热，只有预热指示灯亮约 0.3 s 后熄灭。

在图 9-29 所示的预热系统中，还设置了预热电磁阀，它安装于喷油泵的溢流管上。在冷却液温度低于 0 ℃时（预热系统工作的同时），该电磁阀通电，切断溢流回路，提高了喷油压力，使喷油提前进行。

2. 进气预热器

桑塔纳进气预热装置由进气预热器、进气预热开关（热敏开关）、进气预热继电器等组成。进气预热继电器盖上标有 1 字样，安装在中央线路板 2 号位置。进气预热器由电阻丝（康铜丝）组成，如图 9-30 所示，其加热电阻值很小，仅为 $0.25\sim0.50\ \Omega$。接通点火开关时，电流可达 $20\sim50\ A$，加热电阻产生大量热量。进气预热控制开关为热敏开关，当进气温度低于 60 ℃时，热敏开关接通；进气温度高于 70 ℃时，热敏开关断开。

解放牌 CA1092 汽车采用的 CA6110A-1 型柴油机采用了电热丝网预热器，它安装在进气管上。

3. 火焰预热器

南京依维柯汽车预热系统是火焰预热器，其中预热塞为压力雾化炽热塞点火式。它由雾化喷嘴、炽热塞及燃烧室等组成，如图 9-31 所示。启动前，接通预热电路，电流通过炽热塞使其升温，40 s 后炽热塞已处于炽热状态。启动时，柴油经滤清器和电磁阀进入雾化喷嘴，在 0.35 MPa 的压力下，由喷孔喷出雾状柴油与空气混合后形成易燃混合气，并在炽热塞点燃下燃烧，形成火焰，加热进气。

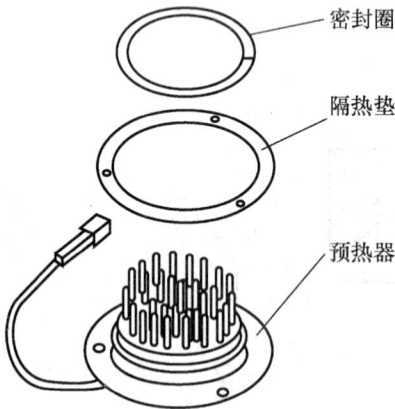

图 9-30 PTC 进气预热器

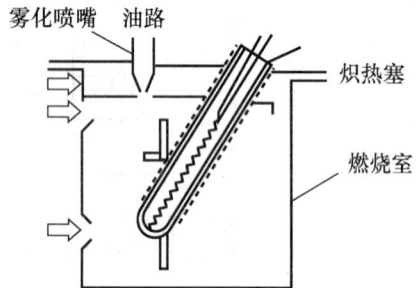

图 9-31 火焰预热器

二、预热控制电路

预热控制电路用来控制预热器工作。如图 9-32 所示是基本的预热控制电路电气原理图，它主要由启动开关和预热继电器组成。当启动开关置于预热挡时，预热继电器 K 得电，触点闭合，预热器电路接通开始工作；同时预热指示灯亮，指示预热工作正在进行。当启动开关回到"0"挡后，继电器 K 断电，预热器停止工作，预热指示灯熄灭。

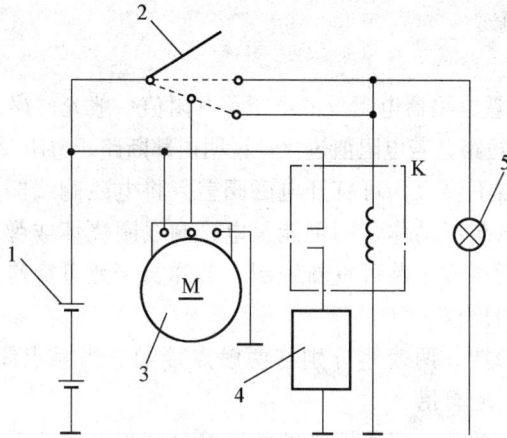

1—蓄电池；2—启动开关；3—起动机；4—预热器；5—预热指示灯；K—预热继电器

图 9-32 预热控制电路

三、启动预热系统的故障分析与检修

1. 启动预热系统的故障分析

启动预热系统的常见故障有：启动开关接通预热挡，预热，指示灯不亮；启动开关接通预热挡，预热指示灯亮但不预热；不停止预热。

（1）启动开关接通预热挡，预热指示灯不亮

首先检查启动开关电源线是否正常，然后检查启动开关预热挡接线头是否松脱，指示灯接头是否松脱，连接导线是否折断，指示灯泡是否损坏，接触是否良好。若上述各项检查均无故障，则可能是启动开关的预热挡接触不良，应拆检启动开关。

（2）启动开关接通预热挡，预热指示灯亮但不预热

启动开关接通预热挡，预热指示灯亮，但发动机启动困难，手摸安装预热器的部位，感觉不到一点热量。该现象即为预热系统出现不预热故障。该故障一般是由于预热继电器电路"断路"或预热器损坏所致。

接通启动开关的预热挡，观察预热继电器是否动作。若预热继电器不动作，检查预热继电器磁化线圈是否烧坏、搭铁是否良好；如果正常，则说明故障出在预热继电器的控制电路上，应对控制电路作进一步的检查。

接通预热挡，若预热继电器动作，检查预热继电器的触点，如果继电器的触点接触良好，进一步检查预热继电器与预热器之间的连线是否松脱或折断；若正常，则说明预热器有故障，应拆下检修。

（3）不停止预热

预热器长时间处于通电工作状态，而不能停止预热。该故障一般是由于预热继电器的触点长时间闭合（或短路）不能打开所致。

首先应检查预热继电器的触点，若由于触点烧结或其他原因造成触点间短路，可导致

预热器长时间处于通电状态，不能停止预热。

对于有电子电路控制的预热继电器，也可能由于电子控制电路故障造成预热继电器线圈长时间通电，其触点常闭，不能停止预热。应对电子控制电路进行检查。

2. 预热继电器的检修

（1）预热器的检修

用多用电表欧姆挡测量电热器电阻丝的电阻，其阻值一般允许误差在规定值的10%以内。若电阻值过小，说明内部短路；若电阻值过大，说明内部断路。电阻丝烧坏宜更换预热器。

若电磁式火焰预热器不喷火，可打开电磁阀盖，将电磁阀线圈直接与电源接通，观察电磁阀是否动作。若电磁阀不动作，则可能是电磁阀线圈烧坏或弹簧卡死。用多用电表检查电磁阀线圈，若线圈断路或短路可重新统制。若弹簧卡死可拆修。

（2）预热器继电器的检修

将多用电表拨到欧姆挡，两表笔分别与两触点接触，当触点闭合时，其阻值应为零，否则说明触点接触不良，应打磨。

将继电器线圈的一端拆下，多用电表的两表笔分别与线圈的两端接触，若所测阻值无穷大，说明线圈断路；若所测阻值过小，接通电源后触点不能动作，说明线圈短路。线圈断路或短路可重绕或更换继电器。

（3）预热控制器的检修

由于车型不同，预热控制器的构成、原理、功能有较大的差异。在检查时，首先应察看电路板连线是否完好，元件接头是否松脱，有断路现象应加焊；对有烧痕的元件应拆下检查，确定已损坏后换上新元件。通过上述检修后若故障仍未排除，可根据校检预热控制器的工作原理，采用实验检查法。

第七节 音响装置

汽车音响由收放机、扬声器及天线三部分组成。如图9-33所示。

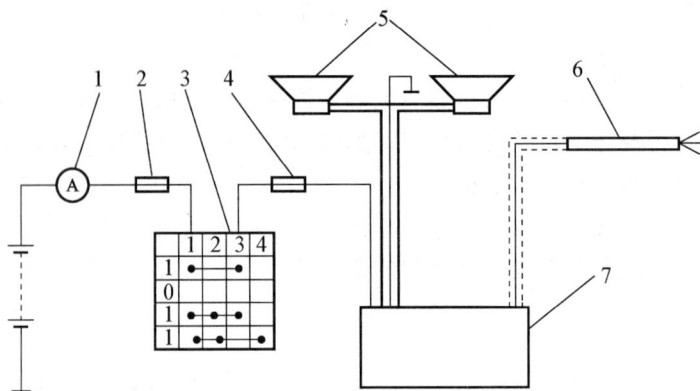

1—电流表；2—熔断丝；3—点火开关；4—熔断丝；5—扬声器；6—天线；7—收放机

图9-33 汽车收放机的接线

一、收放机

收音机一般均可接收调频广播与调幅广播。将 AM/FM 按钮按入就可接收调频波段，放出该按钮就可接收调幅广播。用选台钮 2 即可选择合适的频率，收听广播。

将卡式磁带直接插入磁带槽内并按到底，放音机就开始工作。将 FE/FJ 按钮按下一半即可实现成带的快进；将 FE/FJ 按钮全部按下，磁带即被弹出，同时放音机停止工作，收音机又开始工作。

使用汽车收放机应注意：

（1）不用作放音机时，不要将磁带在机内存放太久，以免压坏轴轮。

（2）磁带插入收音机之前，应先检查磁带是否松弛，若松弛应将其收紧后再放入，以免缠带。

二、扬声器

收音机音质的好坏直接取决于扬声器的质量，而收听效果又与扬声器的布置有关。汽车上扬声器的布置因车而异，有的扬声器安装在前车门下壁板和后座顶上，有的装在仪表板和后车顶上。一般地，汽车装有四个扬声器，分别装在车内的四角（车身较长的汽车两个侧面上也装有扬声器）。四个扬声器分左、右两个声道。一般情况下，左边两个扬声器为左声道，右边两个扬声器为右声道。也有的汽车采用交叉连接方式，即左前、右后扬声器占用左声道，右前、左后扬声器占用右声道。采取这些措施都是为了使乘客听到立体的声音效果。

在安装扬声器时，应注意导线的极性不能接错，而且要焊接牢固。否则，会损坏收放机。注意，在扬声器未连接的情况下绝对不能打开收放机。否则，将会损坏收放机的晶体管或集成电路。

三、音响系统常见故障诊断

1. 收音机和放音机均没有声音

（1）故障原因

收放机熔断丝烧断，电源线断路或短路，收放机后面的插头接触不良，扬声器接线松动，扬声器本身损坏，扬声器线束断路。

（2）故障诊断与排除

对上述可能发生的故障原因进行逐项检查，若有故障，可采取相应的措施排除（更换熔断丝或将断路、短路处修复，将插头松动处重新固定或更换扬声器）。

2. 放音机正常，而收音机收不到调幅、调频信号

（1）故障原因

天线插头未插上，天线接触不良，天线失效。

（2）故障排除

检查天线插头、接触是否正常，天线是否失效，可采取相应的措施将故障排除。

3. 收音信号很弱

（1）故障原因

天线微调电容调得不合适，天线接线接触不良，扬声器损坏。

（2）故障排除

①调整天线微调电容。把天线全部拔出，将音量和音调调到最大处，调谐旋钮旋至 1 400 Hz 的刻度处；用起子调节微调电容，使其音量达到最大值。

②检查天线与扬声器。若有损坏，更换即可。

4. 音质不好

（1）故障原因

磁带本身质量差，磁头太脏，扬声器质量差。

（2）故障排除

①换上一盒高质量磁带。若音质变好，说明原磁带质量差。

②用专用磁头清洗剂清洗磁头。清洗后，若音质变好，说明是由磁头脏污所致。否则，可能是扬声器质量差，应更换。

第八节　汽车电器对无线电的干扰及其抑制措施

一、汽车电器对无线电的干扰

汽车电气设备中，有许多导线、线圈和电子元件，都具有不同程度的电容和电感。而任何一个具有电感和电容的闭合回路都会形成振荡回路。当电气设备工作产生火花时，就会产生高频振荡并以电磁波的形式发射到空中，对汽车上及周围数百米范围内的收音机、电视机和其他无线电装置的正常工作，产生不同程度的干扰。

无线电干扰源首先是发动机的点火系统，其干扰波是由配电器中的间隙和火花塞间隙的火花放电引起的。其次，在发电机负载电流突变和整流也会产生电磁波，起动机、触点式电磁振动电喇叭、仪表系统等也都会产生较小的干扰波。

汽车电器产生的干扰电磁波具有脉冲特性且频带放宽，其频率一般在 0.15～1 000 MHz 之间。

汽车电器产生的干扰电磁波，分传导干扰和辐射干扰两种。传导干扰电磁波，是通过汽车导线直接输入无线电设备和电子设备内部的，而辐射干扰电磁波则是在空间传播，通过天线（如点火系高压线就相当于天线）输入无线电设备内部。

二、防干扰措施

在装有电子设备的汽车上，除了无线电设备本身采取防干扰措施外（如在收音机天线上加扼制线圈，在电源上加滤波器、合理选择收音机的安装位置并加金属屏蔽等），还必须在产生干扰电磁波的汽车电器上采取抑制措施。一般采取的措施有：

1. 加装阻尼电阻和高压阻尼线

在点火系高压电路中串入阻尼电阻，可以削弱电火花产生的干扰电磁波。试验证明，阻尼电阻的阻值越大，抑制效果越好；但阻值过大又会影响火花塞电极间的火花能量，因此一般不超过 20 Ω。阻尼电阻加装在点火线圈的高压导线引出端或火花塞上。如图 9-34 所示。

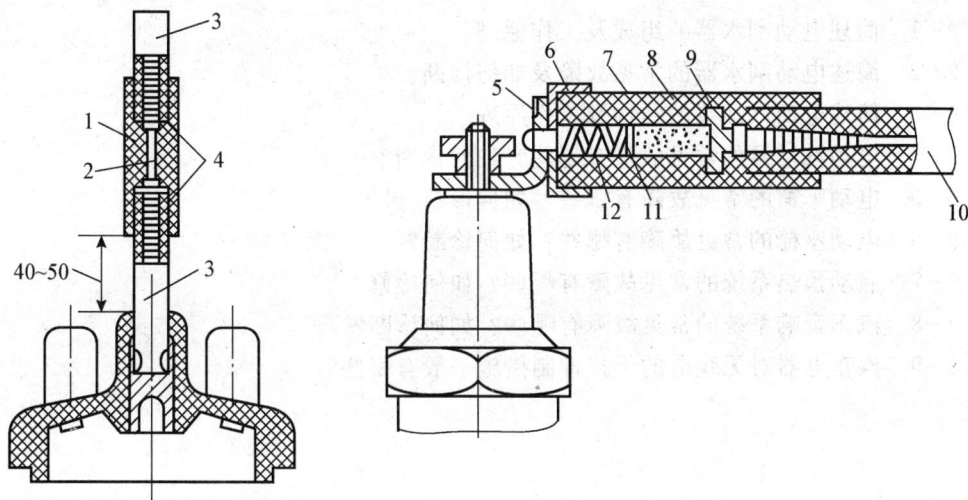

(a) ZN121 型装在高压导线上　　　　　(b) ZN120 型装在火花塞上

1,7—胶木壳；2,8—阻尼电阻；3—导线；4—装接钉；5—紧固角架；

6—罩杯；9—螺钉；10—高压线；11—垫圈；12—弹簧

图 9-34　阻尼电阻的结构

2. 加装并联电容器

在可能产生电火花处并联一个电容器，电容器能吸收电火花能量，从而达到削弱干扰的目的。一般在水温表（采用触点式传感器）、油压表的传感器触点之间并联 $0.1\sim0.2\ \mu F$ 的电容器；在闪光继电器、电喇叭触点处并联 $0.5\ \mu F$ 的电容器；在触点式调节器的点火接线柱或交流发电机正极（＋）接线柱并联 $0.2\sim0.8\ \mu F$ 的电容器，在传统点火系断电器触点并联 $0.15\sim0.25\ \mu F$ 的电容器。典型电容器防干扰系统如图 9-35 所示。

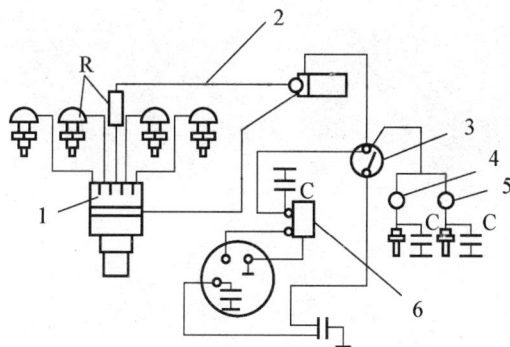

1—分电器；2—点火线圈；3—点火开关；4—水温表；5—油压表；6—调节器

图 9-35　电容器防干扰系统

3. 加装金属屏蔽

将汽车上容易产生电火花的装置，如点火线圈、发电机、调节器和触点式传感器等用金属罩覆盖。将有高频电流通过的导线用密织的金属网或金属管遮盖，也可抑制无线电干扰。

为了获得更好的防干扰效果，往往把上述三种方法合并使用。

📖 **思考与练习**

9-1 简述电动刮水器的组成及工作原理。

9-2 简述电动刮水器的常见故障及如何诊断。

9-3 简述电动汽油泵的结构及工作原理。

9-4 电动汽油泵的常见故障有哪些？如何诊断？

9-5 电动车窗的常见故障有哪些？如何诊断？

9-6 电动座椅的常见故障有哪些？如何诊断？

9-7 启动预热系统的常见故障有哪些？如何检修？

9-8 汽车音响系统的常见故障有哪些？如何诊断？

9-9 汽车电器对无线电的干扰抑制措施一般有哪些？

第十章 整车电气线路分析

现代汽车由于电器设备不断完善，数量增多，整车电器设备总线路十分复杂。为便于分析和正确判断电路故障，本章分别介绍了汽车电路的特点和种类，汽车电路的检修、汽车电气线路的分析以及汽车电器线路的检修内容。

第一节 汽车电路的特点和种类

现代汽车电器与电子设备虽然种类繁多，功能各异，但其线路都应遵循一定的原则，了解这些原则对进行汽车电路分析是很有帮助的。

一、汽车电路的特点

汽车电路可归纳为以下特点：

1. 额定压

汽车电系的额定电压有 6 V，12 V，24 V 三种。汽油机普遍采用 12 V 电源，柴油机多采用 24 V 电源（由两个 12 V 蓄电池串联而成）。汽车运行中的电压，一般 12 V 系统为 14 V，24 V 系统的为 28 V。

2. 直流电源

现代汽车发动机是靠电力起动机启动的，起动机由蓄电池供电，而向蓄电池充电又必须用直流电源，所以汽车电系为直流系统。

3. 单线连接

单线连接是汽车线路的特殊性，它是指汽车上所有电气设备的正极均采用导线相互连接，而所有的负极则直接或间接通过导线与车架或车身金属部分相连，即搭铁。任何一个电路中的电流都是从电源的正极出发经导线流入用电设备后，再由电器设备自身或负极导线搭铁，通过车架或车身流回电源负极而形成回路。

由于单线制导线用量少，线路清晰，接线方便，因此广为现代汽车所采用。

4. 并联连接

各用电设备均采用并联，汽车上的两个电源（蓄电池与发电机）之间以及所有用电设备之间，都是正极接正极，负极接负极，并联连接。

由于采用并联连接，所以汽车在使用中，当某一支路用电设备损坏时，并不影响其他支路用电设备的正常工作。

5. 负极搭铁

采用单线制时蓄电池的一个电极需接至车架或车身上，俗称"搭铁"。蓄电池的负极接车架或车身称为负极搭铁。蓄电池的正极接车架或车身称为正极搭铁。负极搭铁对车架或车身金属的化学腐蚀较轻，对无线电干扰小。我国标准规定汽车线路统一采用负极搭铁。

6. 设有保险装置

为了防止因短路或搭铁而烧坏线束，电路中一般设有保护装置，如熔断器、易熔线等。

7. 车线路有颜色和编号特征

为了便于区别各线路的连接，汽车所有低压导线必须选用不同颜色的单色或双色线，并在每根导线上编号，编号由生产厂家统一编定。

8. 由相对独立的分系统组成

汽车电路由相对独立的系统组成，全车电路一般包括以下几部分：

（1）电源电路：由蓄电池、发电机、调节器及工作状况指示装置（电流表、充电指示灯）等组成。

（2）启动电路：由起动机、启动继电器、启动开关及启动保护装置组成。

（3）点火电路：由点火线圈、分电器、电子点火器、火花塞、点火开关等组成的电路。此外，由发动机控制单元进行点火控制时，可以不使用分电器。

（4）照明与信号电路：由前照灯、雾灯、示宽灯、转向灯、制动灯、倒车灯、电喇叭等及其控制继电器和开关组成的电路。

（5）仪表与警报电路：由仪表、传感器、各种报警指示灯及控制器组成的电路。

（6）电子控制装置电路：由电控燃油喷射系统、自动变速器、制动防抱死系统、恒速控制及悬架平衡控制等组成的电路。

（7）辅助装置电路：由为提高车辆安全性、舒适性、经济性等各种功能的电器装置组成的电路，因车型不同而有所差异，一般包括风窗刮水/清洗装置、风窗除霜/防雾装置、启动预热装置、音响装置、车窗电动升降装置、电动座椅调节装置及中央电控门锁等装置组成的电路。

二、汽车电路的种类

现代汽车电路图的种类繁多，电路图依车型不同，也存在一定差别，但归纳起来汽车电路图主要有接线图、电路原理图、布线图等。

（一）接线图

图10-1是天津华利牌系列微型汽车的电气系统接线图。接线图是按照电器设备在汽车上的大致安装位置来绘制的电路图。接线图的优点是：整车设备数量准确，线路的走向清楚，有始有终，便于循线跟踪，查找起来比较方便。接线图的缺点是：图上电线纵横交错，印制版面小则不易分辨，版面过大印装受限制；识图、画图费时费力，不易抓住电路重点、难点；不易表达电路内部结构与工作原理。因此，在电气系统复杂程度不高的情况下经常采用接线图。

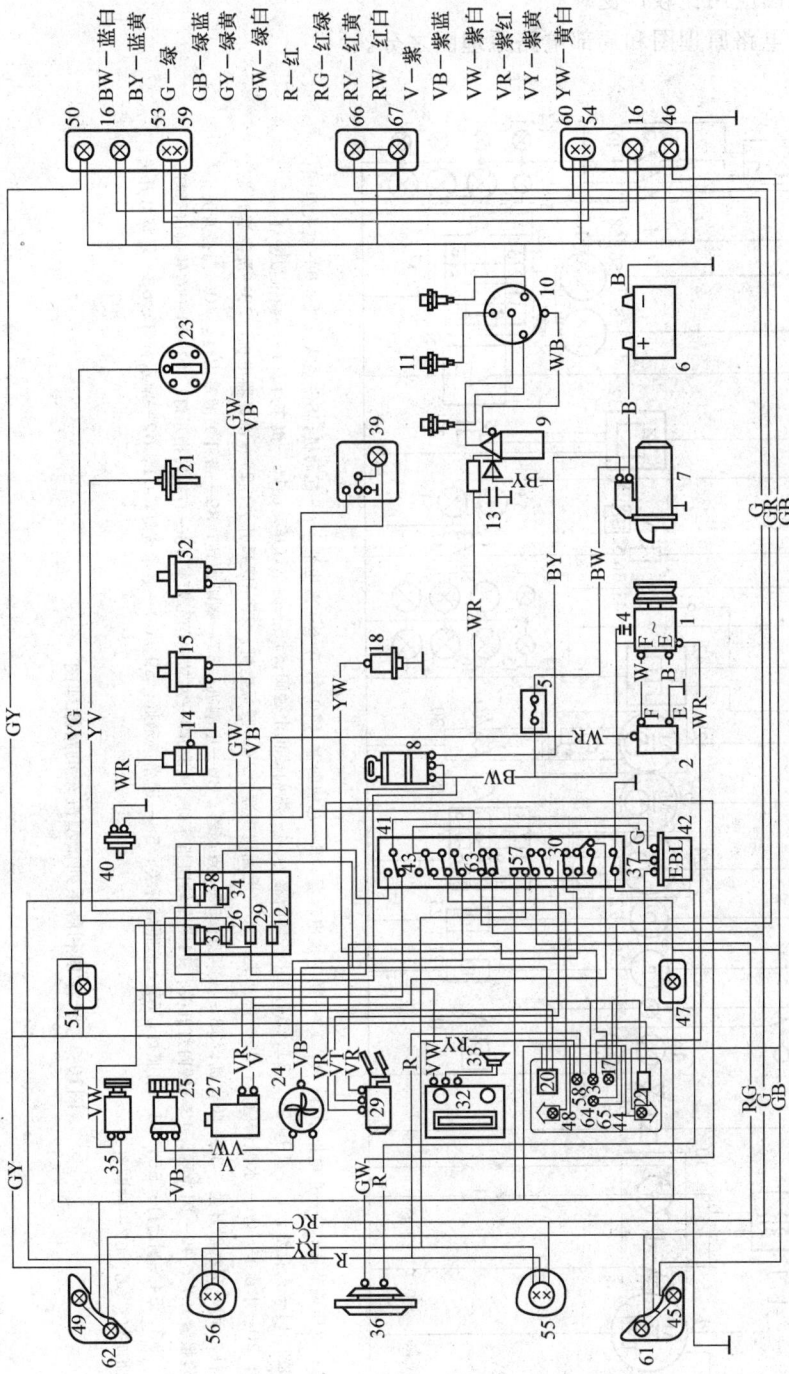

图10-1 天津华利牌系列微型汽车接线图

1—发电机；2—电压调节器；3—充电指示灯；4，13—防干扰电容器；5—总熔断器；6—蓄电池；7—起动机；8—点火开关；9—点火线圈；10—分电器；11—充电指示灯；12，19，26，31，34，38—熔断器；14—燃油截止电磁阀；15—倒车灯开关；16—倒车灯；17—油压报警灯；18—油压开关；20—水温表；21—水温传感器；22—燃油表；23—燃油传感器；24—暖风电机；25—暖风开关；27—洗涤器电机；28—洗涤器开关；29—刮水器电机；30—刮水器开关；32—收音机；33—扬声器；35—点烟器；36—电喇叭；37—喇叭按钮；39—带开关的室内灯；40—门控开关；41—转向与危险报警开关；42—闪光器；43—转向打开关；44—左转向指示灯；45~47—左转向信号灯；48~51—左转向信号灯；49~51—右转向指示灯；52—制动灯；53，54—制动灯；55，56—前照灯；57—前照灯开关；58—远光指示灯；59，60—后示宽灯；61，62—前示宽灯；63—示宽灯开关；64，65—仪表照明灯；66，67—牌照灯；

（二）电路原理图

天津华利牌系列微型汽车的电气系统电路原理图如图10-2。电路原理图以电路连接最短、最清晰为原则布置图面，且基本表示出电气设备内部电路。因此，电路图既表达了电器之间的连接，又体现了电气设备内部的电路情况，容易分析各电器工作时电流的具体

187

路径。因此，电路原理图应用比较广泛。

电路原理图有整车电路原理图和局部电路原理图之分。

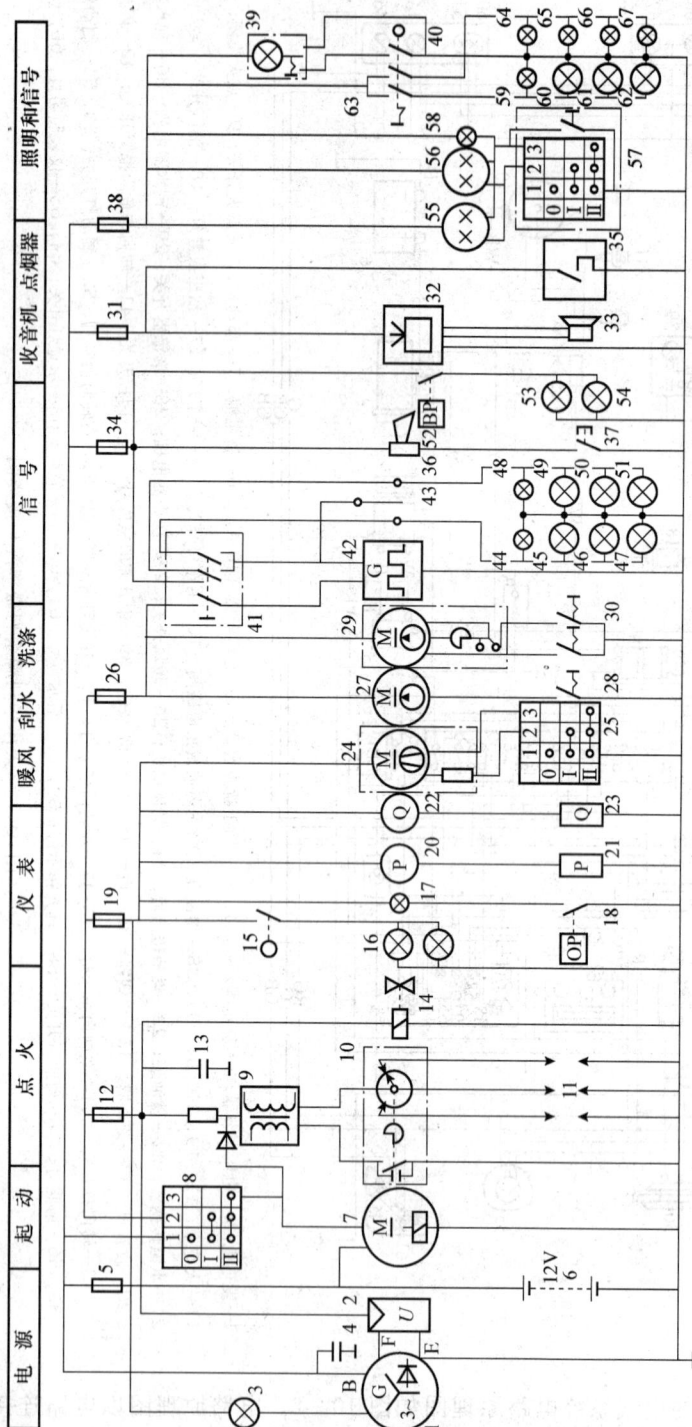

图10-2 天津华利牌系列微型汽车电路原理图

1—发电机；2—电压调节器；3—充电电流示灯；4、13—防干扰电容器；5—总熔断器（40 A）；6—蓄电池；7—起动机；8—点火开关；9—点火线圈；10—分电器；11—火花塞；12、19、26、31、34、38—熔断器；14—燃油截止电磁阀；15—倒车灯开关；16—倒车灯；17—油压报警灯；18—油压开关；20—水温表；21—水温传感器；22—燃油表；23—燃油传感器；24—暖风电机；25—暖风开关；27—洗涤器电机；28—洗涤器开关；29—刮水器电机；30—刮水器开关；32—收音机；33—扬声器；35—点烟器；36—电喇叭；37—喇叭按钮；39—带开关的室内灯；40—门控开关；41—转向与危险报警开关；42—闪光灯；43—转向灯开关；44—左转向信号灯；45～47—左转向指示灯；48～47—右转向信号灯；49～51—右转向信号灯；52—制动灯开关；53、54—制动灯；55、56—前照灯；57—前照灯开关；58—远光指示灯；59、60—后示宽灯；61、62—前示宽灯；63—示宽灯开关；64、65—仪表照明灯；66、67—牌照灯

1. 整车电路原理图

为了生产与教学的需要，常常要尽快找到某条电路的始末，以便确定故障的部位。在分析故障原因时，不能孤立地仅局限于某一部分，而是要将这一部分电路在整车电路中的位置和与之相关的电路都表达出来。

(1) 整车电路图的优点

①对全车电路有完整的概念。它既是一幅完整的全车电路图，又是一幅互相联系的局部电路图。重点难点突出，繁简适当。

②在此图上建立起电位高、低的概念：其负极"—"搭铁，电位最低，可用图中的最下面一条线表示；正极"十"电位最高，用最上面的一条线表示。电流的方向基本是由上而下。

③尽最大可能减少电线的曲折与交叉，布局合理，图面简洁、清晰，图形符号考虑到元器件的外形与内部结构，便于读者联想，易读、易画。

④各局部电路（或称子系统）相互并联且关系清楚，发电机与蓄电池间、各个子系统之间的连接点尽量保持原位，熔断器、开关及仪表等的接法基本上与实际吻合。

(2) 整车电路图的缺点

图形符号不大规范，容易各行其是，不利于与国际标准统一，因而也不利于对外交流。但是，近年来，国内外汽车电路变化很快，大量外国汽车的电路资料被翻译并刊登出来，国产汽车电路的设计、使用、维修以及教学、科研人员在电路图的表达方式和实际应用方面均作了长期的探索与实践，结合我国标准和国际标准以及汽车电器行业的情况，对汽车电路原理图的画法制定了较为详细的规范，推荐采用以德国博世（BOSCH）公司为基础的，经多年使用并修改定稿的《汽车电路图与图形符号》。

2. 局部电路原理图

为了弄清汽车电器的内部结构，各个部件之间相互连接的关系，弄懂某个局部电路的工作原理，常从整车电路图中抽出某个需要研究的局部电路，将重点部位进行放大、绘制并加以说明。局部的汽车电路原理图的电器设备少、幅面小，看起来简单明了，易读易绘；其缺点是只能了解电路的局部。

三、布线图

富康 988 轿车仪表系统布线图如图 10 - 3 所示。布线图主要是表明电线束与各用电器的连接部位、接线柱的标记、插接器的形状及位置等，它是人们在汽车上能够实标接触到的汽车电路图。

我们也可以把一些车辆的电器元件位置图看成是简化了的布线图。这种图一般不去详细描绘线束内部的线路走向，只将露在线束外面的线头与插接器作详细编号或用字母标记。它是一种突出装配记号的电路表现形式，非常便于安装、配线、检测与维修。若布线图能够与电路原理图或接线图结合起来使用，则会起到更大的作用。

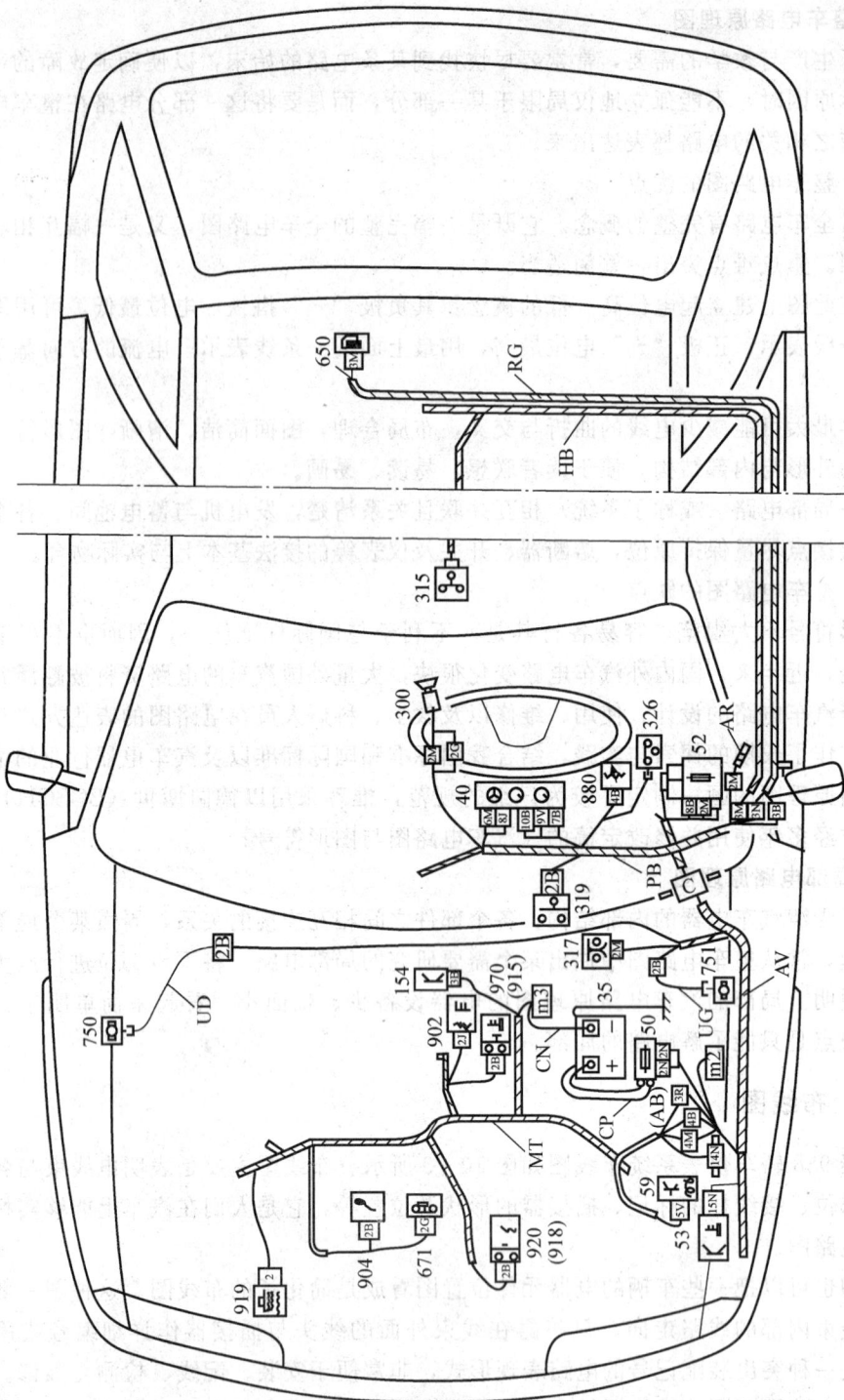

35—蓄电池；40—仪表板；50—发动机盖下熔断器盒；52—驾驶室内熔断器盒；53—水温控制盒；
300—点火开关；315—驻车制动灯开关；317—液面开关；319—制动灯开关；326—阻风门开关；
650—燃油表传感器；671—机油压力传感器；750—左前制动摩擦片；751—右前制动摩擦片；
880—仪表照明变阻器；915—水温传感器；59，902，904，918，919，920，970—未装备电器

图 10－3　富康 988 轿车仪表系统布线图

第二节 汽车电路的检修

汽车电气系统的故障虽然多种多样，但产生故障的原因与检修方法却有许多共性的东西，掌握这些共性知识对我们进行电路抢修会带来很大帮助。

一、汽车电气系统的工作条件

汽车电气系统的工作条件可概括为大范围的温度和湿度变化，波动的电压及较强的脉冲干扰，电器间的相互干扰，剧烈的震动以及尘土的侵蚀等。

1. 温度与湿度

温度的变化包括两方面：一是外界环境温度；二是使用温度，它与电器设备工作时间的长短、布置位置以及电器元件自身的发热散热条件有密切关系。对于电子元件来讲，较高的使用温度是造成过热损坏的主要原因。

在湿度较大的环境下，将会增加水分子对电子元件的浸润作用，使其绝缘性能下降，影响电器设备的工作性能。

2. 电压的波动

汽车电气系统的电压波动可分为两种：一种是正常范围内的波动，即从蓄电池的端电压到电压调节器起作用的电压之间的波动；另一种为过电压，过电压将对汽车上的电子设备带来极大危害。过电压从其性质来分，可分为非瞬变性过电压和瞬变性过电压。

非瞬变性过电压主要是由于发电机调节器失灵或其他原因，引起发电机励磁电流未经调节器，使发电机电压升高到不正常值。这种故障如不及时排除，则整个充电系统的电压会一直处于不正常的高压，过电压有时可高达 100 V 以上。它会使蓄电池的电解液沸腾，电器设备烧毁。

瞬变性过电压对汽车电子元件危害最大，其产生主要有以下几种情况：

（1）当停车关闭点火开关时，由于发电机的磁场绕组与蓄电池之间通路瞬间切断，从而在磁场绕组中感应出按指数规律变化的负电压，其反向峰值可达 -50～-100 V。该脉冲由于没有蓄电池吸收，极易引起电子元件的损坏。

（2）汽车运行中，发电机与蓄电池之间的导线意外松脱，或者在没有蓄电池的情况下突然断开其他负载，发电机端电压瞬间可升高很多，极限情况可达 100 V 以上，且可维持 1 秒左右的时间。对一些过电压敏感的电子元件，这样的过电压足以造成损坏或误动作。

（3）电感性负载，如喇叭、各种电机、电磁离合器等，在切换时将在电路中产生高频振荡，振荡的峰值电压可达 200 V 以上。其持续时间较短（300 μs 左右），一般不会引起电子元件损坏，但对于具有高频响应的控制系统，如电控汽油喷射系统，往往会引起误动作。

3. 电器间的相互干扰

由于各个电器设备工作方式不同，它们之间会以不同的方式彼此侵扰。通常将汽车上所有电器能在车上正常工作而不干扰其他电器正常工作的能力称为汽车电器的相容性。在实际中，电器间的相互干扰是不可避免的，因此，对汽车电气系统来说，重要的是相容性。任何因素激发出的振荡都会通过导线等以电磁波的方式发射出去，势必对其他电子系统产生电磁干扰。因此，汽车上应用的计算机等，都应具有良好的屏蔽措施，一旦屏蔽被破坏，也会导致其工作异常。

4. 其他

汽车行驶中不可避免地会产生震动和冲击，它将造成电子设备的机械性损坏，如脱线、脱焊、触点抖动、搭铁不良等故障。尘土及有害气体的侵蚀会导致接触不良、绝缘性能下降等故障。

二、汽车电气系统故障种类

汽车电气系统的故障总体上可分为两大类：一类是电器设备故障；另一类是线路故障。

1. 电器设备故障

电器设备故障是指电器设备自身丧失其原有机能，包括电器设备的机械损坏、烧毁、电子元件的击穿、老化、性能减退等。在实际使用和维修中，常常因线路故障而造成电器设备故障。电器设备故障一般是可修复的，但一些不可拆的电子设备出现故障后只能更换。

2. 线路故障

线路故障包括断路、短路、接线松脱、接触不良或绝缘不良等。这一类故障有时容易出现一些假象，给故障诊断带来困难。例如，某搭铁线与车身出现接触不良，就有可能造成电器设备开关失控，电器设备工作出现混乱。这是因为有的搭铁线多为几个电器设备共用，一旦该搭铁线出现接触不良，它就把多个电器设备的工作电路联系到一起，就有可能通过其他线路找到搭铁途径，造成一个或多个电器设备工作异常。

三、检修汽车电路注意事项

（1）拆卸和安装电器元件时，应切断电源。

（2）更换熔断器时，一定要与原规格相同，切勿用导线替代。

（3）正确拆卸导线插接器（插头与插座）。为了防止插接器在汽车行驶中脱开，所有的插接器均采用了闭锁装置。要拆开插接器时，首先要解除闭锁，然后把插接器拉开，不允许在未解除闭锁的情况下用力拉导线，这样会损坏闭锁或连接导线。

（4）在检修传统汽车电路故障时，往往采用"试火"的办法逐一判断故障部位。在装有电子设备的汽车上，不允许使用这种方法，否则会给某些电路和电子元件造成意想不到的损害。

（5）在发动机工作时，不要拆下蓄电池接线。对于装有电控装置的车辆也不要采用该办法来判断发电机是否发电。

（6）不允许使用欧姆表及多用电表的 RX100 以下低阻欧姆挡检测小功率晶体管，以免电流过载损坏晶体管。

（7）更换三极管时，应首先接入基极；拆卸时，最后拆下基极。

四、汽车电路检修方法

汽车电路发生故障主要有断路、短路、电器设备的损坏等。为了能迅速准确地诊断故障，下面介绍几种常见的诊断方法。

1. 直观诊断法

汽车电路发生故障时，有时会出现冒烟、火花、异响、焦臭、发热等异常现象。这些现象可通过人的眼、耳、鼻、身感觉到，从而可以直接判断出故障所在部位。

例如汽车行驶中，突然发现转向灯与转向指示灯均不亮。用手一摸，发现闪光器发热烫手，说明闪光器已被烧坏。

2. 断路法

汽车电路设备发生搭铁（短路）故障时，可用断路法判断。即，将怀疑有搭铁故障的电路段断路后，根据电器设备中搭铁故障是否还存在，判断电路搭铁的部位和原因。

如汽车行驶时，听到电喇叭长鸣，则可以将继电器"按钮"接柱上的导线拆开。此时如果喇叭停鸣，则说明喇叭按钮至继电器这段电路中有搭铁现象。

3. 短路法

汽车电路中出现断路故障，还可以用短路法判断。即，将被怀疑有断路故障的电路短接，观察仪表指针变化或电器设备工作状况，从而判断出该电路中是否存在断路故障。

例如怀疑汽车电路中的各种开关有故障，可用导线将开关短接来判断开关是好是坏。

4. 试灯法

试灯法就是用一只汽车用灯泡作为试灯，检查电路中有无断路故障。

例如，用试灯的一端和交流发电机的"电枢"接柱连接，另一端搭铁。如果灯不亮，说明蓄电池至交流发电机"电枢"接柱间有断路现象；若灯亮，说明该段电路良好。

5. 仪表法

观察汽车仪表板上的电流表、水温表、燃油表、机油压力表等的指示情况，判断电路中有无故障。

例如，发动机冷态，接通点火开关时，水温表指示满刻度位置不动，说明水温表传感器有故障或该线路有搭铁。

6. 高压试火法

对高压电路进行搭铁试火，观察电火花状况，判断点火系统的工作情况。具体方法是：取下点火线圈或火花塞的高压导线，将其对准火花塞或缸盖等，距离约 5 mm，然后接通启动开关，转动发动机，看其跳火情况。如果火花强烈，呈天蓝色，且跳火声较大，则表明点火系统工作基本正常；反之，则说明点火系统工作不正常。

7. 低压搭铁试火法

即拆下用电设备接线的某一线端对汽车的金属部分（搭铁）碰试而产生火花来判断故障。这种方法比较简单，是汽车电工经常使用的方法。搭铁试火法可分为直接搭铁和间接搭铁两种。

所谓直接搭铁，是未经过负载而直接搭铁产生强烈的火花。例如，我们要判断点火线圈至蓄电池一段电路是否有故障，可拆下点火线圈上连接点火开关的线头，在汽车车身或车架上刮碰，如果有强烈的火花，说明该电路正常；如果无火花产生，说明该段电路出现了断路。

间接搭铁是通过汽车电器的某一负载而搭铁产生微弱的火花来判断线路或负载是否有故障。例如，将传统点火系统断电器连接线搭铁（回路经过点火线圈初级绕组），如果有火花，说明这段线路正常；如果无火花，则说明电路有断路。

特别值得注意的是，试火法不能在电子线路汽车上应用。

8. 仪器法

随着汽车电气设备的日趋复杂，在维修中，特别是维修装置电子设备较多的车辆，使用一些专用的仪器是十分必要的。

第三节　汽车电气线路分析

一、汽车全车线路连接原则及常用标识符号

1. 全车线路的连接原则

汽车的全车线路一般包括以下几部分：电源部分线路、启动线路、点火线路、仪表及警报系统线路、喇叭线路、空调控制系统线路、刮水器及洗涤器控制系统线路、照明与信号系统线路和收放机电路系统线路等。全车线路的连接一般具有下列原则：

（1）汽车上有两个并联的电源：发电机和蓄电池，这两个电源能单独向外供电。在发电机不工作时，由蓄电池向外供电；当发电机工作时，由发电机向外供电，并对蓄电池充电。

（2）各控制开关常采用控制继电器线圈的小电流而达到控制通过用电设备的大电流。

（3）充电时，指示灯要能反映蓄电池的充电情况。

（4）各用电设备要能单独工作，因此，它们都是并联的。

（5）各车都装有保险装置，以防止因短路而烧坏线束和用电设备。

2. 常用标识符号

汽车全车电路十分复杂，电线的颜色五颜六色。为了便于查找线路和看清电路图，电线的颜色通常用英文字母作代号表示。第一个英文字母表示基色，第二个英文字母则表示条带颜色。例如 R－G 代号表示红色带绿色条带的电线。具体表示如表 10－1 所示。

表 10－1　　　　　　　　　　　　　　　电线颜色代号

代号	B	G	Q	L	R	W	P
颜色	黑色	绿色	橙色	浅蓝色	红色	白色	粉红色
代号	V	Y	BR	GR	LC		
颜色	紫色	黄色	棕色	灰色	浅绿色		

另外，在汽车的仪表上、操纵杆上、按钮上和开关等处常常标有各种符号，用以表示各种照明、信号灯具、指示信号、传感器和电磁开关等。图 10－4 所示为常用的标识符号。

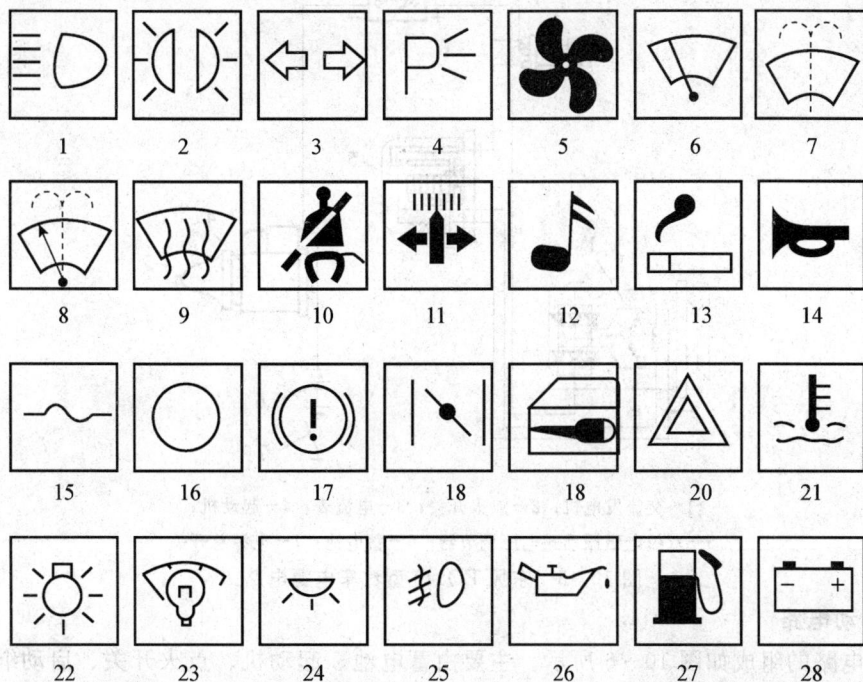

1—车灯（一般指大灯）；2—小灯、尾灯；3—左右转向；4—停车灯、制动灯；5—暖风电机、通风机；

6—挡风玻璃刮水器；7—风挡玻璃洗涤器；8—风窗玻璃刮水器及洗涤器；9—风窗玻璃除霜器；

10—安全带；11—收音机调谐；12—收音机音量；13—点烟器；14—喇叭；15—保险丝；

16—电源总开关；17—气制动系统；18—阻风阀；19—门开警报；20—危险闪光警告；

21—发动机冷却液温度；22—灯光总开关；23—仪表板灯光开关；24—顶灯；25—前雾灯；

26—发动机机油压力；27—燃油（汽油或柴油）；28—蓄电池充电状况

图 10-4　常用标识符号

二、汽车典型电气线路分析

1. 电源电路

图 10-5 是 EQ140 的电源电路，它包括交流发电机、双级电磁振动式电压调节器及蓄电池等组成，其电路特点为：

（1）蓄电池为 12 V，经电源总开关后负极搭铁。在汽车停用时，应注意切断电源总开关，以防止蓄电池漏电。

（2）电流表的"—"接蓄电池的正电极，电流表"+"端接交流发电机电枢及用电设备正确指示蓄电池的充放电的电流值。

（3）发电机的激磁电流由点火开关控制。

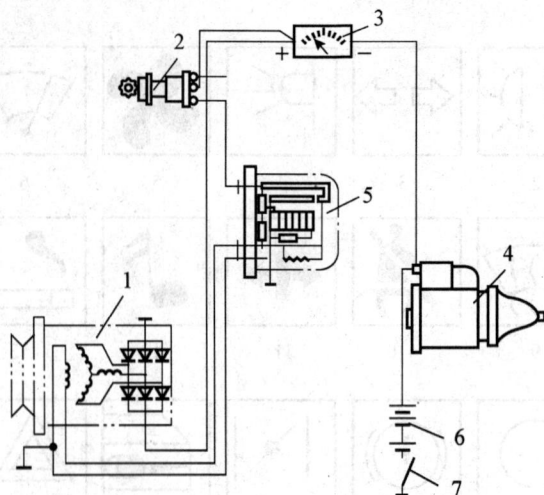

1—交流发电机；2—点火开关；3—电流表；4—起动机；
5—双极电磁振动式电压调节器；6—蓄电池；7—电源总开关

图 10 - 5　东风 EQ140 型汽车电源电路

2. 启动电路

启动电路的组成如图 10 - 6 所示。主要由蓄电池、起动机、点火开关、启动继电器等组成。该启动电路主要以下特点：

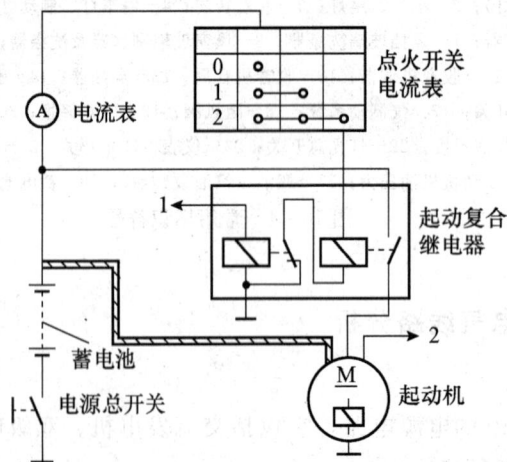

1—连接发动机中性点电压输出端；2—连接点火线圈正 (+) 接线柱

图 10 - 6　东风 EQ1090 汽车启动电路

（1）点火开关置于"启动"位置时，控制启动继电器向吸拉线圈和保持线圈供电。

（2）吸拉线圈接通起动机的工作电源。

（3）吸拉线圈电流和起动机工作电流均不通过电流表。

（4）发电机中性点电压达 5 V 时，复合继电器中的安全继电器自动切断起动机电磁开关电路，起动机便自动停止工作。

（5）蓄电池与起动机火线接线柱之间采用铜丝编织电缆连接，以满足起动机大于工作电流的要求。

3. 微机控制系统点火电路

微机控制点火系统组成原理如图 10-7 所示。它由监视发动机运行状况的传感器、处理信号、发出指令的微处理机、响应微机发出指令的点火电子组件、点火线圈等组成。

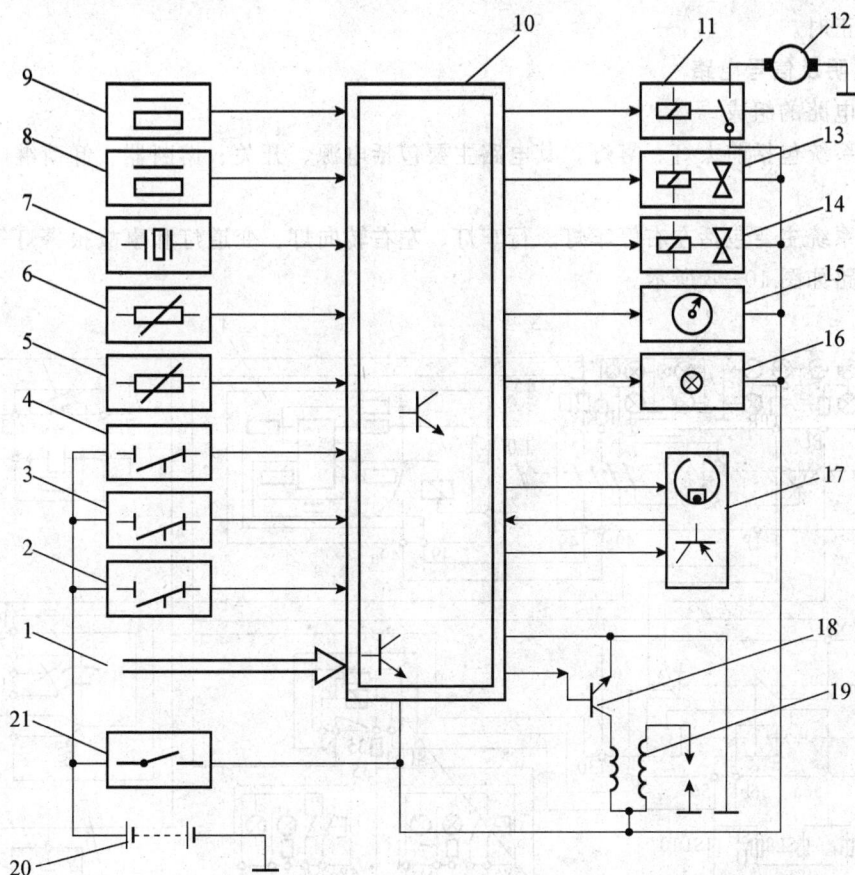

1—增压传感器；2—制动灯开关；3—急速节气门开关；4—全负荷开关；5—进气温度传感器；
6—冷却液温度传感器；7—爆震传感器；8—曲轴位置传感器；9—发动机转速传感器；10—微机控制器；
11—油泵继电器；12—电动汽油泵；13—超速燃油切断开关；14—全负荷电磁阀；15—车速表；
16—故障灯；17—霍尔传感器；18—功率输出极；19—点火线圈；20—蓄电池；21—点火开关

图 10-7 微机控制点火系统

微机控制点火系统可分为有分电器和无分电器两种。前者只有 1 个点火线圈，所有气缸的点火电压均由该点火线圈提供，由分电器分配；后者取消了分电器，它有与气缸同等数量的点火线圈（或者点火线圈的个数是气缸数的 1/2）。该系统工作特点为：

（1）发动机转速传感器曲轴旋转一周，传感器产生与飞轮齿数相对应的电脉冲信号送入微机，计算发动机的转速和点火时间。

（2）点火基准传感器设在飞轮上的传感器，在曲轴每转一周时，产生一个脉冲信号送入微机，作为检查点火顺序的常规信号。

（3）进气温度传感器利用正温度系数的热敏电阻，把温度转变成电压信号送入微机，以便调整混合气的空燃比及确定点火时机。

（4）冷却水温度传感器，将水温的高低变成电压信号送入微机，修正点火正时。

（5）爆震传感器由于点火正时选择在接近燃油的爆震极限值，很可能发生爆燃。爆震时一定频率的声波被传感器吸收，产生电压信号送入微机，用来调整此时的点火时机。

（6）增压传感器安装在进气系统中的传感器将增压值转换成电压信号送入微机，确定最终点火正时。

4. 照明及信号电路

（1）电路的组成

照明系统包括前大灯、雾灯。其电路主要包括电源、开关、熔断器、卸荷继电器和灯具等。

信号系统主要包括左右停车灯、行车灯、左右转向灯、变道灯和事故报警灯等。照明及信号电路如图10-8所示。

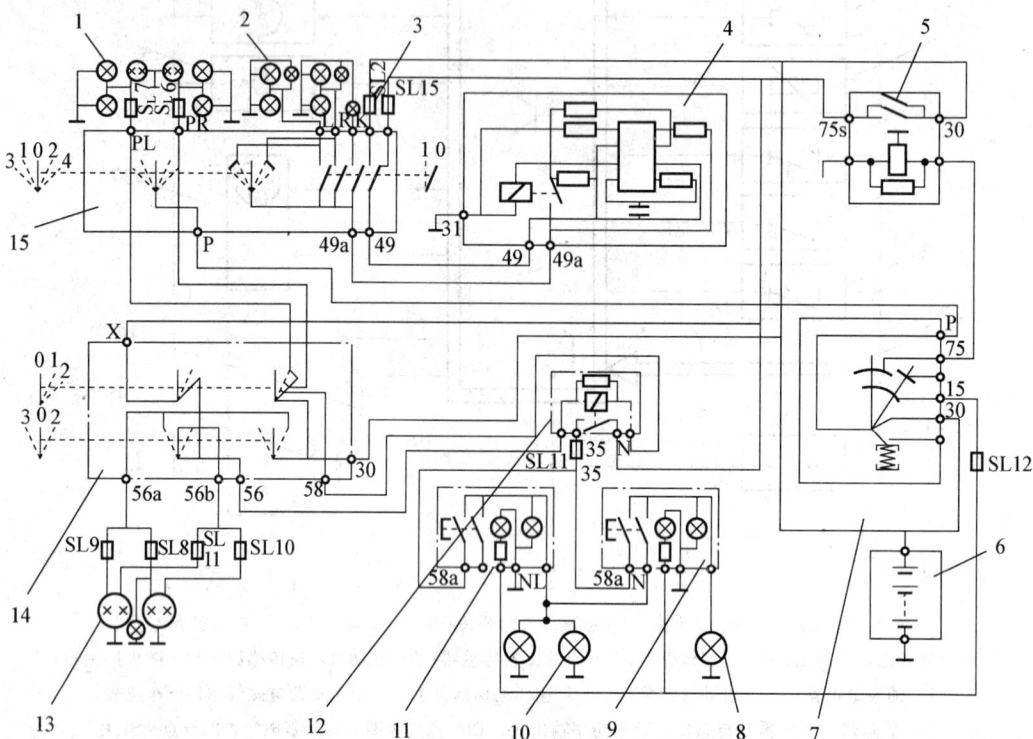

1—停车灯；2—转向、报警、变道灯；3—熔断器；4—闪光器；5—卸荷继电器；
6—蓄电池；7—点火开关；8—后雾灯；9—后雾灯开关；10—前雾灯；11—前雾灯开关；
12—雾灯继电器；13—前大灯；14—车灯变光、超车开关；15—停车、转向变道灯开关

图10-8 奥迪轿车的照明与信号系统

（2）转向灯的工作原理

当汽车向左转弯时，只需将组合开关15转到左转向的位置，汽车左侧的两个转向灯及仪表中的左侧转向指示灯即发光。其电流由蓄电池正极出发，经点火开关触点30和15，到卸荷继电器的触点、熔断器、报警灯开关触点、闪光器触点、转向灯开关触点、两个左侧转向灯及仪表中左转向指示灯，回到蓄电池负极。当向左转向结束时，向右侧回转方向盘，由于拨叉的作用，会将转向开关手柄自动拨到中间位置，关闭转向灯。这一装置称为转向自动复位装置。

（3）前大灯的工作原理

点火开关处于点火位置，变光开关处于近光位置，打开车灯组合开关至大灯位置，前大灯中的近光灯发光。其工作电流由蓄电池正极出发，经车灯开关触点 X，再经变光开关触点 56 和 56b 到熔断器、前大灯近光灯丝，回到蓄电池负极。

在远光工作时，只需把变光开关手柄由近光位置打到远光位置即可。此时，电流由蓄电池正极经车灯开关触点 X 与 56 到 56a，经另一对熔断器至前大灯远光灯丝和仪表中远光指示灯回到蓄电池负极。

（4）雾灯电路

前雾灯电路工作时，点火开关处于点火位置，使卸荷继电器工作；车灯开关打开，使雾灯继电器工作。这时打开雾灯开关，雾灯电路的工作电流由蓄电池正极，经卸荷继电器触点 30 和 75s、雾灯继电器触点 75N 和 Si.1、熔断器触点 55、前雾灯开关触 58a 与 NL，接前雾灯到蓄电池负极，于是两个前雾灯和雾灯开关中的工作指示灯同时发光。

前雾灯也可用后雾灯开关操纵。电流由蓄电池正极经卸荷继电器触点 30 和 78s、雾灯继电器触点 75N 和 Si.1 熔断器触点 55，至雾灯开关触点 58a 与 N、前雾灯回蓄电池负极。

后雾灯与前雾灯略有差别，后雾灯只能用后雾灯开关操纵，而前雾灯可用两个开关单独操纵。这与欧共体的法规要求有关，法规要求后雾灯工作时，前雾灯必须工作；而前雾灯工作时，后雾灯可工作，也可不工作。照明与信号系统还有不少元件，这里不再详细叙述。

5. 仪表电路

图 10-9 所示为 EQ140 仪表电路。它由电流表、机油压力表和警告灯、水温表、燃油表和它们的传感器等组成。其电路特点是：

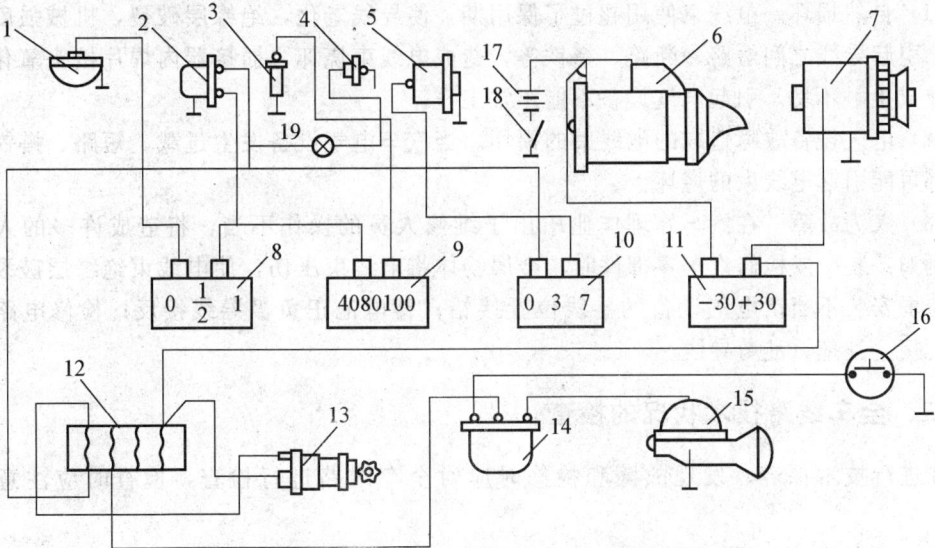

1—燃油传感器；2—电压稳压器；3—水温传感器；4—油压警告等传感器；
5—机油压力传感器；6—起动机；7—发动机；8—燃油表；9—水温表；
10—机油表；11—电流表；12—保险丝盒；13—点火开关；14—喇叭继电器；
15—喇叭；16—喇叭按钮；17—蓄电池；18—电源总开关；19—油压警告灯

图 10-9 东风 EQ140 型汽车仪表信号

（1）蓄电池供电时，所有仪表和信号电流均经过电流表，即仪表和信号的电源线通过点火开关与电流表"＋"端相连接。

（2）具有机油压力表和机油压力过低报警指示灯，以防机油压力过低。

（3）燃油表和水温表为双金属式仪表，故专门设有双金属式稳压电源（输出电压为 8.64 ± 0.15 V），稳压器封装在仪表板内。

东风 EQ140 的车速里程表为机械式结构，故在电路图中未画出。

6. 辅助装置电路

由风窗刮水与清洗装置、自动天线、电动座椅、车室空调等组成。

此外，还包括新型电器：电子燃油喷射系统、自动变速器电控系统、电子制动防抱系统等电路。

第四节　电器线路的检修

一、电器线路常见故障及产生原因

1. 常见原因

汽车电气线路常见故障有：插接处接触不良，导线之间短路、断路、搭铁等。

2. 故障产生原因

（1）自然损坏。电线束使用超过了保用期，使导线老化，绝缘层破裂，机械强度显著下降，引起导线之间短路、断路、搭铁等，造成电线束烧坏。插接器内焊片接头氧化、变形，造成接触不良，引起电气设备不能正常工作。

（2）电气设备故障造成的电线束的损坏。当汽车电气设备发生过载、短路、搭铁等故障，都可能引起电线束的烧坏。

（3）人为故障。在汽车修理作业中出于维修人员的操作不当，将造成许多的人为故障。例如：装配或检修汽车零部件时，金属物体将电线束压伤，使电线束绝缘层破裂；电线束位置安装不当；电气设备的导线位置接错；蓄电池正负极导线接反；检修电路故障时，乱接、乱拖、乱剪导线。

二、全车线路技术状况的检查

在进行技术保养、发现故障和检修时应对全车线路进行检查，检查时应注意以下各点：

（1）固定状况，各电器和导线固定是否切实可靠，外体是否完好无损，零件是否完整无现象，导线接头是否良好，各搭铁处搭铁是否完好，各插头是否插紧。

（2）清洁和接触状况，导线上有无油迹、污垢和灰尘，各接触处有无锈蚀、油垢和烧蚀现象，导线接头是否良好，各搭铁处搭铁是否完好，各插头是否插紧。

（3）绝缘和屏蔽状况，导线绝缘层及其绝缘材料是否损伤或老化，导线裸露处是否用胶布包好，导线屏蔽层有无断裂和擦伤。

（4）接线状况，各接线处接头有无松动、线头脱落及错乱现象。

（5）熔断器状况，各熔断器是否齐全、完好，接触是否良好，熔断器容量是否符合电路要求。

（6）操作部件状况，各电器开关、按钮工作是否正常，有无发卡失灵现象。

三、电气性能的检查

通过对电气系统的检查，可以判断全车线路及电器装置的技术状态，查明故障部位。这里介绍一般检查方法。

1. 电压检测

通过测量有关部位的电压，可以判断启动和电源系统的技术状态，作为汽车定期保养的项目之一，对电气系统的正确使用、及时排除故障有着重要的意义。具体检测项目包括：①蓄电池充电状态；②启动电路（起动机、蓄电池连线及各连接部位）；③电源电路（发电机、调古器），检测用电压表应选用量程为 $0 \sim 50\ V$，精度优于 2.0 级的。

测量蓄电池电压估算充电状态，打开前照灯约 $1\ min$，除去电池"表面浮电"，然后关闭前照灯，测量蓄电池正负极之间的电压，如图 $10-10$ 所示。电压值应为 $12.2\ V$（12 V 系统）和 $24.4\ V$（24 V 系统）。

测量启动电压判断蓄电池、起动机及连线的状态，拆除点火线圈的高压线，打开点火开关启动挡使发动机转动，在 $15\ s$ 内蓄电池两端电压应在 $9.6\ V$（12 V 系统）以上，如低于 $9.6\ V$，可能存在问题有：①蓄电池连线接头腐蚀或接触不良；②蓄电池过放电或有故障；③起动机或启动继电器有故障。

测量充电电压判断发电机、调节器的状态，启动发动机，使之约以 $2\ 000\ r/min$ 的转速运转（快怠速），测量充电电压应为 $13.5 \sim 14.8\ V$（12 V 系统），此时可根

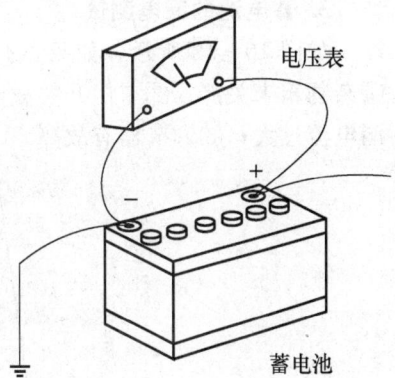

1—电压表；2—电源线；
3—蓄电池；4—搭铁线
图 $10-10$ 蓄电池的检查

据车上的电压表（如果有）判断：若电压高于启动前约 2 V 即为正常；如果读数超过 15 V 表明调节器有故障，为使结果准确，此时可打开前照灯或辅助电器；如果读数低于 $13.5\ V$，则可能是传动带过松、导线接点腐蚀或接触不良、调节器有故障或发电机不发电。

2. 测量线路压降

可用于对导线、蓄电池电缆及接头进行测量，虽然用欧姆表可测量线路电阻，但因电压低、电流小，往往不能反映实际情况，因此通过测量正常电流流过电路时的压降判断导线及触点的状况更为合理。选用量程 $0 \sim 3\ V$，精度 1.0 级以上的电压表，将电路置于工作状态，一般电路的电压降约为 $0.1\ V$，这种方法广泛应用于启动电路的测试。

拆下点火线圈高压线，用蓄电池带动发动机转动，测量起动机电源输入接柱与地之间的电压（启动电压）应不低于 $9.6\ V$（12 V 系统），否则是蓄电池充电不足或接触电阻过大，还可进一步按图 $10-11$ 测量各部分压降，如果大于 $0.2\ V$，表明接触电阻过大，有腐蚀或接触不良，反之为蓄电池充电不足。

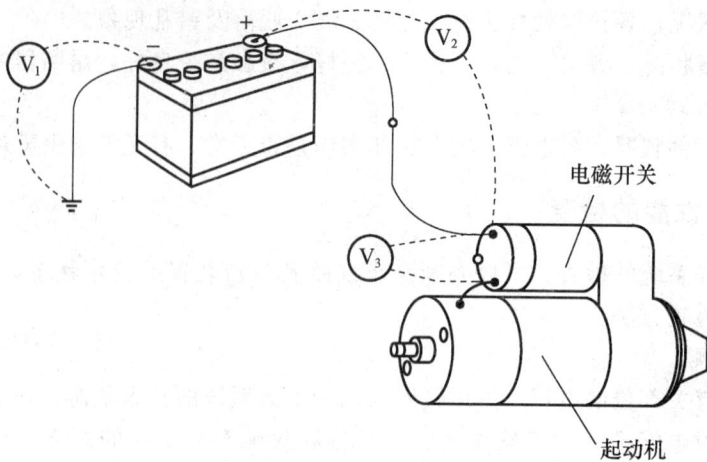

图 10 - 11　启动线路电压降的测试

3. 蓄电池的漏电测试

如图 10 - 12 所示，如果试灯亮（或电流超过 30 mA）表明电池漏电，可能原因是：①杂物箱未关严；②车门开关故障，顶灯亮；③电路开关有漏电；④发电机二极管短路或漏电流过大；⑤调节器有故障。

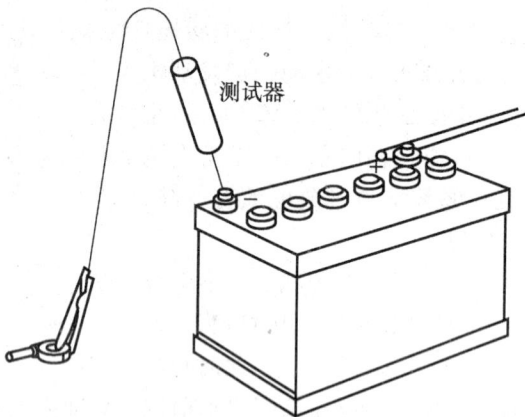

图 10 - 12　蓄电池漏电的检测

4. 短路及断路的检查

断路检查，用试灯或专用工具检查断路，如图 10 - 13 所示（以点火系统低压电路检查为例），将试灯或专用工具接于电路接头与搭铁点之间，打开相应开关，若灯不亮表明有断路。

短路检查，电路发生短路时，会烧坏熔断器，在更换熔断器之前应查明短路原因。常用方法有：

用欧姆表，表笔之一接搭铁点；另一表笔接熔断器接点，阻值为零或很小时即为短路。依次断开该熔断器所控制的电器设备，当阻值增大时，该电器装置有短路故障。

用蜂鸣器，在熔断器两端接一蜂鸣器，电路有短路故障时，蜂鸣器响。同上，依次断开所控电气装置，蜂鸣器不响时，该电路有短路。

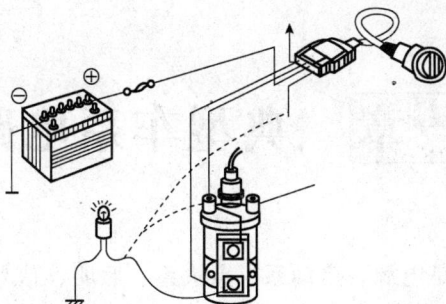

图 10-13 断路的检测

用电路断续器和磁通量表（高斯表），将电路断续器接到熔断的熔断器两端，待磁通量表沿线路检测导线周围的脉冲磁场，当表针不动时，即为短路点。

📖 **思考与练习**

10-1 简述汽车电路的特点和种类。

10-2 简述汽车电气系统的故障种类。

10-3 简述汽车电路的检修方法和注意事项。

10-4 简述汽车全车线路的连接原则。

10-5 简述汽车电器线路的常见故障及原因。

10-6 简述汽车电气系统性能的检查方法。

第十一章　典型车系电路分析

汽车电器设备总线就是电源、启动系、点火系、照明、信号、仪表、电子控制装置以及辅助电器装置等，按照它们各自的工作特性以及相互间的内在联系，通过开关、保险器用导线连接起来构成一个整体。

汽车电器设备总线路的布置虽然因车而异，但都存在一定的规律性。了解汽车电器电路的内在联系和熟悉全车电器线路，对正确实用，保证汽车安全可靠性都有十分重要的意义。

第一节　大众车系电路分析

一、大众车系电路的识图

德国大众系列汽车在我国的轿车工业中已占据了主导地位，如一汽－大众公司生产的奥迪、捷达轿车以及上海－大众公司生产的桑塔纳、帕萨特轿车等，这些产品的电路图与其他系列汽车电路图相比，具有许多不同之处。它既不同于其他车辆的接线图，也不同于电路原理图。它可以看做是电路原理图，但实质上更接近接线图。

1. 电路图中符号的含义

在识图前应先了解电路中各符号、线段、图形的含义。电路图中表示各种电器元件的符号如图 11-1 所示。除此之外，电路图中还出现一些符号和数字，下面以捷达轿车的转向和报警闪光灯部分电路为例予以说明，如图 11-2 所示。

图 11-2 中各部分的含义为：

1——继电器位置号，表明继电器在继电器盒上的位置。

2——继电器盒上的继电器或控制器符号，在说明中可以找到它的名称。

3——熔断器符号。例如熔断器座上的 19 号熔断器（10 A）。

4——继电器盒上的插接件符号。例如 3/49a，其中 3 表示继电器盒上 12 号继电器座的 3 号插孔；49a 表示继电器/控制器上的 49a 插头。

5——继电器盒上的连接件符号，指出一个带线束的多孔或单孔插头的位置。例如，A13 为多孔插头 A 的 13 触点。

6——导线截面积，mm^2。

7——导线颜色。此缩写是线色代码，线路图旁注有说明。

8——白色线上印刷的标记号，用于区分一根线束中的不同白色线。

9——接线柱符号，可在零件图上找到标记。

10——故障诊断程序用的检测点。在插图或线路图中可找到同样的黑色圆内的数字，用于故障诊断程序。

11——线路标记。此处为报警灯开关。

12——零件符号。在说明中可以找到零件名称。

13——导线连接端。方框内的数字表明电路图中的接续导线。

14——内部连线（细线）。此连接仅是内部电路连接，没有导线，可以依次追踪电路构件和线束内部的电流走向。

保险丝	电磁阀
过载保险丝	电动机
蓄电池	两挡刮水器电机
起动机	手动开关
发动机	热敏开关
点火线圈	手动按钮开关
分电器(机械式)	机械控制开关
分电器(电子式)	压力开关
火花塞插头及火花塞	手动多极开关
加热器加热电阻	可变电阻
化油器自动阻风门	热敏电阻
热敏时控阀	继电器
暖风调节器附加空气阀	继电器(电子控制式)

图 11-1（a）　电路图中使用的符号（一）

	电阻		速度传感器		多孔插接
	二极管				线路分配器
	稳压二极管		白炽灯		可拆式线路连接
	发光二极管		双灯丝白炽灯		不可拆式线路连接
	指针式仪表				在元件内部的连接
	电子控制器		内饰灯		
	指针式时钟		点烟器		电阻导线
	数字式时钟				
	多功能显示器		后风窗加热装置		灯光调节电动机
	蜂鸣器		喇叭		上止点传感器 (感应式传感器)
	燃油指示器		插接		滑动触点

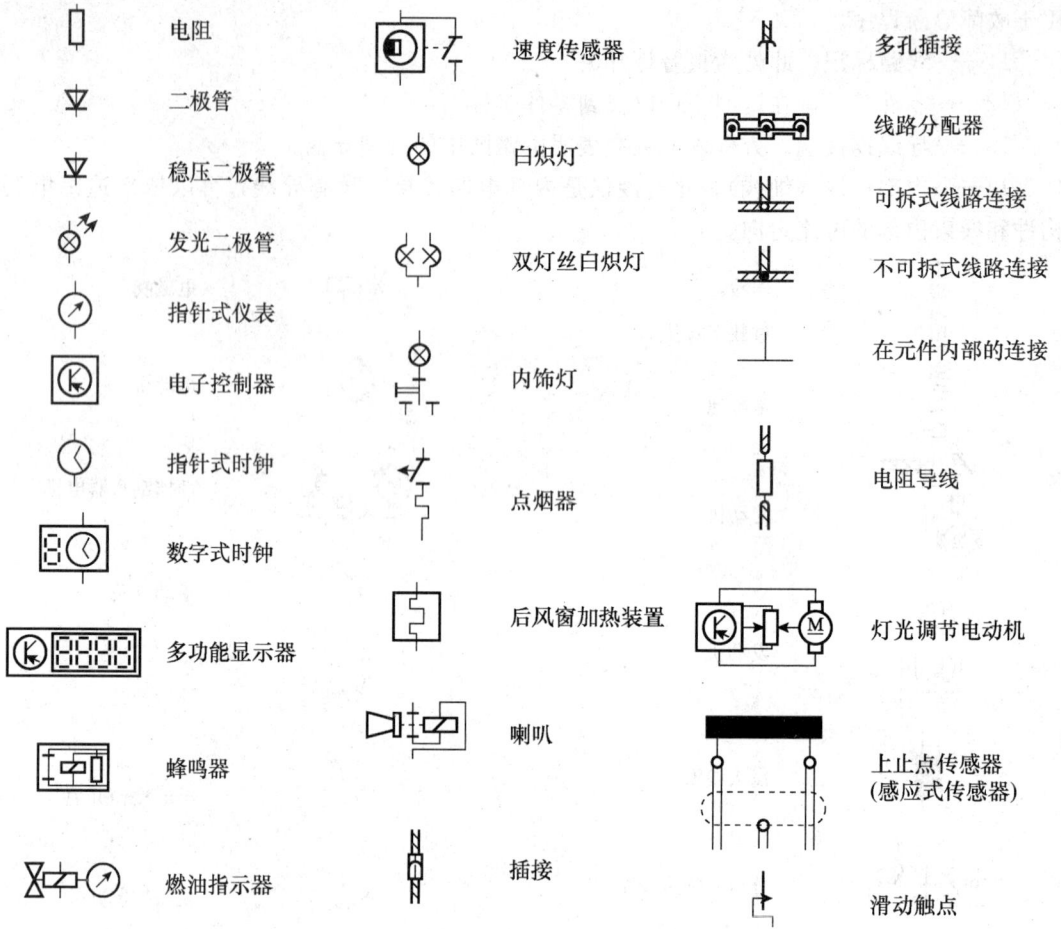

图 11-1 (b)　电路图中使用的符号 (二)

15——内部连接线符号，字母表示下一线路图的连接线。

16——接地点标记符号，可在说明中查到接地点在车身上的位置。

2. 电路图的构成

大众车系电路图 (参见图 11-2) 大体上可以分解为以下几部分：

(1) 外线部分

外线部分在图上以粗实线画出，集中在图的中间部分。每条线上都有导线的颜色、导线的截面积的标注。线端都有接线柱号或插口号标示其连接关系。颜色标记以字母表示，对应关系为：ws=白色；sw=黑色；ro=红色；br=棕色；gn=绿色；bl=蓝色；gr=灰色；li=紫色；ge=黄色。

如果导线是双色的，则以两种颜色的字母共同标记。例如 ro/sw，sw/ge 等。导线的截面积以数字标示在导线颜色上方，单位是 mm²，如 4.0，6.0 等。

(2) 内部连接部分

内部连接部分在图上以细线画出。这部分连接是存在的，但线路是不存在的。标示线路只是为了说明这种连接关系，同时使电路图更加容易被理解。

（3）电器元件部分

电路图本身就是表达元件之间的连接关系的。因此，电器元件在电路图中是主体。电器元件在图中用框图辅以相应的标号表示。每一个元件都有一个代号，如 A 表示蓄电池，V7 表示散热器风扇等。电器元件的接线点都用标号标出，标号在元件上可以找到。例如，起动机 B 有两个接点，一个标记 30，一个标记 50。

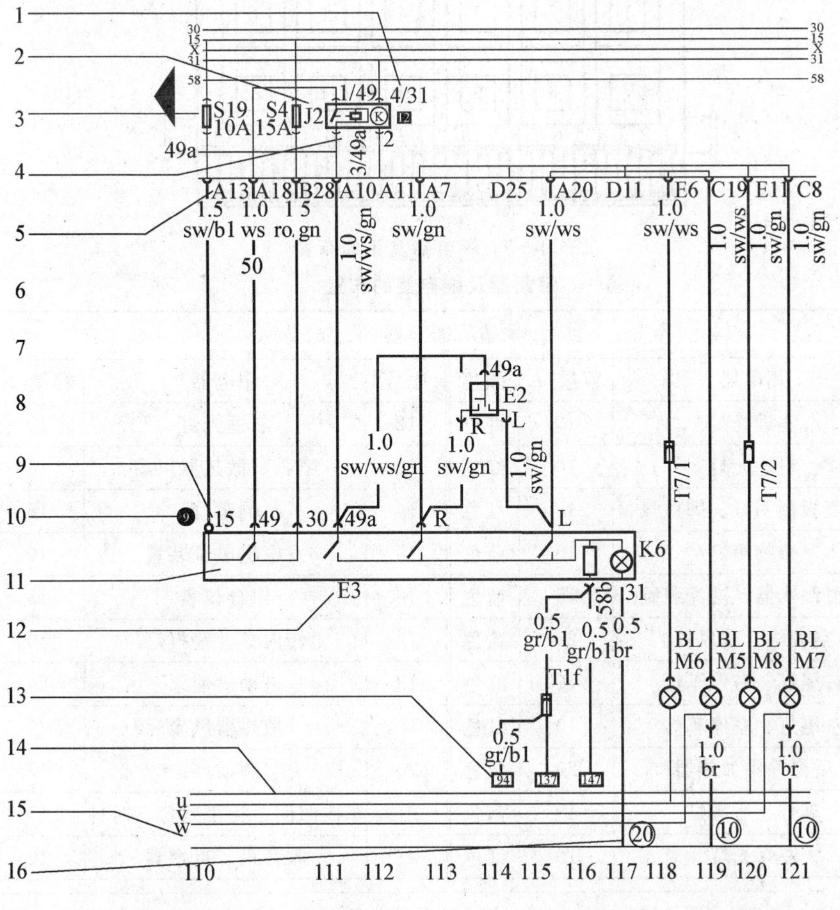

E2—转向开关；E3—报警闪光灯开关；J2—闪光灯继电器；K6—报警闪光灯；

M5—左前转向灯；M6—左后转向灯；M7—右前转向灯；M8 右后转向灯；

T7—七孔插座连接，在继电器盒内；（10）—接地点在中央继电器盒内；

（20）—接地连接（接线术）；31 在仪表板线束内

图 11-2　捷达轿车转向和报警闪光灯电路图

（4）继电器、熔断器及其连接件部分

这一部分表示在图的上部，反映的内容有继电器位置号、继电器名称、继电器盒上插接元件符号、继电器盒上连接件符号、熔断器标号及熔断器容量等，并且熔断器容量用不同的颜色加以区别。车上大部分继电器和熔断器都安装在继电器盒的正面，几乎全部主线束均从继电器盒背面插接通往各用电设备。

图 11-3 所示为捷达轿车继电器盒的正面布置，各熔断器及继电器在继电器盒上的布置如表 11-1 所示，各线束插头与继电器盒插座的连接关系（继电器盒的背面布置）如图 11-4 所示。

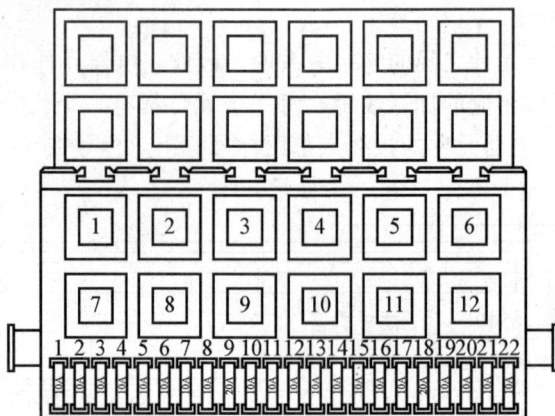

图 11-3 继电器盒正面布置

表 11-1 熔断器及继电器的布置

熔 断 器

序号	用电器	容量/A	颜色	序号	用电器	容量/A	颜色
1	左近光灯	10	红色	12	右远光灯	10	红色
2	右近光灯	10	红色	13	喇叭、散热器风扇	10	红色
3	仪表板照明灯、牌照灯	10	红色	14	倒车灯	15	蓝色
4	杂物箱灯	15	蓝色	15	发电机电子装置	10	红色
5	风窗刮水器、洗涤装置	15	蓝色	16	组合仪表	15	蓝色
6	空调机、鼓风机	20	黄色	17	转向灯、警报灯	10	红色
7	右尾灯、右停车灯	10	红色	18	电动燃油泵	20	黄色
8	左尾灯、左停车灯	10	红色	19	散热器风扇	30	绿色
9	后窗除霜加热器	20	黄色	20	制动灯	10	红色
10	雾灯、后雾灯	15	蓝色	21	车内照明、行李舱灯、时钟	15	蓝色
11	左灯光灯	10	红色	22	收音机、点烟器	10	红色

继 电 器

序号	用电器		序号	用电器	
1	空调继电器	13	16	ABS 继电器	79
4	卸荷继电器	18	17	空	
6	闪光器	21	18	电动座椅调整机构或自由轮锁止机构继电器	83
8	间歇清洗/刮水继电器	19	19	自动变速继电器	53
10	雾灯继电器	53	20	自由轮锁止机构继电器	83
				自动预热控制继电器	47
11	双音喇叭继电器	53	21	车窗玻璃升降继电器	24
12	进气歧管预热继电器	1	22	ABS 液压泵熔断器	
	燃油泵继电器	67			
	预热塞继电器	60			

			继 电 器			
13	散热器风扇启动继电器	31	23	空调、电动座椅调整装置，双频道收放机熔断器		
	燃油泵启动控制单元	91				
	急速提升控制单元	82				
14	启动保护继电器	53	24	车窗玻璃升降器熔断器		
	散热器风扇启动控制单元	31				
	催化反应器警报控制单元	44				
	进气歧管散热继电器	1				
15	ABS 液压泵继电器	78				

（5）电路接续号

在图的最下方，这一标号只是制图和识图的标记号，数字的大小没有实际的物理意义。它有两个作用：一是可顺序表达整个车的全部电路内容，便于每一部分既相对独立又相互联系；另一个作用是便于反映在一部分电路图中难以表达的接续部分。

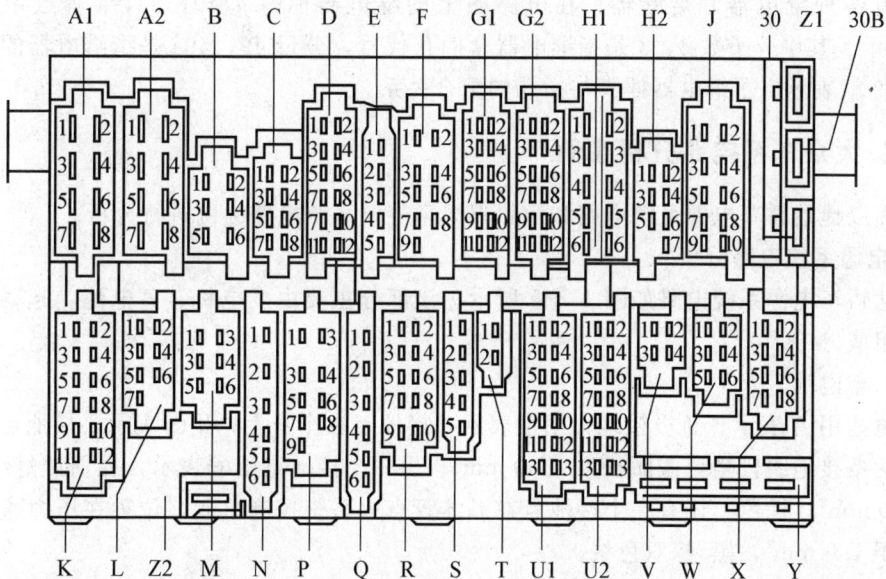

A1—8 孔插头（黄色），前照灯线束；A2—8 孔插头（黄色），前照灯线束；B—6 孔插头（绿色），用于前照灯清洗系统；C—8 孔插头（黄色），用于任选线束；D—12 孔插头（绿色），用于附加设备；E—5 孔插头（绿色），仪表线束；F—9 孔插头（白色）发动机舱右侧线束；G1—12 孔插头（白色）发动机舱右侧线束；G2—12 孔插头（白色）发动机舱右侧线束；H1—10 孔插头（红色），转向柱开关线束；H2—8 孔插头（红色），转向柱开关线束；J—10 孔插头（红色），转向柱开关线束；K—12 孔插头（黑色），尾部线束；L—7 孔插头（黑色），尾部线束；M—6 孔插头（黑色），尾部线束；N—6 孔插头（绿色），空调线束；P—9 孔插头（蓝色），后风窗及前雾灯开关线束；Q—6 孔插头（蓝色），仪表线束；R—10 孔插头（蓝色），灯光开关线束；S—5 孔插头（白色）发动机舱右侧线束；T—2 孔插头（绿色）；U1—14 孔插头（蓝色），仪表板线束；U2—14 孔插头（蓝色），仪表板线束；V—4 孔插头（绿色），多功能指示器线束；W—6 孔插头（绿色），ABS 线束；X—8 孔插头（绿色），警报指示灯（拖挂设备、ABS 系统）线束；Y—单孔插头，接线柱 30；Z1—单孔插头；Z2—单孔插头，接线柱 31；30—单孔插头，接线柱 30；30B—单孔插头

图 11-4 继电器盒背面布置

3. 电路图的特点

(1) 接点标记具有固定的含义

在大众公司汽车电路图中经常遇到接点标记的数字及字母，它们都具有固定的含义。如数字 30 代表的是来自蓄电池正极的供电线；数字 31 代表接地线；数字 15 代表来自点火开关的点火供电线；数字 50 代表点火开关在启动挡时的启动供电线；x 代表受控的大容量用电设备供电线（来自卸荷继电器的供电线）等。无论这些标记出现在电路的什么地方，相同的标记都代表相同的接点。汽车电路图中接线柱的标记参见第 10 章有关内容。

(2) 所有电路都是纵向排列，不互相交叉

大众公司汽车电路图采用了断线代号法来处理线路复杂交错的问题。例如，假设某一条线路的上半段在电路序号为 116 的位置上，下半段电路在电路接续号为 147 的位置上。这时，在上半段电路的终止处画一个标有 147 的小方格，在下半段电路的开始处也有一小方格，内标有 116，通过 116 和 147 就可以将上、下半段电路连在一起了。

(3) 整个电路以继电器盒为中心

大众公司汽车电路图在表示线路走向的同时，还表达了线路的结构情况。继电器盒的正向插有各种继电器和熔断器。在电路图上的继电器标有 4/49，3/49a 等数字，如图 11-2 所示。其中分子数 4，3 是指继电器盒插孔代号，分母 49，49a 是指继电器的插脚代号。4/49 就表示出了继电器插脚与插孔的配合关系。

二、大众车系电路分析实例

下面以捷达轿车电源系统电路和散热器风扇控制系统电路为例进行分析。

1. 电源系统电路分析

捷达轿车电源系统电路如图 11-5 所示。该部分主要由发电机、蓄电池、起动机、点火开关组成。

(1) 蓄电池

蓄电池用 A 表示。负极接地，用①表示，接地点在车身上；用②表示，接地点在变速器。这两条接地线较粗，截面积为 25.0 mm²。另一个接地点用⑩表示，在前照灯线束内，线粗 4.0 mm²，棕色。还有一个接地点在晶体管点火系统控制单元，位置在压力通风舱左侧。线粗 1.5 mm²，黑/棕双色线。

蓄电池的正极与起动机接点 30 用粗线连接，是用来向起动机供大电流的。同时通过接点 30 用一根 6.0 mm² 的红色线与发电机的 B+ 端连接，属充电电路的一部分。还有一条 6.0 mm² 的红色线与 Y 插接器的第 3 个接点连接，以 30 线标示，向其他用电设备供电。

(2) 起动机

起动机用 B 表示。接续号 5，6 表示自身内部搭铁。接点 30 如前述。接点 50 用线粗 4.0 mm² 的红/黑双色线与 F 插接器第一个接点连接，并通过插接器 H1 的接点 1 与点火开关接点 50 连接，组成起动机电磁开关的控制电路。50 端子得电起动机便工作。起动机接点 30 的接线见蓄电池部分所述。

(3) 发电机

发电机用 C 表示，发电机电压调节器用 C1 表示，线路编号 1 的细实线表示自身搭铁。发电机的 D+ 端子，通过一个单孔接头 T1a 与插接器 A2 的 1 号接点连接，通过线路编号

55 位置接仪表板，经二极管后接点火开关。在点火开关断开时 D＋端子无电，而 B＋端子为蓄电池电压。点火开关闭合，发动机未启动时，D＋端子得电，仪表板内的二极管正向导通，向发电机励磁绕组提供励磁电流，发电机报警灯亮。发电机启动后，发电机发电，D＋端子电压由发电机提供，进入自励，D＋端子电位升高后，二极管截止，发电机报警灯熄灭。插头 T1a 的安装位置在蓄电池附近。

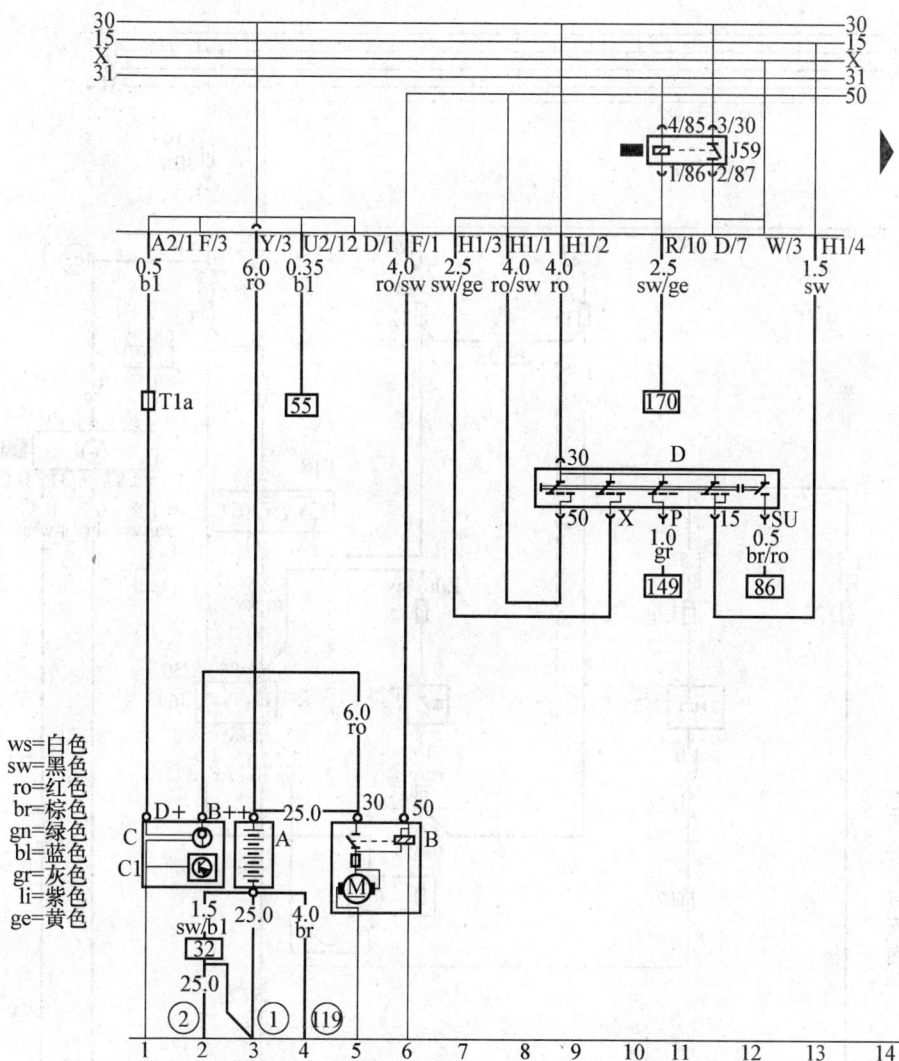

A—蓄电池；B—起动机；C—发电机；C1—电压调节器；D—点火开关；

J59—卸荷继电器；T1a—单孔接头—蓄电池附近；（1）—接地线，蓄电池—车身；

（2）—接地线，变速器—车身；（119）—接地连接点，前照灯线束内

图 11－5　捷达轿车电源系统电路

（4）点火开关

点火开关用 D 表示。开关有 6 个接点。接点 SU 用 $0.5\ mm^2$ 的棕/红双色线，控制收放机电路。接点 15 用 $0.5\ mm^2$ 的黑线通过插接器 H1 的 4 接点向点火系统供电。接点 P 向停车灯供电。接点 X 用 $2.5\ mm^2$ 黑/黄双色线，经 H1 插接器 3 号接点与 4 号位（触点卸荷继电器 J59）继电器座的 1 号接点相连。继电器座的 1 号接点与继电器 86 插脚相接。

卸荷继电器 J59 工作，X 线便与 30 相通得电。接点 50 是起动机控制线。

2. 散热器风扇控制电路分析

捷达轿车散热器风扇控制电路如图 11-6 所示。

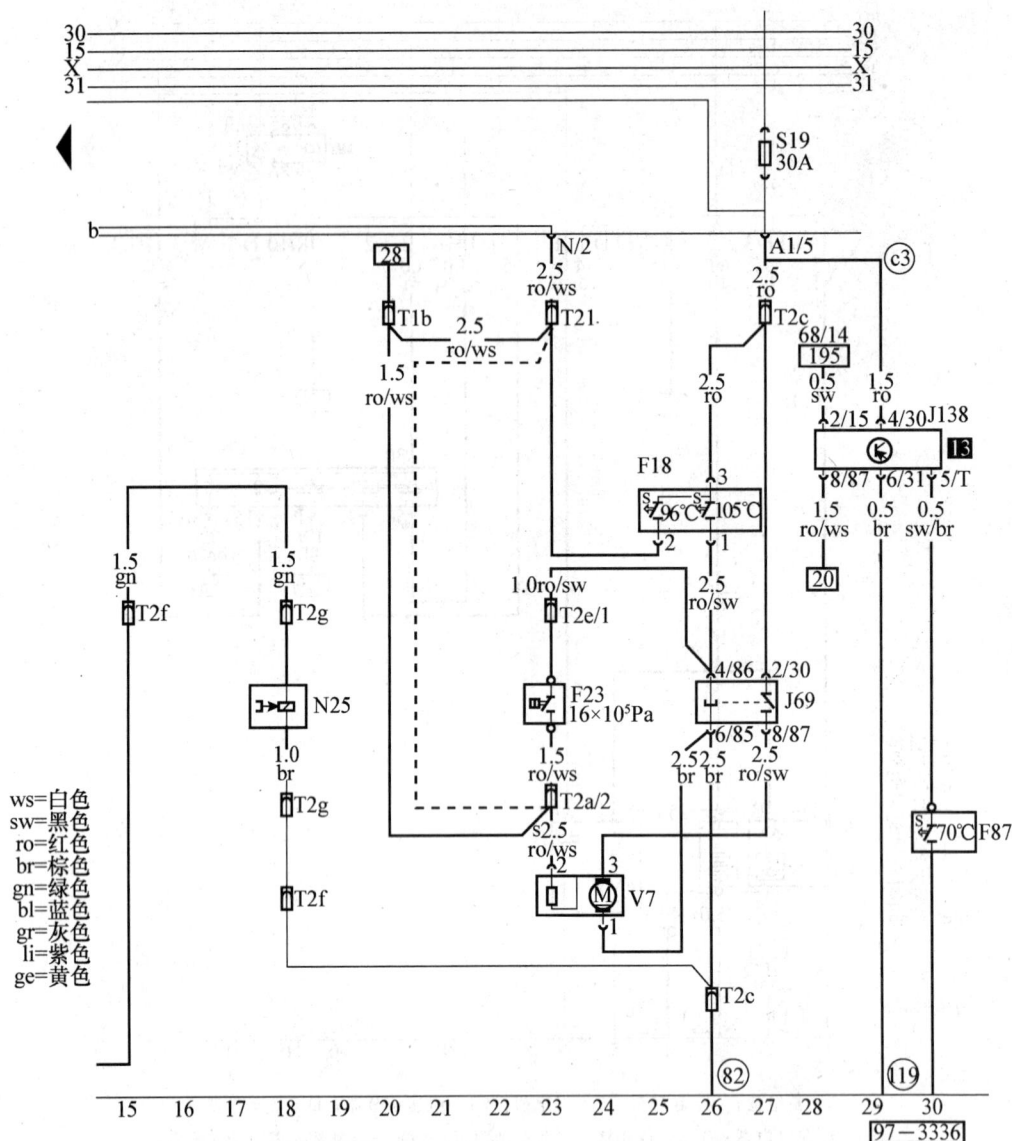

```
ws=白色
sw=黑色
ro=红色
br=棕色
gn=绿色
bl=蓝色
gr=灰色
li=紫色
ge=黄色
```

F18—散热器风扇热敏开关；F23—高压开关；J69—风扇二挡继电器；J138—风扇启动控制单元；
N25—空调电磁离合器；T1b—单孔插接器；T2c—2 孔插接器，发动机舱前；T2e—2 孔插接器，
发动机舱前；T2f—2 孔插接器，发动机舱前；T2g—2 孔插接器，发动机舱前；T2i—2 孔插接器，
发动机舱前；V7—散热器风扇；F87—风扇启动温度开关；（82）—接地端，左前线束内

图 11-6 捷达轿车散热器风扇控制电路

（1）冷却水温的控制

当散热器中冷却液温度达到 92 ℃～97 ℃时，双温开关 F18 接通一挡（96 ℃开关闭合）。工作电流为：继电器盒 30→19 号位置熔断器→继电器盒 A1/5→F18 的 3 接线柱→F18 的 2 接线柱→风扇电机 V7 的 2 接线柱→风扇电机 V7 的 1 接线柱→搭铁。风扇低速（1 600 r/min）运转。当冷却液温度超过 97 ℃时，双温开关 P18 接通二挡（105 ℃开关闭合）。风扇二挡继电器 J69 工作，电流从 30→J69 的 2/30 接线柱→J69 的 8/87 接线柱→风扇电机 V7 的 3 接线柱→风扇电机 V7 的 1 接线柱→搭铁构成回路。风扇高速（2 400 r/min）运转。

（2）发动机舱温度的控制

风扇启动温度开关 F87 在点火开关断开的情况下，如果机舱温度达到 70 ℃时，F87 将闭合，风扇启动控制单元 J138 工作，J138 的 8/87 接线柱得电。工作电流为：n38 的 8/87接线柱→红/白双色线→风扇电机 V7 的 2 接线柱→风扇电机 V7 的 1 接线柱→搭铁。风扇低速运转。

（3）空调系统工作状态的控制

散热器风扇还将受到空调系统工作状态的控制。当空调开关处于制冷除霜位置时，电流从继电器盒 N/2 接线柱→红/白双色线→风扇电机 V7 的 2 接线柱→风扇电机 V7 的 1 接线柱→搭铁构成回路。散热器风扇低速运转。当制冷管中压力上升至 1.6 MPa 时，高压开关 F23 闭合，电流从继电器盒 N/2 接线柱→红/白双色线→F23→风扇二挡继电器 J69 的 4/86，6/85→搭铁构成回路。风扇二挡继电器 J69 吸合，风扇电机 V7 的接线柱 3 得电，风扇电机高速运转。

第二节　丰田车系电路分析

一、丰田车系电路识图

1. 电路图中使用的符号及含义
丰田车系电路图中使用的符号及含义如图 11-7 所示。

2. 各系统的符号及含义
全车电路由各独立的系统组成，丰田汽车电路图中各系统的符号及含义如图 11-8 所示。

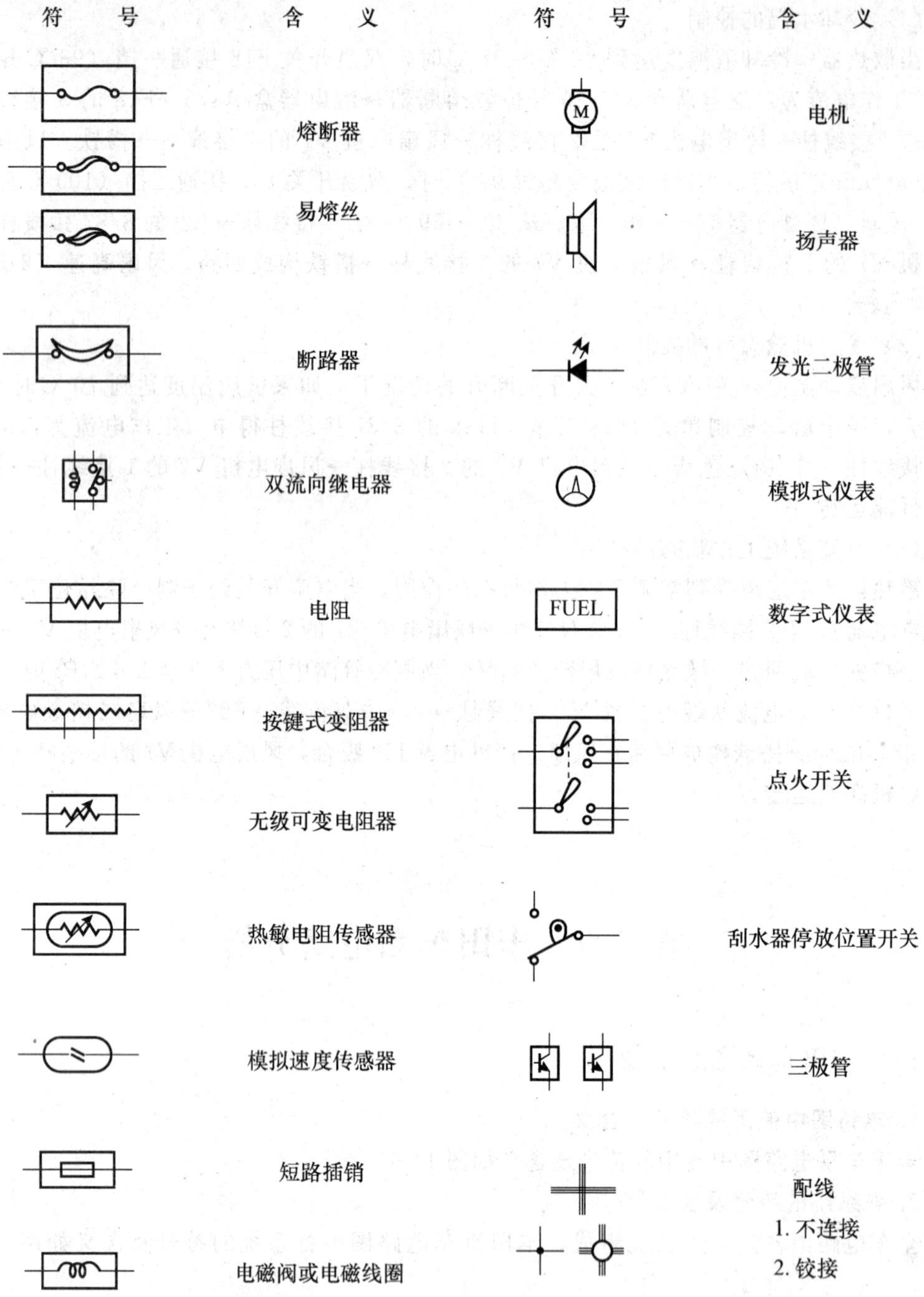

符　　号	含　　义	符　　号	含　　义
	熔断器	Ⓜ	电机
	易熔丝		扬声器
	断路器		发光二极管
	双流向继电器		模拟式仪表
	电阻	FUEL	数字式仪表
	按键式变阻器		点火开关
	无级可变电阻器		
	热敏电阻传感器		刮水器停放位置开关
	模拟速度传感器		三极管
	短路插销		配线
			1. 不连接
	电磁阀或电磁线圈		2. 铰接

图 11-7　丰田轿车电路图中使用的符号及含义

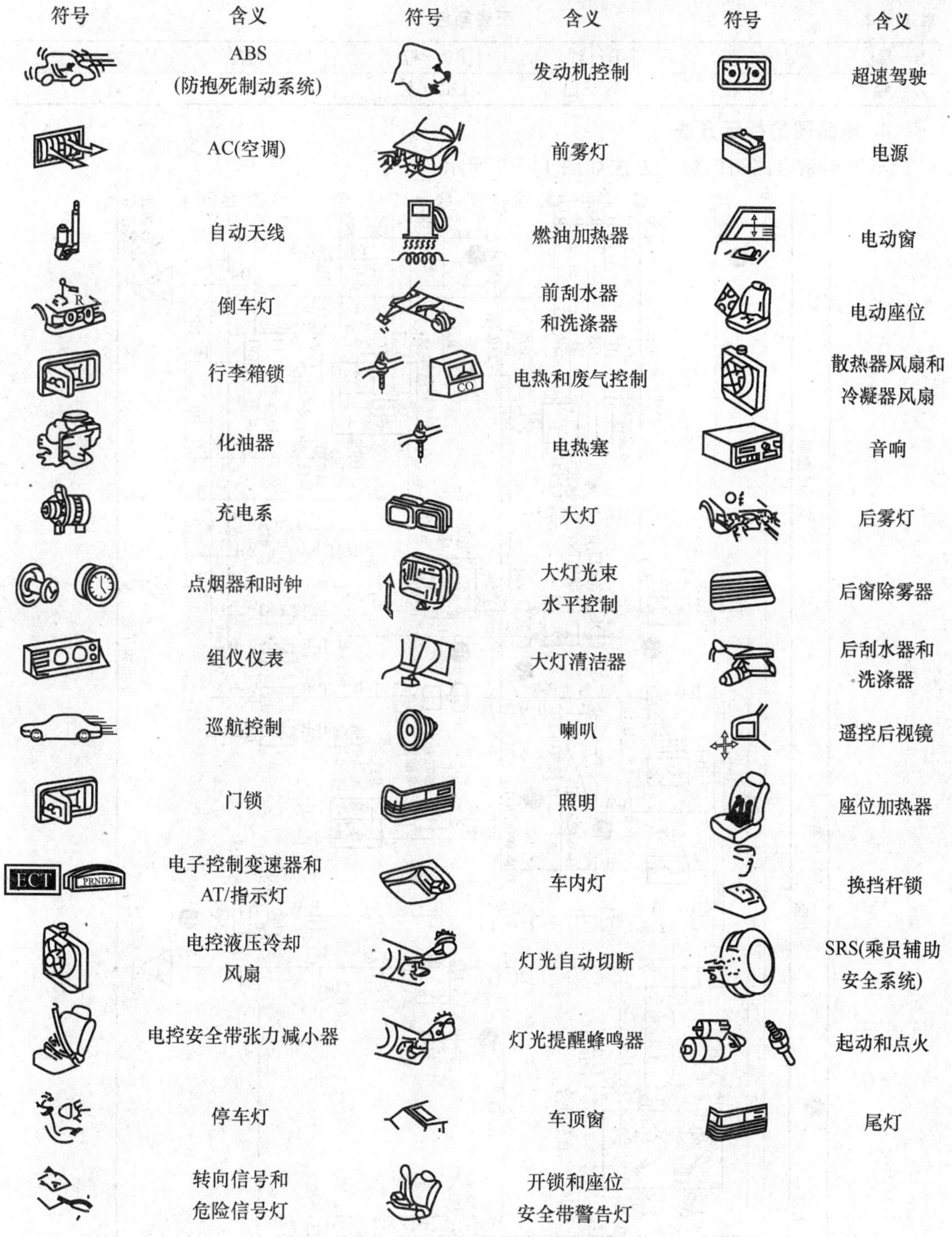

符号	含义	符号	含义	符号	含义
	ABS（防抱死制动系统）		发动机控制		超速驾驶
	AC(空调)		前雾灯		电源
	自动天线		燃油加热器		电动窗
	倒车灯		前刮水器和洗涤器		电动座位
	行李箱锁		电热和废气控制		散热器风扇和冷凝器风扇
	化油器		电热塞		音响
	充电系		大灯		后雾灯
	点烟器和时钟		大灯光束水平控制		后窗除雾器
	组仪仪表		大灯清洁器		后刮水器和洗涤器
	巡航控制		喇叭		遥控后视镜
	门锁		照明		座位加热器
	电子控制变速器和AT/指示灯		车内灯		换挡杆锁
	电控液压冷却风扇		灯光自动切断		SRS(乘员辅助安全系统)
	电控安全带张力减小器		灯光提醒蜂鸣器		起动和点火
	停车灯		车顶窗		尾灯
	转向信号和危险信号灯		开锁和座位安全带警告灯		

图 11-8 电路中各系统的符号及含义

3. 导线颜色

在线路图中，配线颜色用字母代号表示，字母代号的含义如表 11-2 所示。

表 11-2   配线颜色

B—黑	L—蓝	R—红	BR—棕	LG—线绿	V—紫
G—绿	O—橙	W—白	GR—灰	P—粉红	Y—黄

4. 电路图的标示方法

丰田车系电路图的标示方法如图 11-9 所示。

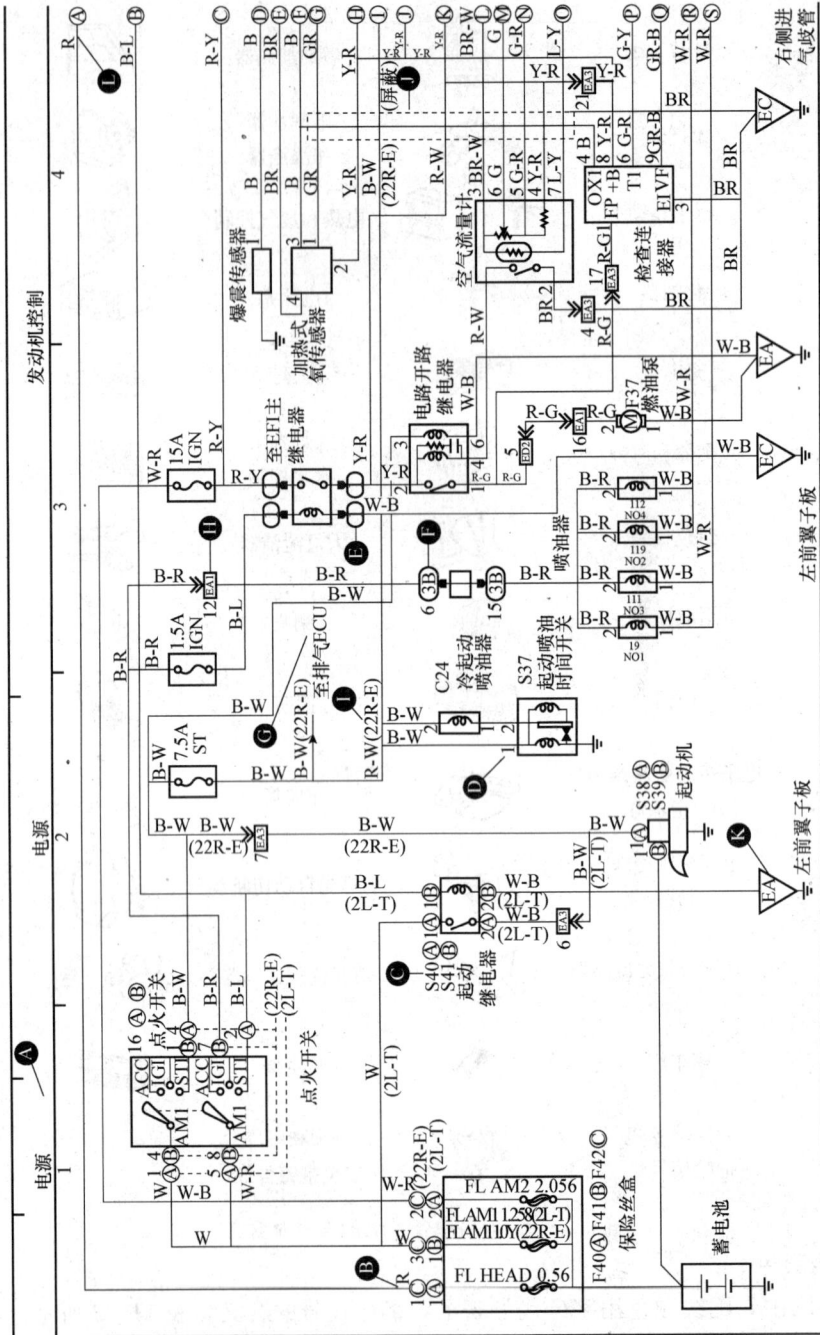

图 11-9 电路图的标示方法

丰田车系电路图中各部分的含义如下：

A 表示各子系统的标题符号。

B 表示配线颜色。例如，线路图中导线颜色编号为 R，则说明在实际电路中，导线颜色为红色。如果导线为双色，则用第一个字母表示配线基本颜色，第二个字母表示配线的条纹颜色。例如导线颜色编号为 L—Y，则在实际电路中，导线的基本颜色为蓝色，条纹颜色为黄色。

C 表示与电器元件连接的插接器编号。S40 或 S41 表示与启动继电器相连接的插接器。

D 表示插接器的引脚编号，其中插座和插头编号的方法不同。在插座编号中，顺序为从左至右，从上至下；插头则从右至左，从上至下。如图 11－10 所示。

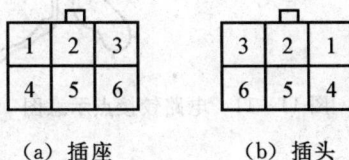

1	2	3
4	5	6

3	2	1
6	5	4

（a）插座　　　　　（b）插头

图 11－10　插座与插头编号示意图

E 表示继电器盒。圈内数字表示继电器盒号码，图示继电器盒号码为 1，表示 EFI 主继电器在 1 号位置。

F 表示接线盒。圈内数字表示接线盒（J/B）号码，圈旁数字表示该插接器插座位置代码。接线盒上一般印上阴影，使其与其他元件区分。不同的接线盒，用不同的阴影标出，以便区分。例如，图中的 3B 表示它在 3 号接线盒内；数字 6 和 15 表示两条配线分别在插接器 6 号和 15 号位置。

G 表示相互关联的系统。

H 配线与配线之间的插接器。带插头的配线用符号"》"表示，外侧数字 12 表示引脚号码。

I 用"（　　）"中内容表示同车型不同系列、不同发动机或不同技术下的不同配线或连接。

J 表示屏蔽的配线。

K 表示接地点位置。接地点在电路图中用"V"符号表示。

L 表示系统电路图如果分开两页以上，则相同的配线用同一个数字（如用 1，2，3，…。）表示其连接关系。

5. 元器件位置

丰田汽车采用布线图、继电器位置图、插接器图等来表明元器件的位置。

（1）布线图

布线图主要表明电器元件在汽车上的位置，一般包括发动机舱、仪表板、车身、电动座椅等部位。

另外，布线图还包括配线插接器、接地点和铰接点位置图。配线插接器用于各元件与配线之间的连接。接地点位置图主要用于经常检查电路接地点，清理接地点的锈蚀、油污以及拧牢紧固螺栓等，对于保证电路的正常工作是非常重要的。铰接点表示配线之间用铰接形式连接。它在电路图中用相交点"．"来表示，而在电路布线图中则用正八边形来表示，其中正八边形中的字母有特定的含义，"E"表示在发动机室内，"I"表示在仪表板内，"B"表示在车身上。如图 11－11 所示。

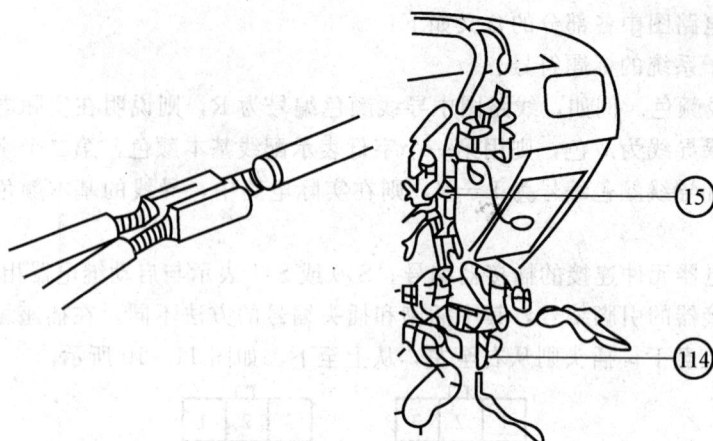

图 11-11　电路铰接点示意图

（2）继电器位置图

在丰田汽车电路图中，继电器有两种形式分布在汽车中：一种为多个继电器集中安装在一个盒内，称为继电器盒（R/B）；另一种以单个或两个继电器独立存在。

在继电器位置图中，给出每个继电器在继电器盒中的位置以及继电器盒的内部电路。

（3）接线盒和配线插接器位置图

在丰田汽车电路图中，接线盒也称为 J/B。用于汽车的全车配线，通过插接器将从各方向来的配线分配到各个电器元件上，而这些插接器都在一个接线盒内。在每个接线盒图中，都标示出从各个方向来的配线插接器的接线端子以及接线盒的内部电路。

在配线插接器中还设有短路端子，同一短路端子簇上，均匀连接着从汽车内不同元件来的相同颜色的许多配线。当然，在安装上述相同颜色的配线时，可以将它们随意连接在短路端子簇中的任何位置。维修时必须随时检查短路端子簇中的安装状态，保证接触良好。其外形如图 11-12 所示，短路端子如图 11-13 所示。若插接器端子图中出现"×"，表示该端子暂时没有配线连接，为空端子。

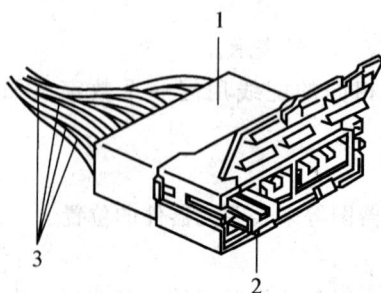

1—接线连接器；2—短路端子；3—相同颜色
图 11-12　配线插接器外形

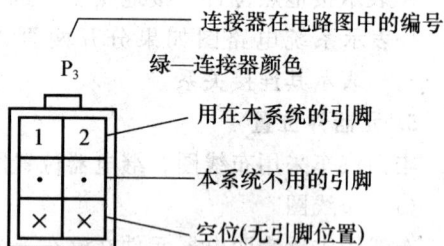

图 11-13　配线插接器端子图

二、丰田车系电路分析实例

以凌志 LEXUS LS400 UCFIO 系列轿车刮水器和洗涤器、喇叭电路为例，介绍丰田车系电路的分析方法。

凌志 LEXUS LS400 UCFIO 系列轿车刮水器和洗涤器、转向信号和危险警告、喇叭电路如图 11-14 所示。分析电路之前，首先要弄清以下三方面的内容，再进行分析。

1. 电器元件的安装位置

当我们拿到电路图时，首先要找到被分析系统的主要电器元件，然后再进行线路分析，这样可以避免盲目性。例如，首先找到刮水器电机 W5、洗涤电机 W2、刮水器和洗涤器组合开关 C15、刮水器控制继电器 W8、点火开关 n7 等。配合布线图就能够知道这些电器元件在车上的安装位置。

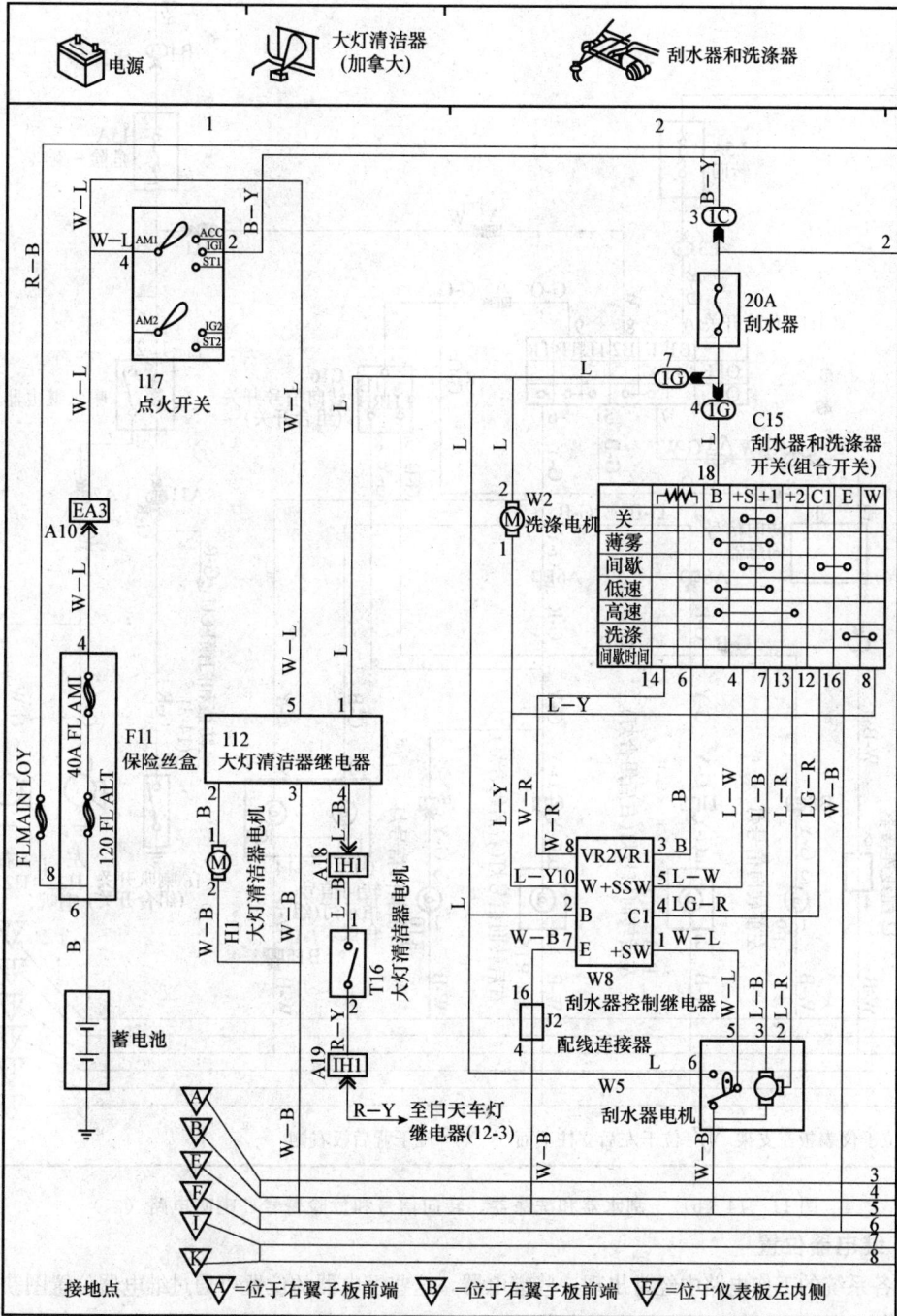

图 11-4（a） 刮水器和洗涤器、转向信号和危险警号、喇叭电路（一）

转向信号和危险警告　　　　　喇叭

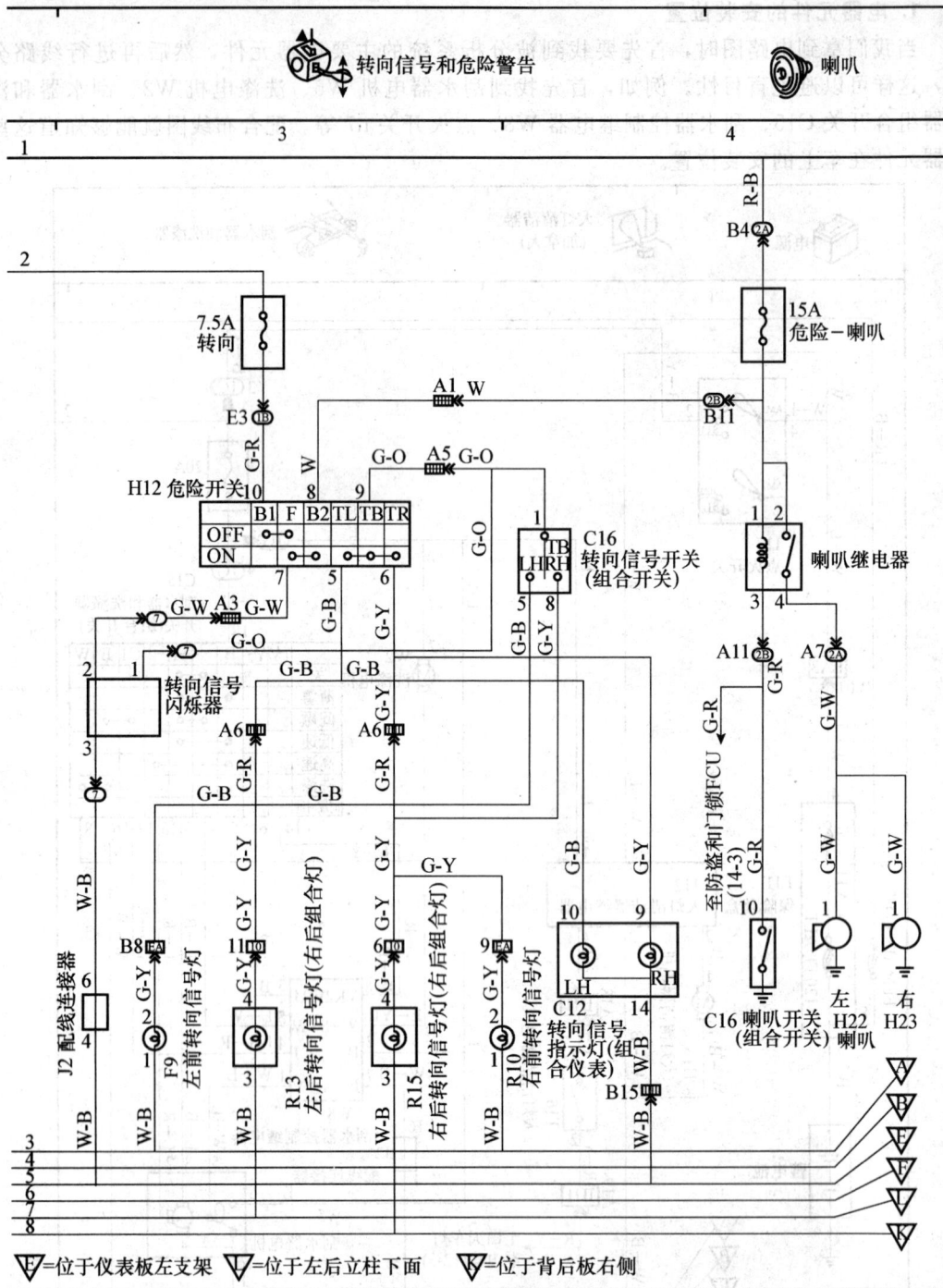

图 11-14（b）　刮水器和洗涤器、转向信号和危险警号、喇叭电路（二）

2. 继电器位置

在各系统的工作电路中经常出现一些继电器，这些继电器的位置可通过继电器位置图获得。

例如，图 11-14（a）中的刮水器控制继电器 W8 可由图 11-15 仪表板继电器位置图获得；图 11-14（b）中的喇叭继电器在继电器盒中，参见图 11-16。

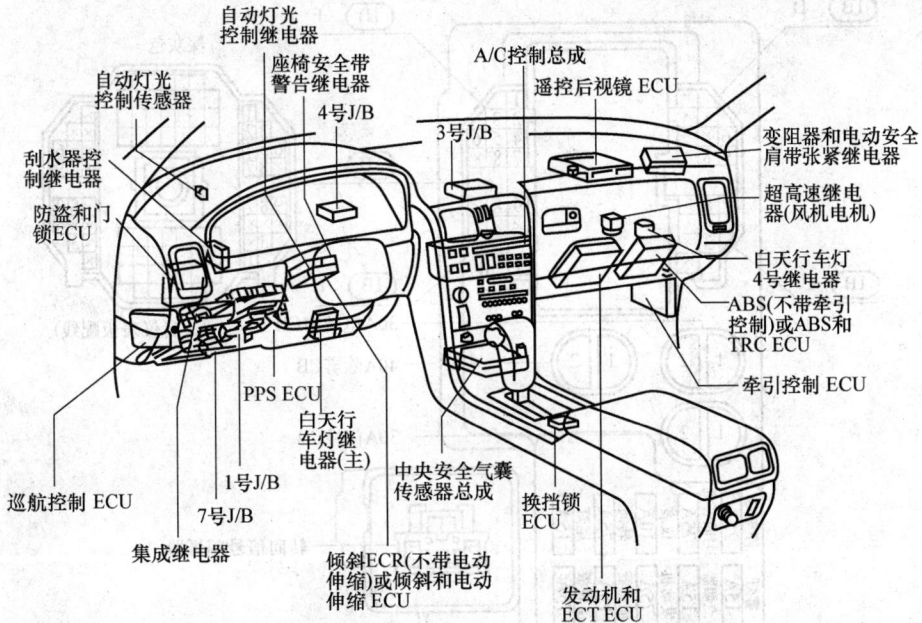

图 11-15 仪表板继电器位置图

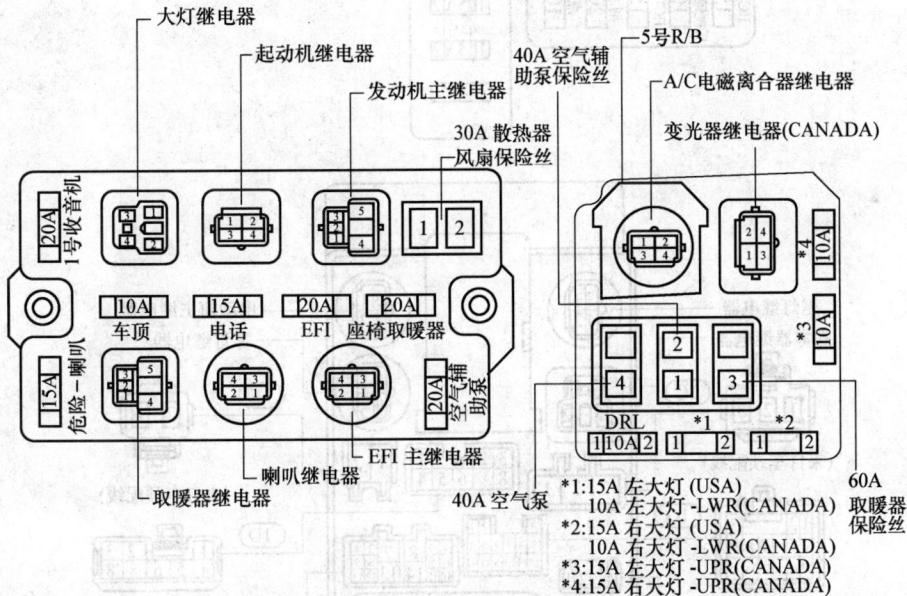

图 11-16 各继电器在继电器盒内的位置

3. J/B 和 R/B 的构成及内部电路

在对刮水器和洗涤器电路进行分析时将会遇到 1 号 J/B（接线盒）；在对喇叭电路进行分析时将会遇到 2 号 J/B（接线盒）。了解接线盒的结构及其内部电路将会给电路分析和使用带来很多方便。

例如，1 号 J/B 位于转向柱左侧，和 7 号 R/B 相邻。1 号 J/B 的结构如图 11-17 所示，内部电路如图 11-18 所示。2 号 J/B 的位置在发动机舱左侧，在 5 号 R/B 附近。2 号 J/B 的结构如图 11-19 所示，内部电路如图 11-20 所示。

深灰色

（来自仪表板配线）

30A电动窗CB

40A除雾CB

30A门控CB

ECU-B	雾灯	停车灯			
15A	15A	25A			

| | 点烟器 | 2号收音机 | 仪表 | 转向 | 尾灯 |
| | 15A | 75A | 10A | 75A | 15A |

后视镜加热器 发动机 加热器 仪表板
10A 75A 15A 75A

ECU-IG 刮水器 点火
15A 20A 10A

转向信号闪烁器

起动
125A2
牵引
115A2

7号R/B

尾灯继电器

除雾器继电器

（来自车颈配线）

（来自车颈配线）

（来自车颈配线）

电动窗主继电器

雾灯继电器

（来自车颈配线）

（来自车颈配线）

（来自车颈配线）

集成继电器

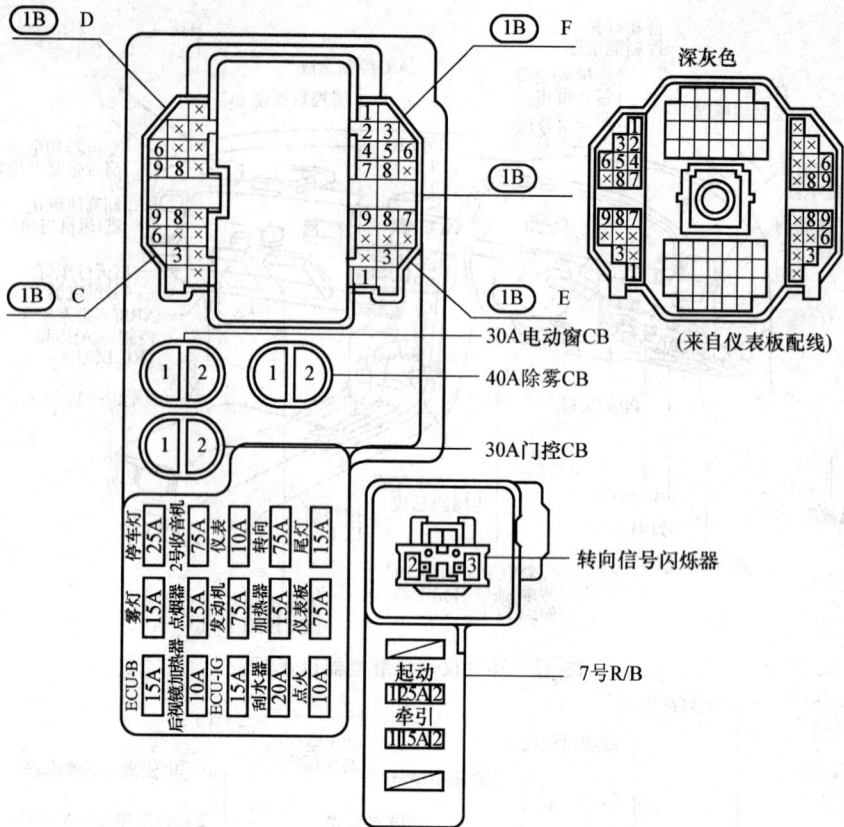

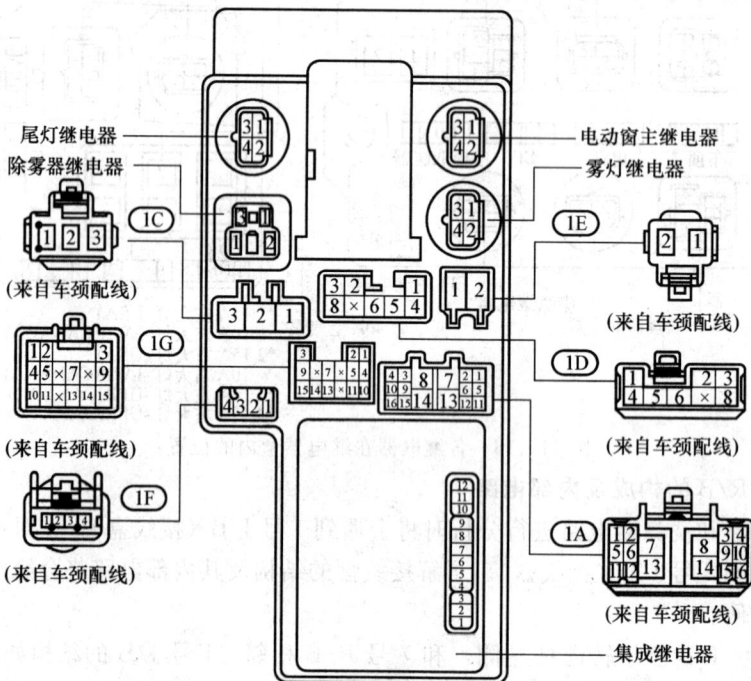

图 11-17　1号J/B结构图

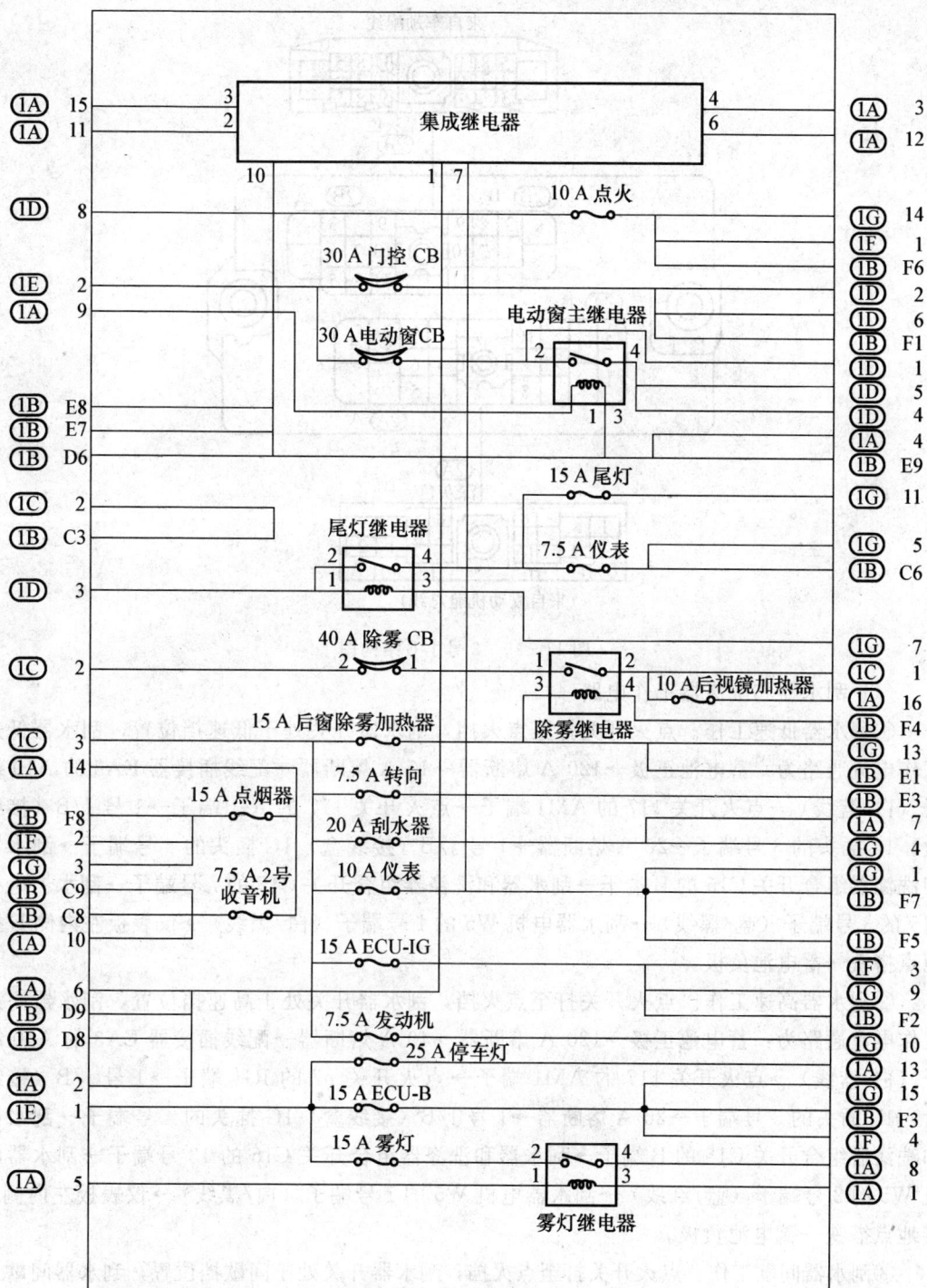

图 11-18 1号 J/B 内部电路

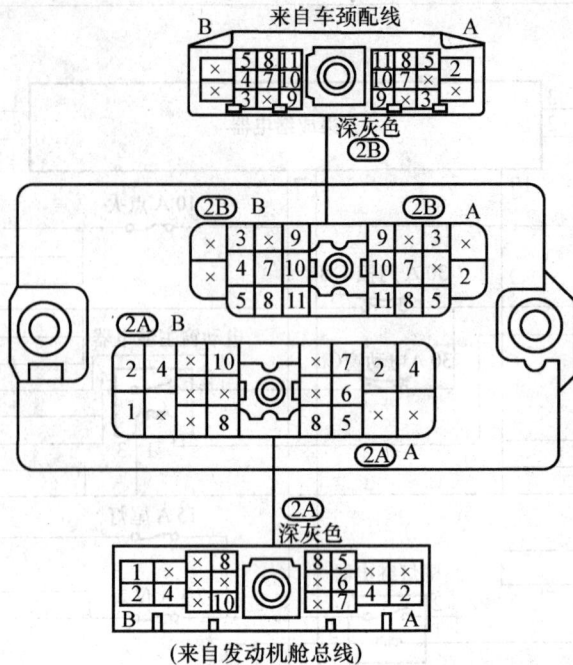

图 11-19 2 号 J/B 结构图

（1）刮水器和洗涤器工作电路

①刮水器低速工作。点火开关打至点火挡，刮水器开关处于低速挡位置，刮水器低速工作电流通路为：蓄电池正极→120 A 熔断器→40 A 熔断器→配线插接器 EA3 的 A10 端子（白/蓝线）→点火开关 117 的 AM1 端子→点火开关 117 的 IG1 端子→1 号 J/B（接线盒）1C 插头的 3 号端子→20 A 熔断器→1 号 J/B（接线盒）1C 插头的 4 号端子→刮水器和洗涤器组合开关 C15 的 B 端子→刮水器和洗涤器组合开关 C15 的 7 号端子→刮水器电机 W5 的 3 号端子（蓝/黑线）→刮水器电机 W5 的 1 号端子（白/黑线）→仪表板左内侧 E 接地点搭铁→蓄电池负极。

②刮水器高速工作。点火开关打至点火挡，刮水器开关处于高速挡位置，刮水器高速工作电流通路为：蓄电池正极→120 A 熔断器→40 A 熔断器→配线插接器 EA3 的 A10 端子（白/蓝线）→点火开关 117 的 AM1 端子→点火开关 n7 的 IG1 端子→1 号 J/B（接线盒）1C 插头的 3 号端子→20 A 熔断器→1 号 J/B（接线盒）1G 插头的 4 号端子→刮水器和洗涤器组合开关 C15 的 B 端子→刮水器和洗涤器组合开关 C15 的 13 号端子→刮水器电机 W5 的 2 号端子（蓝/红线）→刮水器电机 W5 的 1 号端子（白/黑线）→仪表板左内侧 E 接地点搭铁→蓄电池负极。

③刮水器间歇工作。点火开关打至点火挡，刮水器开关处于间歇挡位置，刮水器间歇工作电流通路为：蓄电池正极→120 A 熔断器→40 A 熔断器→配线插接器 EA3 的 A10 端子（白/蓝线）→点火开关 117 的 AM1 端子 →点火开关 117 的 IG1 端子→1 号 J/B（接线盒）1C 插头的 3 号端子→20 A 熔断器→1 号 J/B（接线盒）1A 插头的 7 号端子（蓝线）→刮水器控制继电器 W8 的 2 号端子→刮水器控制继电器 W8 的 5 号端子（蓝/白线）→刮水器和洗涤器组合开关 C15 的 4 号端子→刮水器和洗涤器组合开关 C15 的 7 号端子→刮水器电机 W5

的 3 号端子（蓝/黑线）→刮水器电机 W5 的 1 号端子（白/黑线）→仪表板左内侧 E 接地点搭铁→蓄电池负极。

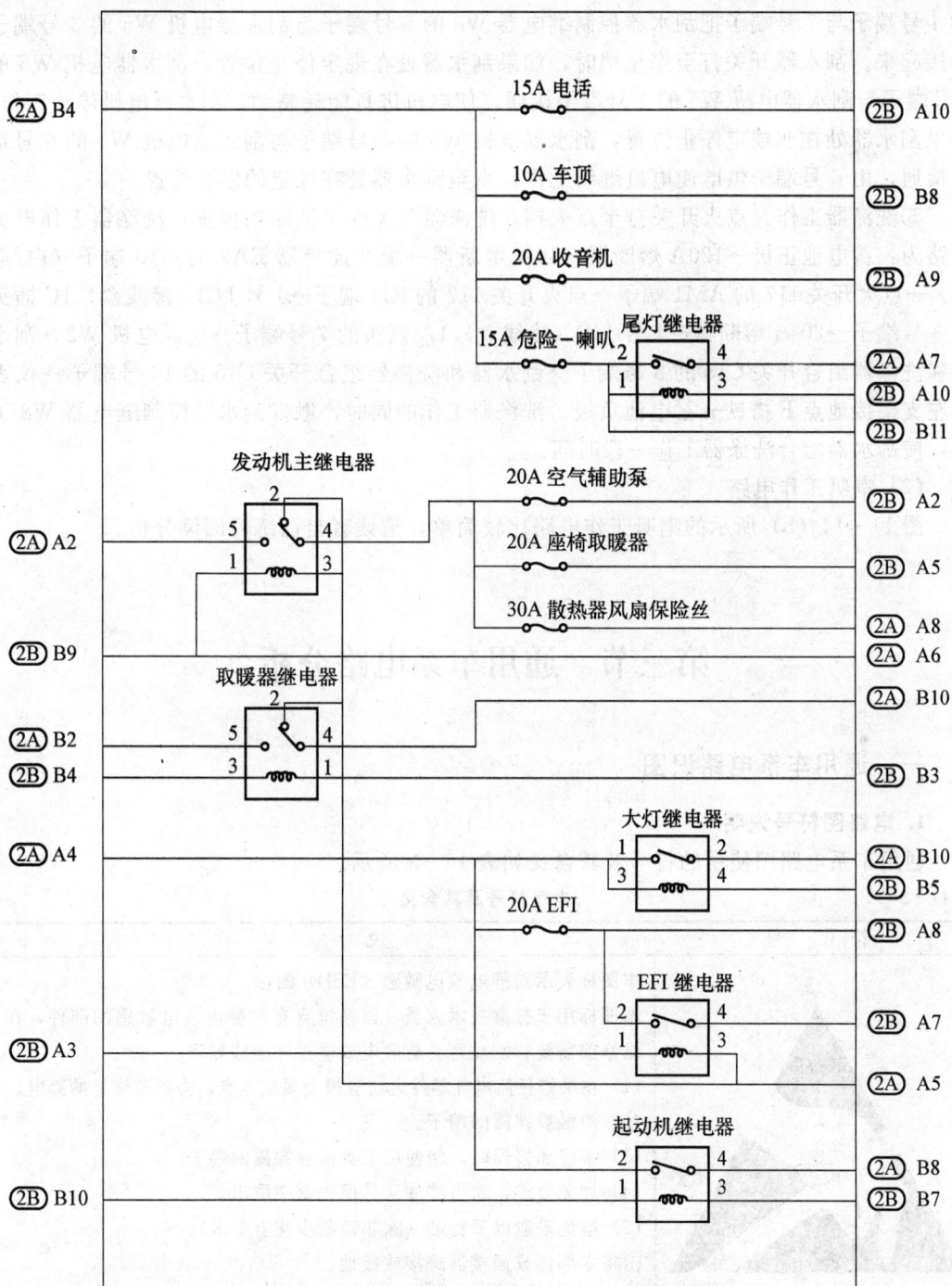

图 11-20 2 号 J/B 内部电路

刮水器开关打至间歇挡时，刮水器控制继电器 W8 的 4 号端子由刮水器和洗涤器组合开关 C15 的 12 号端子与 16 号端子通过接地点 F 搭铁。刮水器间歇时间由刮水器控制继电器 W8 来决定。

④刮水器停止工作。刮水器开关打至停止挡位置，通过刮水器和洗涤器组合开关 C15 的 4 号端子与 7 号端子把刮水器控制继电器 W8 的 5 号端子与刮水器电机 W5 的 3 号端子连接起来。刮水器开关打至停止挡时，如果刮水器处在规定停止位置，刮水器电机 W5 的 5 号端子与刮水器电机 W5 的 1 号端子接通，使电机进行能耗制动，刮水器电机停止工作。如果刮水器处在非规定停止位置，刮水器电机 W5 的 5 号端子与刮水器电机 W5 的 6 号端子接通，由 6 号端子供电使电机继续工作，直至刮水器处在规定的停止位置。

⑤洗涤器工作。点火开关打至点火挡，洗涤器开关处于洗涤挡位置，洗涤器工作电流通路为：蓄电池正极→120A 熔断器→40A 熔断器→配线插接器 EA3 的 A10 端子（白/蓝线）→点火开关 117 的 AM1 端子→点火开关 117 的 IG1 端子→1 号 J/B（接线盒）1C 插头的 3 号端子→20 A 熔断器→1 号 J/B（接线盒）1A 插头的 7 号端子→洗涤电机 W2→刮水器和洗涤器组合开关 C15 的 8 号端子→刮水器和洗涤器组合开关 C15 的 16 号端子→仪表板左支架接地点 F 搭铁→蓄电池负极。洗涤器工作的同时，触发刮水器控制继电器 W8 工作，使刮水器配合洗涤器工作一段时间。

（2）喇叭工作电路

图 11-14（b）所示的喇叭工作电路比较简单，请读者自己练习阅读分析。

第三节　通用车系电路分析

一、通用车系电路识图

1. 电路图符号说明

通用车系电路图使用的符号及其含义如表 11-3 所示。

表 11-3　　　　　　　　　　　　　电气符号及其含义

符　　号	说　　明
	本图标表示对静电放电敏感（ESD）图标。 本图标用于提醒技术人员，该系统含有对静电放电敏感的部件，在维修前需要特别注意。防静电放电损坏措施如下： （1）在维修任何电气零件之前触摸金属接地点，去除身体上的静电。 （2）勿触摸裸露的端子。 （3）维修插接器时，勿使用工具接触裸露的端子。 （4）如无要求，勿将零件从其保护盒中取出。 （5）避免采取以下行动（除非诊断步骤有要求）： ①将零部件或插接器跨接或接地。 ②将测试设备探针与零部件或插接器相连接。

2. 电路图的标示方法

下面以上海别克轿车自动变速器控制电路图为例（如果未学自动变速器控制原理，暂且不必深究控制过程，重点了解电路图的表示方法），来说明通用车系电路图各部分的含义，如图 11-21 所示。

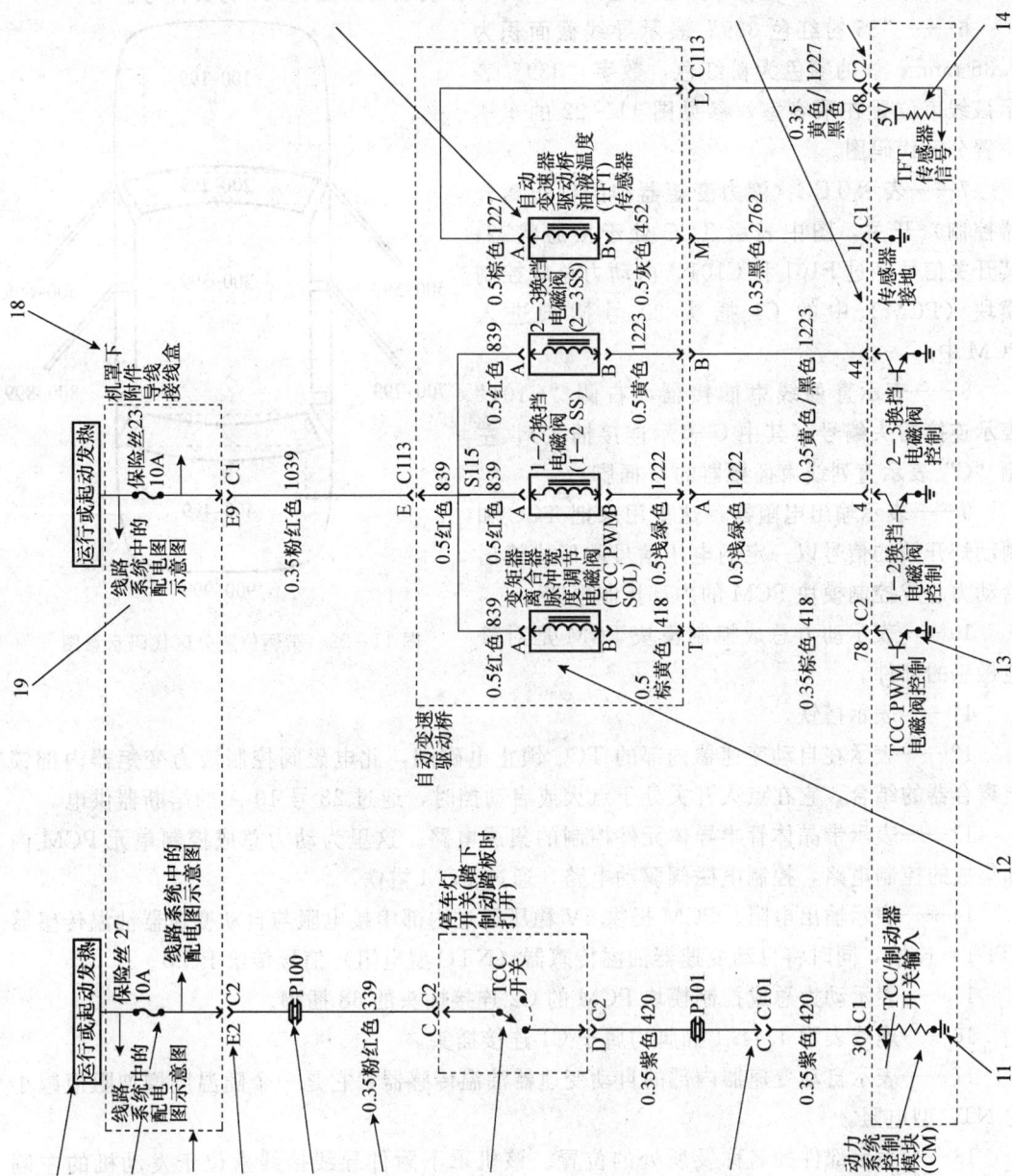

图 11-21 通用车系电路图的标示方法

图中各部分含义如下：

1——"运行或启动发热"表示线路在点火开关处于点火或启动挡时有电，电压为蓄电池工作电压。

2——表示 27 号 10 A 的熔断器。

3——虚线框表示没有完全表示出接线盒所有部分。

4——表示导线由发动机机罩下导线接线盒的 C2 连接插头的 E2 插脚引出，连接插头编号 C2 写在右侧，插脚编号 E2 写在左侧。

5——符号和 P100 表示贯穿式密封圈，其中 P 表示密封圈，100 为其代号。

6——"35 粉红色 339"表示导线截面积为 0.35 mm²，线的颜色为粉红色，数字"339"表示该线束位置在乘客室，参见图 11－22 的车辆位置分区代码图。

7——表示 TCC（液力变矩器中的锁止离合器控制）开关，图中表示 TCC 处于接通状态，其开关信号经过 P101 和 C101，由动力总成控制模块（PCM）中的 C1 插头 30 号插脚进入 PCM 中。

8——表示直列线束插接器，右侧"C101"表示连接插头编号（其中 C 表示连接插头），左侧"C"表示直列线束插接器的 C 插脚。

9——表示输出电阻器，这里用来把 TCC 和制动灯开关的信号以一定的电压信号的形式输出给动力总成控制模块 PCM 的内部控制电路。

10——表示动力总成控制模块 PCM 是对静电敏感的部件。

11——表示搭铁。

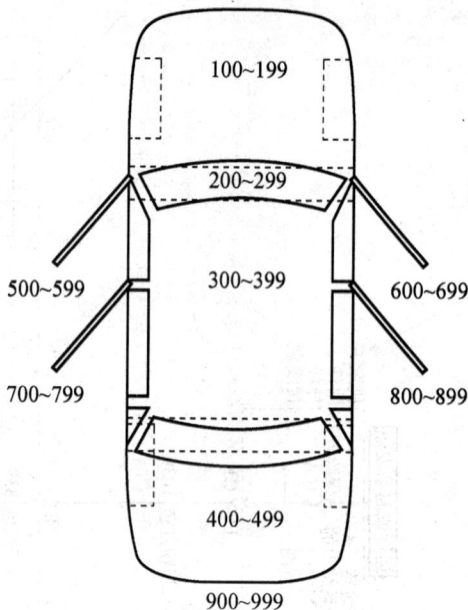

图 11－22　车辆位置分区代码示意图

12——表示在自动变速器内部的 TCC 锁止电磁阀，此电磁阀控制液力变矩器内部锁止离合器的结合，它在点火开关处于点火或启动挡时，通过 23 号 10 A 的熔断器供电。

13——表示带晶体管半导体元件控制的集成电路。这里为动力总成控制单元 PCM 内部集成的控制电路，控制电磁阀驱动电路，通过 PCM 搭铁。

14——表示输出电阻。PCM 提供 5V 稳压通过内部串接电阻与自动变速器油温传感器（TFT）连接，同时将自动变速器油温传感器（NTC 型电阻）信号传给 PCM。

15——表示动力总成控制模块 PCM 的 C2 连接插头的 68 插脚。

16——虚线表示 4.44.1 插脚均属于 C1 连接插头。

17——表示自动变速器内部的自动变速器油温传感器，它是一个随温度增加阻值减小的 NTC 型电阻。

18——表示部件的名称及所处的位置。该机罩下附件导线接线盒位于发动机的左侧（从车的前面看）。

19——表示导线通往机罩下附件导线接线盒的其他电路，对目前所显示的电气系统没有作用，是一种省略的画法。

3. 车辆位置分区代码

通用车系电路图上所有的接地、直接插接器、贯穿式密封圈和接头都给定了识别代码，并与其在车辆上的位置相对应，如图 11－22 所示。其车辆位置分区情况如表 11－4 所示。

表 11 - 4   车辆位置分区表

车辆位置分区代码	区位说明
100—199	发动机舱（全部在仪表板前部）001—099 代表发动机舱内附加号（仅在使用完所有 100—199 后使用）
200—299	位于仪表板区域内
300—399	乘员室（从仪表板到后车轮罩）
400—499	行李厢（从后轮罩到车辆后部）
500—599	位于左前车门内
600—699	位于右前车门内
700—799	位于左后车门内
800—899	位于右后车门内
900—999	位于行李厢盖或储物仓盖

二、通用车系电路分析实例

下面以上海通用别克轿车冷却风扇控制电路为例来介绍一下通用车系电路图的分析方法。

上海别克轿车电路图已经过转化，这样阅读起来比较方便。

上海通用别克轿车冷却风扇控制电路如图 11 - 23 所示。

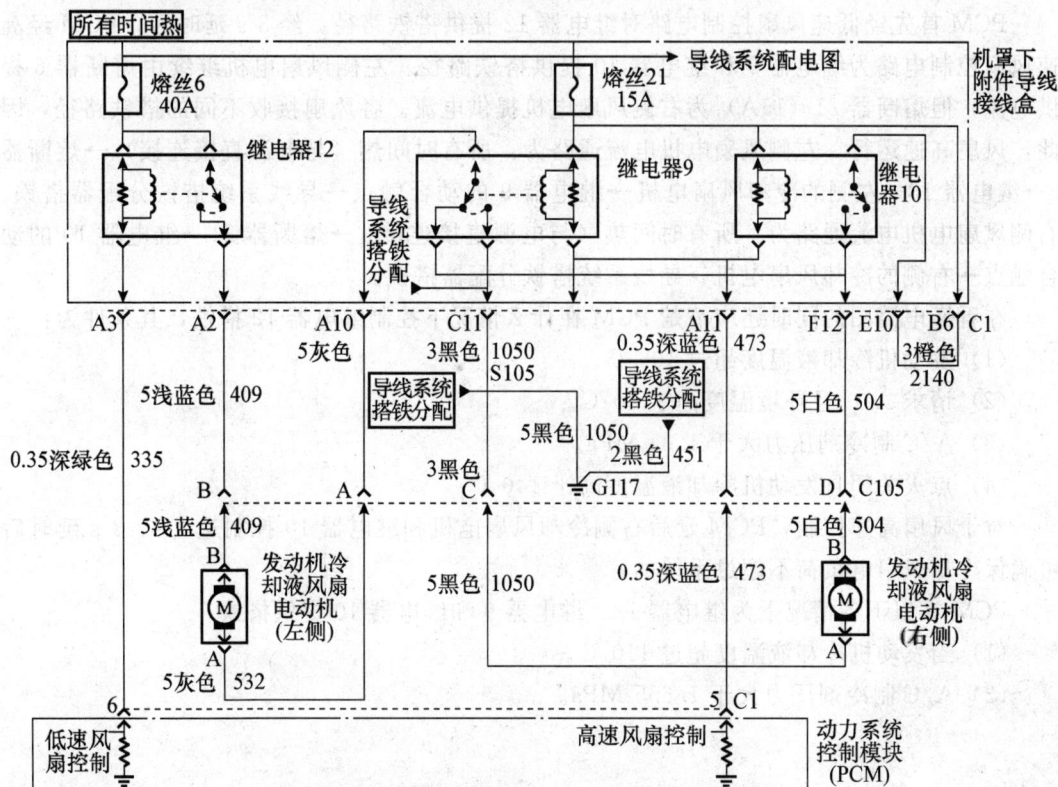

图 11 - 23 上海通用别克轿车冷却风扇控制电路

冷却风扇由两个熔断器（6 号 40 A 和 21 号 15 A）分别向发动机冷却风扇供电。熔断器位于发动机罩下附件接线盒内，如图 11－24 所示。

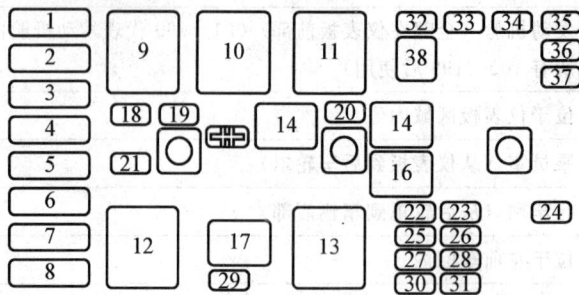

图 11－24　发动机罩下熔断器、断路器及继电器位置

1. 冷却风扇低速工作时电路

PCM 通过低速风扇控制电路为继电器 12 的控制电路提供搭铁。继电器 12 的控制电路的电流通路为：所有时间热（与电源直接连接）→熔断器 6→继电器 12→PCM 的低速风扇控制电路搭铁。于是，继电器 12 的线圈中有电流通过，控制动合触点闭合，向冷却风扇电机供电。此时由于左侧的冷却风扇电机与右侧的冷却风扇电机串联，所以风扇低速运转。电流通路为：所有时间热（与电源直接连接）→熔断器 6→继电器 12→左侧的冷却风扇电机→继电器 9 的动断触点→右侧的冷却风扇电机→导线系统搭铁分配器搭铁。

2. 冷却风扇高速工作时电路

PCM 首先经低速风扇控制电路对继电器 12 提供搭铁路径。经 3 s 延时后，PCM 经高速风扇控制电路为继电器 9 和继电器 10 提供搭铁路径。左侧风扇电机继续由熔断器 6 提供电流，但熔断器 21（15A）为右侧风扇电机提供电流。各风扇接收不同的搭铁路径，因此，风扇高速运行。左侧风扇电机电流通路为：所有时间热（与电源直接连接）→熔断器 6→继电器 12→左侧的冷却风扇电机→继电器 9 的动合触点→导线系统搭铁分配器搭铁。右侧风扇电机电流通路为：所有时间热（与电源直接连接）→熔断器 21→继电器 10 的动合触点→右侧的冷却风扇电机→导线系统搭铁分配器搭铁。

在看懂电路图的同时还应清楚 PCM 在什么情况下控制继电器 12 搭铁，其条件为：

（1）发动机冷却液温度超过 106 ℃。

（2）请求 A/C 且环境温度高于 50 ℃。

（3）A/C 制冷剂压力大于 1.31 MPa。

（4）点火关闭且发动机冷却液温度高于 140 ℃。

对于风扇高速控制，PCM 延后右侧冷却风扇电机和继电器 10 控制达 3 s。3 s 延时后可确保冷却风扇电负荷不超过系统的容量。

PCM 在以下各情况下为继电器 12、继电器 9 和继电器 10 提供搭铁。

（1）当发动机冷却液温度超过 110 ℃。

（2）A/C 制冷剂压力大于 1.655 MPa。

第四节 雪铁龙车系电路分析

一、雪铁龙车系电路识图

1. 电路图中使用的符号

电路图中使用的符号如表 11-5 所示。

表 11-5 电路图中使用的符号

符 号	含 义	符 号	含 义
	线头焊片接点	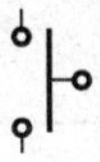	机械开关
	插头接点	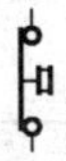	压力开关
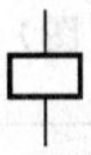	插接器接点	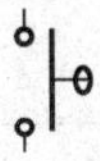	温度开关
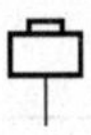	带有分辨记号的插接器接点	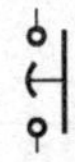	延时断开触点
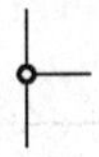	不可拆接点（铰接）	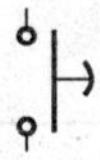	延时闭合触点
	不可拆接点（铰接）		摩擦式触点
	经线头焊片搭铁	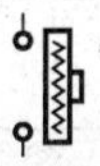	带电阻手动开关（点烟器）
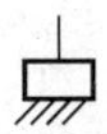	经插接器搭铁		电阻
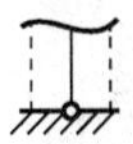	经零件外壳搭铁		可变电阻
	开关（无自动回位）		手动可变电阻
	手动开关		机械可变电阻
	转换开关		热敏电阻

符　号	含　　义	符　号	含　　义
	动合触点（自动回位）		压力可变电阻
	动断触点（自动回位）		可变电阻
	手动开关		分流器
	线圈		电子控制组件
	指示灯		继电器组件
	照明灯		零件框图（带有原理图）
	双灯丝的照明灯		零件框图（无原理图）
	发光二极管		零件部分框图
	光敏二极管		零件部分框图
	二极管		指示器
	熔断器		热电偶
	热断路器		电极
	屏蔽装置		氧探测器
	蓄电池单格		接线柱
	电容器		NPN 型晶体三极管
	电动机		PNP 型晶体三极管
	双速电机		联动线（轴）

符　号	含　义	符　号	含　义
⊘	交流发电机	( )	备用头
◁	发声元件		

2. 电路图的标识方法

法国雪铁龙公司电路图在表现形式上与通常的电路图有较大差别，该车系电路原理图与布线图的标示方法如图 11－25 所示。

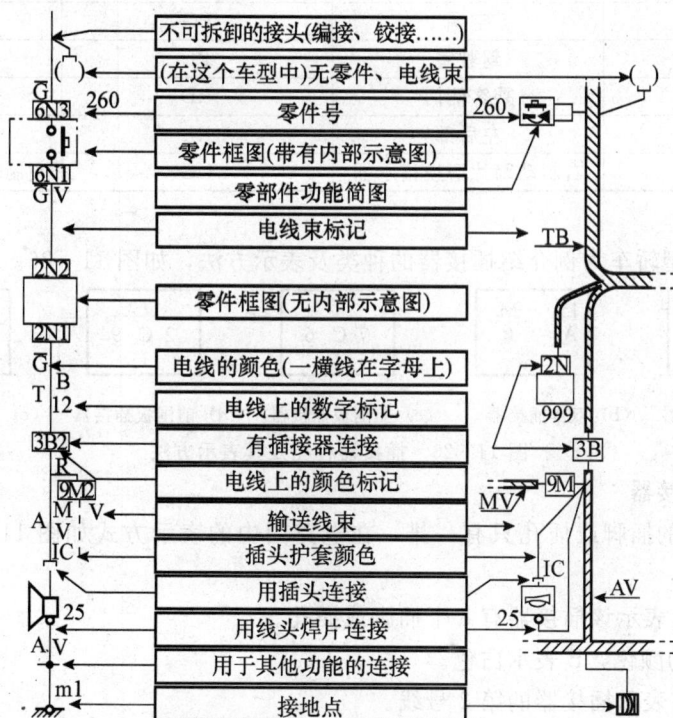

图 11－25　电路原理图与布线图的标示方法

3. 导线颜色代码

电路中用代码标明了各导线的颜色，导线的颜色代码见表 11－6。

表 11－6　　　　　　　　　　　　　　导线的颜色代码

代码	颜色	代码	颜色
N	黑	Bl	湖蓝
M	栗色	Mv	深紫
R	大红	Vi	紫罗兰
Re	粉红	G	灰色
Or	橙色	B	白色
J	柠檬黄	L	透明
V	翠绿		

4. 线束代码

为了方便查找线路走向，在电路图中各导线都标明其所在线束的代码。各线束代码的含义如表 11-7 所示。

表 11-7　　　　　　　　　　　　　　线束代码含义

线束代码	线束名称	线束代码	线束名称
AV	前部	MT	发动机
CN	蓄电池负极电缆	MV	电动风扇
CP	蓄电池正极电缆	PB	仪表板
EF	行李厢照明灯	PC	驾驶员侧门
FR	尾灯	PD	右后门
GC	空调	PG	左后门
HB	驾驶室	PL	顶灯
PP	乘客侧门	RD	右后部
RG	左后部	RL	侧转向灯
UD	右制动蹄片磨损指示器	UG	左制动蹄片磨损指示器

5. 插接器

以富康 ZX 型轿车为例介绍插接器的种类及表示方法，如图 11-26。

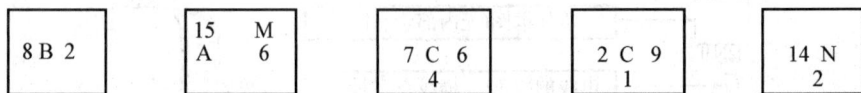

8 B 2	15　　M A　　6	7 C 6 4	2 C 9 1	14 N 2

（a）单排插接器　　（b）双排插接器　　（c）前围板插接器　　（d）前围板插接器　　（e）14 脚圆插接器

图 11-26　插接器种类及其表示方法

（1）单排插接器

单排插接器的插脚或插孔只有一排，在电路图中的表示方式如图 11-26（a）所示，识别方法如下：

8：通道数，表示该插接器有 8 个插脚或插孔。

B：插接器的颜色，B 表示白色。

2：线号数，表示插接器的第 2 号线。

（2）双排插接器

双排插接器的插脚或插孔有两排，在电路图中的表示方式如图 11-26（b）所示，识别方法如下：

15：通道数，表示该插接器有 15 个插脚或插孔。

M：插接器颜色，M 表示颜色为栗色。

A：列数，表示 A 列。

6：线号数，表示 A 列中的第 6 号线。

（3）前围板插接器

前围板插接器位于挡风玻璃左下侧的车身内，有 62 个通道，用于前部线束和仪表板线束的连接。前围板插接器为黑色，由 8 组 7 脚的插孔和 3 组 2 脚的插孔组成，如图 11-27所示。在电路图中的表示方式如图 11-26（c）所示，识别方法如下：

7：通道数，表示 7 脚插脚或插孔。

C：表示前围板插接器。

6：组数，表示第 6 组。

4：线号数，表示第 6 组的第 4 号线。

图 11-26（d）识别方法如下：

2：通道数，表示 2 脚插脚或插孔。

C：表示前围板插接器。

9：组数，表示第 9 组。

1：线号数，表示第 9 组的第 1 号线。

（4）14 脚圆插接器

该插接器位于发动机罩下左侧的熔断器盒内，用于前部 AV 线束与发动机 MT 线束的连接，在电路图中的表示方式如图 11-26（e）所示，识别方法如下：

14：通道数，表示该插接器有 14 个插脚或插孔。

N：插接器的颜色，N 表示黑色。

2：线号数，表示插接器的第 2 号线。

6. 点火开关

法国雪铁龙车系点火开关的表示方法如图 11-28 所示，各挡位工作状态如表 11-8 所示。

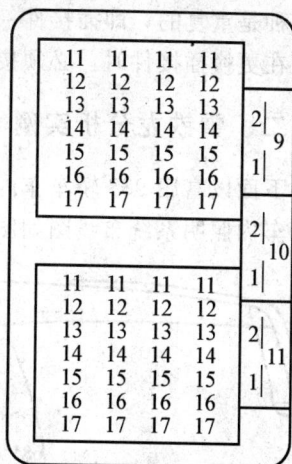

图 11-27 前围板 62 路插接器布置图

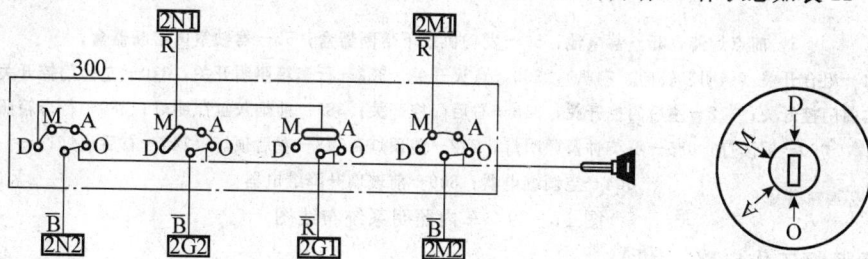

图 11-28 点火开关的表示方法

表 11-8　　　　　　　　　　　　　　点火开关各挡位工作状态

挡位 ＼ 端子	2N1 (供电端子)	2N2	2G2	2G1	2M1 (供电端子)	2M2
O(锁止)						
A(附件)	○			○		
M(点火)	○		○	○	○	○
D(起动)	○	○	○			

富康轿车电路图的画法沿用了法国雪铁龙公司的原厂资料的画法。每部分电路都由布线图与电路原理图两部分表示，布线图表明了各电器元件在车上的位置，便于电气系统的维修及故障查找。富康轿车电路采用了大量的插接件。应当指出的是这些大量的插接件没

有一种是重复的,即插接件——对应,没有互换性,从而避免了拆装过程中插错线的可能性。在更换插接件时,必须按照电路原理图所示,严格"对号入座"。

二、雪铁龙分析实例

下面以富康988轿车车内照明系统为例,介绍富康轿车电路图的分析方法。富康988轿车车内照明系统布线图如图11-29所示,电路原理图如图11-30所示。

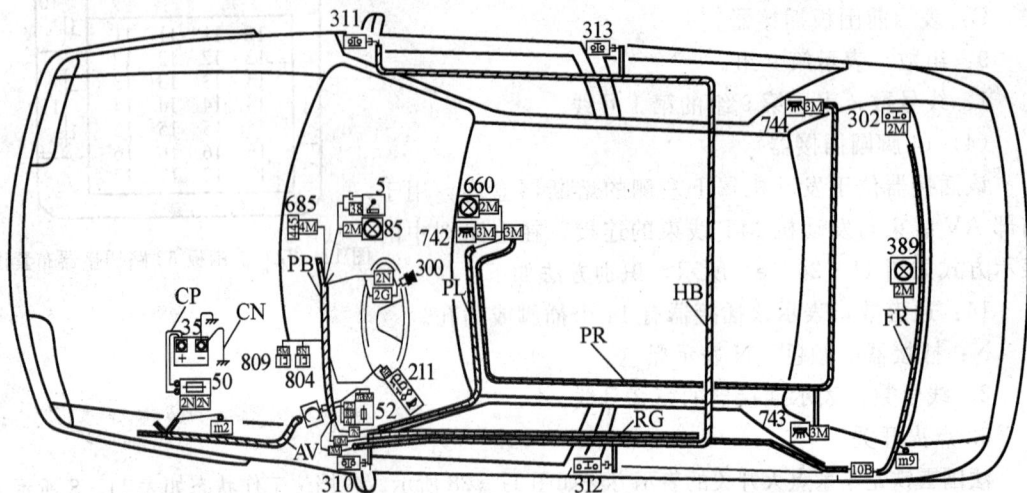

5—前点烟器;35—蓄电池;50—发动机罩下熔断器盒;52—驾驶室内熔断器盒;

211—组合开关(照明、转向、喇叭);300—点火开关;302—行李箱照明开关;310—左前门控开关;

311—右前门控开关;312—左后门控开关;313—右后门控开关;385;前烟灰缸照明灯;389—行李箱照明灯;

660—阅读灯;685—石英钟及照明灯;742—前顶灯;743—左后顶灯;744—右后顶灯;

804—空调继电器;809—前玻璃升降继电器

图11-29 车内照明系统布线图

1. 阅读灯工作电路

点火开关打至A挡或M挡时,阅读灯才可以工作。其工作电路为:蓄电池正极→黑色的蓄电池正极电缆线CP→发动机罩下熔断器盒50(见图11-31)→黑色2脚插接器的1号线→前围板插接器的第9组2脚插头的1号线(见图11-27)→仪表板线束PB的黑色线→黑色2脚插接器的1号线(点火开关供电端)→点火开关300→灰色2脚插接器的1号线(点火开关输出端)→驾驶室内熔断器盒52中的黑色2脚插接器的2号线(见图11-32与图11-33)→熔断器F9→柠檬黄色4脚插接器的2号线→黑色7脚双排插接器的B列第4号线→顶灯线束PL→阅读灯660(开关闭合)→黑色7脚双排插接器的A列第4号线→仪表板线束PD→前围板插接器的第11组2脚插头的1号线(参见图11-27)→前部线束AV→搭铁→蓄电池负极。

2. 前顶灯工作电路

前顶灯的工作不受点火开关的控制,但可以监测车门的关闭。当前顶灯开关打至监测挡,车门未关闭时前顶灯亮。前顶灯监测车门关闭的工作电路为:蓄电池正极→黑色的蓄电池正极电缆线CP→发动机罩下熔断器盒50→黑色2脚插接器的1号线→前围板插接器的第9组2脚插头的1号线(如图11-27)→仪表板线束PB的黑色线→驾驶室内熔断器

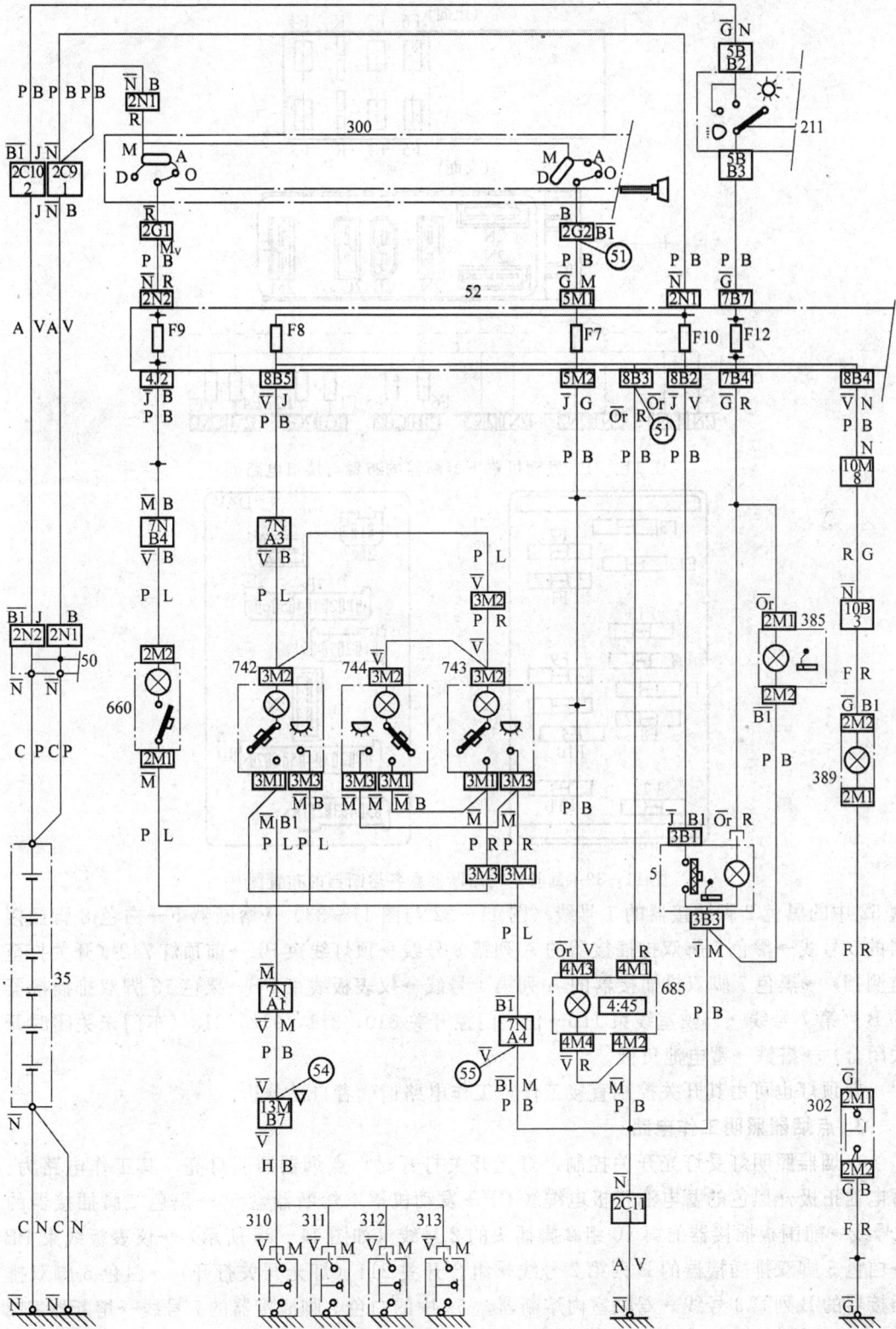

图 11-30 车内照明系统电路原理图

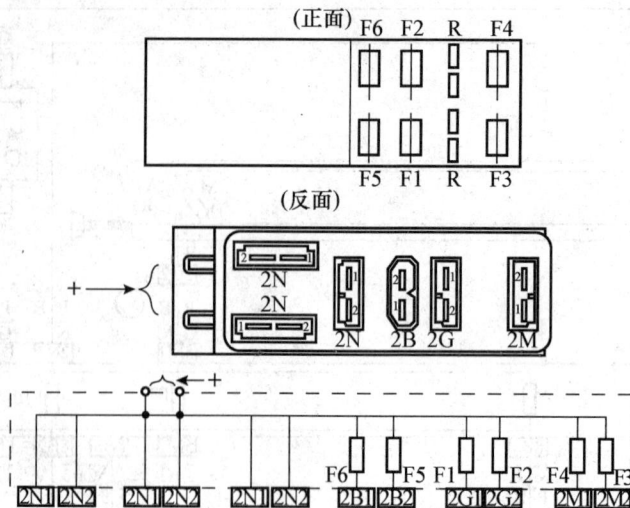

图 11-31　发动机罩下熔断器的布置与接口电路

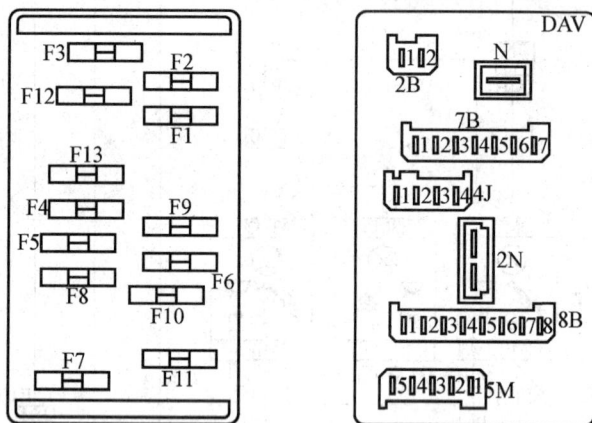

图 11-32　驾驶室内熔断器盒各熔断器的布置图

盒 52 中的黑色 2 脚插接器的 1 号线（图 11-32 与图 11-33）→熔断器 F→白色 8 脚插接器的 5 号线→黑色 7 脚双排插接器的 A 列第 3 号线→顶灯线束 PL→前顶灯 742（开关打至监测挡）→黑色 7 脚双排插接器的 A 列第 1 号线→仪表板线束 PB→栗色 13 脚双排插接器的 B 列第 7 号线→驾驶室线束 HB→任一门控开关 310，311，312，313（车门未关闭时开关闭合）→搭铁→蓄电池负极。

前顶灯也可由其开关控制直接工作，工作电路请读者自己分析。

3. 点烟器照明工作电路

点烟器照明灯受灯光开关控制，灯光开关打开时，点烟器照明灯亮。其工作电路为：蓄电池正极→黑色的蓄电池正极电缆线 CP→发动机罩下熔断器盒 50→黑色 2 脚插接器的 2 号线→前围板插接器的第 10 组 2 脚插头的 2 号线（如图 11-28 所示）→仪表板线束 PB →白色 5 脚双排插接器的 B 列第 2 号线→组合开关 211（灯光开关打开）→白色 5 脚双排插接器的 B 列第 3 号线→驾驶室内熔断器盒 52 中的白色 7 脚插接器的 7 号线→熔断器 F12 →白色 7 脚插接器的 4 号线→前点烟器 5 的照明灯与前烟灰缸照明灯 385（二者并联）→白色 3 脚插接器的第 3 号线→仪表板线束 PB-4 前围板插接器的第 11 组 2 脚插头的 1 号线→前部线束 AV→搭铁→蓄电池负极。

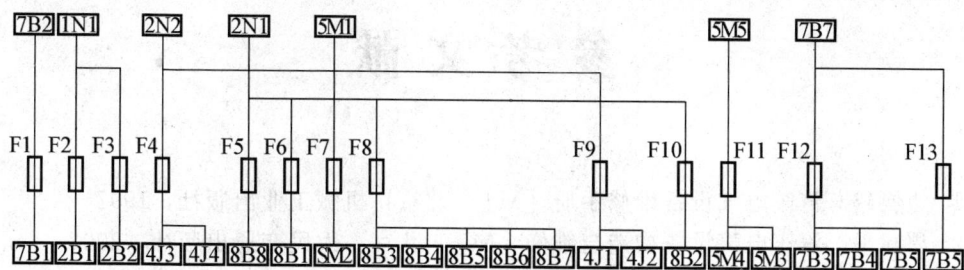

图 11-33 驾驶室内熔断器接口电路

参 考 文 献

1. 边焕鹤. 汽车电气设备维修手册 [M]. 北京：机械工业出版社，1997
2. 周建平. 汽车电气设备构造与维修 [M]. 北京：人民交通出版社，2002
3. 王逐双. 汽车电子控制系统的原理与检修 [M]. 北京：北京理工大学出版社，2000
4. 司利增. 汽车计算机控制 [M]. 北京：人民交通出版社，2000
5. 麻友良，丁卫东. 汽车电器与电子控制系统 [M]. 北京：机械工业出版社，2003
6. 姚美红. 长安之星微型汽车维修手册 [M]. 沈阳：辽宁科学技术出版社，2002
7. 李朝晖，杨新桦. 汽车新技术 [M]. 重庆：重庆大学出版社，2004
8. 潘旭峰. 现代汽车电子技术 [M]. 北京：北京理工大学出版社，1998
9. 赵福堂等译. 汽车电器与电子原理 [M]. 北京：高等教育出版社，2004
10. 吴涛. 汽车电器设备与维修 [M]. 西安：西安电子科技大学出版社，2006
11. 毛峰. 汽车电器设备与维修重庆 [M]. 北京：机械工业出版社，2005
12. 赵福堂. 汽车电器及电子设备 [M]. 北京：北京理工大学出版社，2005
13. 李东江. 现代汽车电气设备 [M]. 北京：机械工业出版社，1999
14. 曲金玉. 汽车电器与电子设备 [M]. 北京：机械工业出版社 .2001
15. 李朝晖. 汽车电器及电子设备 [M]. 重庆：重庆大学出版社，2004
16. 王勇. 汽车电气设备构造与维修 [M]. 机械工业出版社，2003
17. 舒华，姚国平. 汽车电器与电子技术 [M]. 北京：人民交通出版社，2004
18. （美）B·霍莱姆比克. 徐鸣，等译. 汽车电气与电子系统 [M]. 北京：机械工业出版社，1998
19. 胡光辉. 汽车电器设备构造与检修 [M]. 北京：机械工业出版社，2007
20. 凌永成. 汽车电气设备 [M]. 北京：北京大学出版社，2007